JN038542

パネル調査にみる
子どもの成長

■ 学びの変化・コロナ禍の影響

東京大学社会科学研究所
ベネッセ教育総合研究所 [編]

勁草書房

はしがき

　本書は，東京大学社会科学研究所（東大社研）とベネッセ教育総合研究所が共同でおこなっている「子どもの生活と学び」研究プロジェクトの成果をまとめた2冊目の書籍である。2020年9月に刊行された最初の書籍『子どもの学びと成長を追う──2万組の親子パネル調査から』と同じく，勁草書房から出版していただくことになった。

　この共同研究プロジェクトが開始された経緯については，すでに最初の書籍で石田浩先生が詳細に記述されているので，ご関心のある読者の方には，そちらをご覧いただきたい。また，プロジェクトの内容については，本書の第1章を参照していただければと思う。

　2014年に開始された本プロジェクトも2023年に10年目を迎えた。最初の書籍では2015年度から2018年度までのデータにもとづく研究成果をまとめており，本書ではさらに2021年度までのデータを追加した分析をおさめている。

　10年という時間は大人にとっても決して短くはないが，この調査に協力してくださっている子どもたちにとっては，長い時間として感じられているだろう。プロジェクト開始から1年間の準備期間を経て，第1回調査（Wave 1）は2015年に実施された。このときの小学1年生が2023年には中学3年生として回答してくださったことになる。根気強く調査に協力してくださっている子どもたちと保護者の皆さまに心より感謝申し上げたい。

　この間，さまざまなことがあった。最初の書籍の刊行準備をおこなっていた2020年春には，新型コロナウイルス感染症拡大（コロナ禍）が発生した。突然の休校宣言は，人々がコロナ禍の重大性を実感する契機となった。全国一斉の休校という事態を受けて，ベネッセ教育総合研究所では，中学生・高校生を対象とする追加調査（中高生コロナ調査）を実施することになった。コロナ禍ではライフスタイルが変わるなど社会的にも大きな影響があり，さまざまな調査が実施されたが，この中高生コロナ調査は，中高生を対象とする全国規模の調査として，他に類を見ない調査データといえる。

中高生コロナ調査のデータにもとづいてプロジェクト・メンバーが分析した成果は，優に1冊分の書籍に十分なボリュームとなった。けれども，速報性を重視したことから書籍としての刊行は見送り，2022年3月にベネッセ教育総合研究所のホームページで調査報告書『コロナ禍における学びの実態－中学生・高校生の調査における休校の影響』（https://berd.benesse.jp/shotouchutou/research/detail1.php?id=5738）として公表された。

　最初の書籍刊行後は，成果発信の強化と多様な分野での，とくに若手研究者の参加促進の2つを課題として，プロジェクトを進めてきた。ベネッセ教育総合研究所には，ホームページを全面的にリニューアルして，これまでの成果を見つけやすく，また相互関係が明確にわかるようにしていただいた。また，毎月のメールマガジンによって，調査結果の速報やメンバーによる学会発表，マスメディアでの紹介なども報告されるようになった。東大社研では，附属社会調査・データアーカイブ研究センターにおける二次分析研究会で本プロジェクトのデータをもちいる研究会を継続的に組織し，若手研究者の育成につとめている。

　東大社研からの参加メンバーは，当初，パネル調査の実施に主眼をおいて，社会学・教育社会学を専門とする研究者であった。上記の課題をふまえ，2022年度には本プロジェクトを担当する特任准教授として，社会情報学・社会心理学を専門とする大野志郎氏を迎えることとなった。大野准教授の参加によって，2023年度には特別調査『子どものICT利用に関する調査』（https://berd.benesse.jp/shotouchutou/research/detail1.php?id=5898）を実施することもできた。この報告書も，ベネッセ教育総合研究所のホームページでご覧いただくことができる。

　プロジェクトの発足当時から，ボード会議メンバーとしてご協力くださっている耳塚寛明先生（お茶の水女子大名誉教授・青山学院大学客員教授），秋田喜代美先生（学習院大学教授・東京大学名誉教授），松下佳代先生（京都大学教授）には，常にご助言をいただき，本書にもご執筆をいただいた。2019－21年に本プロジェクト担当の特任助教をつとめられた大﨑裕子先生（立教大学特任准教授）には，現在もボード会議メンバーとしてご協力いただいている。須藤康介先生（明星大学准教授）と小野田亮介先生（山梨大学准教授）には，若手研究者の代表としてワーキンググループに参画いただき，本書の執筆も担当していた

だいた。また，プロジェクトのメンバーではないが，今回，濱田秀行先生（群馬大学教授），中西啓喜先生（桃山学院大学准教授）にもご執筆いただいた。さらに，東大社研の石田浩先生と藤原翔先生には二次分析研究会の運営と指導を精力的におこなっていただいている。その他にも多くの研究者のご協力のもとで，本書を編集することが可能になった。

東大社研の歴代の所長，大沢真理先生，佐藤岩夫先生，そして現在の玄田有史所長にも，さまざまな支援をいただいてきた。また，研究活動を多方面から支援してくださっている東大社研の事務スタッフにも御礼を申し上げたい。

ベネッセ教育総合研究所でも所長の交代があった。プロジェクトの立ち上げにご尽力いただいた谷山和成前所長には，ほんとうにお世話になった。現在の野澤雄樹所長は本プロジェクトの価値を一層高めることを目指しておられ，ボード会に刺激をいただいている。あわせて感謝を申し上げたい。

いつも変わらぬ笑顔と情熱でプロジェクトに取り組んでいらっしゃる木村治生氏には，常に励まされてきた。現在のボード会メンバーである松本留奈氏，福本優美子氏，朝永昌孝氏，岡部悟志氏は，調査実務とともにデータ構築やデータクリーニングを担いながら，学会発表なども積極的におこなっていただいている。この他にも，今回は佐藤昭宏氏が執筆に加わり，中島功滋氏，大内初枝氏，渡邉未央氏など多くの調査スタッフがデータの整備やモニターの管理に尽力してくださっており，この 10 年間にかかわってくださった方は，さらに多数にのぼる。すべての皆さまのお名前をあげることはできないが，記して感謝したい。

子どもたちが楽しく学校に通い，勉強することの楽しさを知り，自ら学ぶことを身につけるために，大人は何をすることができるのか。あるいは，一度，学びに失敗した子どもにとって，どのような支援が有効になるのか。本プロジェクトは，こうしたことを実証的に明らかにしようとしている。読者の皆さまが本書に関心を持ってくだされば嬉しく思う。

2024 年 2 月

佐藤　香

パネル調査にみる子どもの成長
―学びの変化・コロナ禍の影響―

目　次

はしがき

第Ⅱ部　子どもの成長（変化）に影響を与える要因の分析

第 I 部

経年比較にみる子どもの学びと育ちの変化

第1章

親子パネル調査のねらいと設計

木村 治生

1. はじめに

　本書は，東京大学社会科学研究所とベネッセ教育総合研究所が共同で行う「子どもの生活と学び」研究プロジェクトが実施する複数の調査に関して，2015年度（Wave 1）から2021年度（Wave 7）までの研究成果をまとめたものである。

　本プロジェクトでは2020年に2015年度（Wave 1）から2018年度（Wave 4）までの成果を発表（東京大学社会科学研究所・ベネッセ教育総合研究所，2020）したが，調査はその後も継続して行ってきた。前書の刊行後に社会は，新型コロナウイルス感染症（COVID-19）によってさまざまな影響を受けた。子どもたちの生活や学びに対しても例外ではなく，学校の臨時休業（休校）や行動制限などによって以前と同じことができない状況が生まれている。その状況は徐々に元の日常に戻りつつあるが，子どもたちが成長の過程で受けたコロナ禍に伴う経験がその後にどのような影響があるのかを検討しておく必要がある。また，何が元に戻り，何が戻っていないかを検証しておくことも重要だろう。

　同じように，ICT機器の利用をめぐる環境もここ数年で大きく変わった。スマートフォンなどのデジタル機器の普及が低学齢の子どもたちに進むとともに，GIGAスクール構想の実現によって小中学校での1人1台端末も実現した。また，2020年度からは，学校現場に「主体的・対話的で深い学び」を迫る新しい学習指導要領の実施が始まり，大学入学者選抜では大学入学共通テストが開始されるなど，教育制度や実践面での変化も著しい。こうした変化が子ども

3

の生活や学び，保護者の子育てや教育的な働きかけにどのようなインパクトをもたらすのかを明らかにしておくことは，今後のよりよい子育て・教育のあり方を検討するうえで必須である。それを信頼に足るエビデンスをもとに行うことが求められる。

　本書は，こうした環境の変化が子どもや保護者に与える影響をとらえるために，継続的に実施されるパネル調査の特徴を生かして，前半（第Ⅰ部）で 2015 年度から 2021 年度までの経年変化の様子を記述する。また，後半（第Ⅱ部）では，この研究に携わる分析者のそれぞれの視点から，子どもや保護者の変化がどのような要因によって引き起こされているのかを検討する。

　本章では，そうした記述や分析に先立ち，この研究プロジェクトのねらいと調査の全体設計，各調査の調査概要を明らかにする。また，調査のローデータは東京大学社会科学研究所附属社会調査・データアーカイブ研究センターのデータアーカイブ（SSJDA）で順次公開しており，それらのデータを用いて分析する研究者が必要となる情報を提供する。

2. 「子どもの生活と学び」研究プロジェクトとは

(1) プロジェクトの目的

　「子どもの生活と学び」研究プロジェクトは，2014 年に東京大学社会科学研究所とベネッセ教育総合研究所が立ち上げた共同研究である。その目的は，わが国の子どもたちの自立のプロセスと，そこに影響を与える要因を明らかにすることにある。それらをエビデンスに基づいて解明することで，より良い子育てや教育のあり方を社会に提案していくことを目指している。

　プロジェクトの立ち上げ期にあった 2010 年代は，教育界において，将来の予測が困難な時代をどう乗り越えるかがさかんに議論されていた。国内では少子化・人口減少や高齢化の進行による社会活力の低下，グローバル化への対応と国際的な地位の低下，地域間格差の是正や地方創生の必要，貧困や格差の解消など，課題が山積する状況にある。国際的にみても，地球温暖化などの環境問題，食料・エネルギー問題，民族や宗教紛争などの対立，パンデミックへの対応など，異なる文化や価値観を持つ者が相互の立場を尊重しながら問題を解決していくことが求められている。また，課題解決のために，デジタルトラン

スフォーメーション（DX）と呼ばれる AI, IoT, ビッグデータなどのデジタル技術の活用が重要となる。これからの未来を生きる子どもたちには，こうした課題や変化に対応して持続可能な社会を実現するだけでなく，新しい社会を創造し，自らのウェルビーイング（よく生きる）を実現するための資質・能力を身につけていかなければならない。

　このような環境の中で，子どもたちは日々の生活や学習において多くの人々とかかわりながら成長し，多様な資質・能力を身につけている。しかし，その実態を継続的にとらえるデータは，それほど多くない[1]。そこで本プロジェクトでは 2015 年度から，同じ親子をモニターにして複数年にわたり追跡するパネル調査「Japanese Longitudinal Study of Children and Parents : JLSCP」を実施することにした。

(2) 本プロジェクトが実施するパネル調査の特徴
①マルチコーホート型パネル調査
　本プロジェクトが行うパネル調査の最大の特徴は，マルチコーホートで実施していることである。

　パネル調査とは，調査対象（個人，世帯，企業体など）を変えずに一定期間を置き，2 回以上繰り返して同じ内容をたずねる形式の調査である（直井, 1983）。時点を変えて同じ対象に同じ質問を行うことで，その質問についての回答が変化したのかどうかを個々の対象ごとに把握することができる。個々の対象の時点による違い（個人内変化）をとらえることは，過去を振り返って回答してもらう回顧法の調査でも可能かもしれないが，パネル調査では記憶に頼ることなく各時点の正確なデータを入手できる（中澤, 2012）。

　このように個人内変化を個人間の違いと区別して入手できることは，因果推論を行ううえで大きなメリットがある（石田, 2012）。たとえば，パネルデータの分析でよく用いられる固定効果モデルでは，調査で観察される要因（観察される異質性）だけでなく，観察できないさまざまな要因（観察されない異質性）を統制して，時間とともに生じた変化の要因を推定することが可能になる。また，交差遅延効果モデルのように，複数時点の同じ変数（自己回帰）を統制して媒介効果を排除したうえで，その変数が時間的に後発する変数に与える効果の大きさを判断することもできる。これらはメリットの一例だが，パネルデー

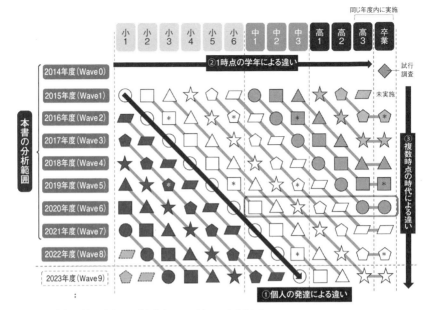

※ 2014年度は試行調査として「卒業時サーベイ」のみを実施した。
※＊印では年度末の「卒業生サーベイ」を縮小し、「語彙力・読解力調査」を実施している。
※ □囲みでは、「中高生コロナ調査」を実施している。

図1-1　各年度における調査対象者の推移

タの分析手法はさまざまに開発されており、1時点の調査（横断的調査）から得られるデータ（クロスセクションデータ）よりも精緻な検討が可能になるという点で価値が高い。

　本プロジェクトが実施する調査は、こうしたパネルデータの取得を複数のコーホートに対して行っている。パネル調査は、時間面でも費用面でも、また人的側面でも多大なコストがかかるため、特定のコーホートに限定して実施することがほとんどである[2]。しかし、このプロジェクトでは小学1年生から高校3年生という幅広い学年を複数年にわたって追跡する形をとっている。

　これまで実施した各年度における調査対象者の推移を図1-1に示したが、この図からもわかるように、「①個人の発達による違い」だけでなく、「②1時点の学年による違い」や「③複数時点の時代による違い」を明らかにすることができる。①に示した斜めのライン（個人の追跡）はパネル調査の特徴だが、

②は1時点の異なる集団との相違を明らかにするという点で「比較調査」の特徴を，③は複数時点の異なる集団の相違を明らかにするという点で「繰り返し調査」の特徴を有する。さらには，これらの組み合わせより，コーホートによって個人の発達がどう異なるかといったことも解明できる（コーホート間の比較）。たとえば，小学校低学年の時期に受けたコロナ禍の影響がその後の成長にどう影響するのかといったことも，他のコーホートと比較することで可能となる。通常の社会調査はこうした特徴を併せ持つことは難しいが，このパネル調査では調査時点と対象の組み合わせが無限に考えられ，さまざまな仮説検証に用いることができる。

②親子のダイアド・データ

　本プロジェクトで実施するパネル調査の2つめの特徴は，親子ペアで調査を行うダイアド・データだという点である。ダイアドとは二者関係を意味するが，毎年度実施するベースサーベイでは，小4生〜高3生の子どもと保護者の双方に調査を行っている。これは，親子関係や親子の相互作用を分析するうえでメリットが大きい（木村，2022）。

　親子ペアであることの利点の一つは，一方の調査では得られない情報が入手できることにある。たとえば，保護者の学歴や職業，世帯の収入といった家庭の社会経済的地位（Socio-Economic Status：SES）にかかわる情報は家庭による子育て・教育の違いを明らかにするうえで欠かせないが，子どもを対象にする調査だけでは入手が難しかったり，正確な情報を得られなかったりする可能性がある。また，保護者の教育観や子どもへの働きかけ，教育投資などが子どもに及ぼす影響を検討する際も，保護者の視点を通した効果ではなく子ども自身に効果にかかわる内容をたずねたほうが正確である。

　さらに，双方に同じ内容をたずねれば，相互の一致／不一致を検証することが可能になる。行動に対する認知や評価，対象に対する意識が親子で一致しているかどうかを変数にすることで，二者関係の結合（接近，適応，同化，統合）や分離（競争，対立，闘争）にかかわるメカニズムを分析することができる。このため，親子を対象に毎年度実施する「ベースサーベイ」では，親子のかかわりや会話，価値観，子どもの得意・苦手などについて共通の項目を設けている。このような変数を取得し，親子の相互作用の分析が可能であることも，こ

のプロジェクトが行う調査の魅力の一つである。

③データの内容や種類の豊富さ

　特徴の3つ目は，データの内容や種類が豊富なことである。これは，同じ調査対象に複数の調査を行い，その対象に情報を集約しているために生まれる。次節で詳述するが，本プロジェクトでは，毎年度，親子を対象に実施する「ベースサーベイ」だけでなく，卒業時の進路選択の状況をたずねる「卒業時サーベイ」と，子どもの認知能力を把握するための「語彙力・読解力調査」を定期的に行っている。さらには，その時々の社会環境の変化や問題関心に応じて「アドホックサーベイ」と呼ぶ特別調査を実施している。2020年度には，コロナ禍における子どもの生活や学習実態をとらえるために「中高生コロナ調査」を行った。このように同一の対象に複数の異なる情報を付加していくことで，それまで得られている情報を活用して，さらに多様に変数を組み合わせた分析ができる。同じ対象に情報を付加していく方式は，調査対象にモニターとして協力してもらっていることにより可能になるが，このようなやり方は海外には例があるものの，国内にはほとんどみられない。

　このような方式を採用した理由は分析上のメリットも大きいが，調査の効率化という側面を持つ。図1-2に示したようにベネッセ教育総合研究所では，このパネル調査を立ち上げる前（従来の調査）は「基本調査」と呼ぶ数年おきの繰り返し調査と，単発の横断調査を年間7〜8本程度行っていた。しかし，各調査に中心的なテーマはあっても，たずねる内容には重なりがある。たとえば，「ICT利用調査」でも，ICT利用そのものについて聞くほかに，家庭的な背景などの属性や生活や学習の様子についてたずねることになる。メディア利用が，属性によってどう異なるかということや，生活や学習にどのような影響を与えるのかを検討するためである。結果的に，調査内での変数間の関連をみるためにすべての調査で属性や生活，学習についての基本的な事項についてたずねなければならず，内容の重複も多くなる。これでは，回答者への負荷が重くなったり，中心的なテーマについて質問できる分量が少なくなったりといった弊害を生む。また，それぞれを別の対象に異なる調査として実施しているので，分析はその調査の中で完結させなければならず，分かることは限られる。そのため，本プロジェクトでは，調査対象者に匿名化されたIDを割り当て，

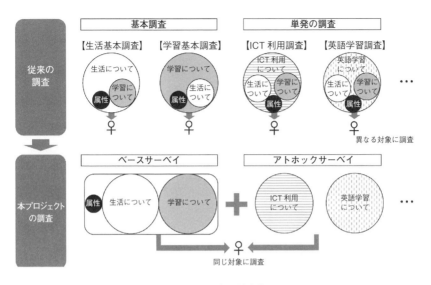

図1-2　調査の効率化

同じ対象に調査することで質問する内容の重複を避け，効率化を図るとともに，調査間の関係がわかる構造にした。これにより，豊富な内容や種類のデータを組み合わせた分析が可能になっている。

（3）プロジェクトの運営

　本プロジェクトは，東京大学社会科学研究所およびベネッセ教育総合研究所の研究者と，異なる領域の複数の専門家が参加するボードメンバーを中心に運営されている。2023年度現在，ボードメンバーは14名である。ボードメンバーは年間で3～4回程度招集され，そこで調査内容の大きな方向性や新たな取り組みの検討，主な結果の確認や分析の方向性についての検討が行われる。また，折々に調査内容の検討や特定のテーマについての分析を行う2～3名程度のワーキンググループを結成している。さらに，モニターの管理や調査実施（調査票の発送・回収），データ基盤の構築やデータ管理などを行う複数名のスタッフがいる。プロジェクトでは，約2万1千組のモニターを抱え，毎年複数の調査を実施しており，多くの研究者やスタッフが必要となる。

　こうしたプロジェクトの動きとは別に，データは東京大学社会科学研究所附属社会調査・データアーカイブ研究センターで公開されており，多くの研究

者・大学院生に利用されている。また，同センターが運営する二次分析研究会でも，本データを扱う研究会が開催され，すでに多くの論文が発表されている（東京大学社会科学研究所附属社会調査・データアーカイブ研究センター，2021，2022，2023）。本プロジェクトは今後も，データ公開と二次利用を広げていく予定である。

3. 調査の全体設計

(1) 実施している調査

　現在実施している調査は，大きく4つに分けられる（図1-3）。

　図中の「A」は，毎年度7～9月にかけて，親子の双方に実施する「子どもの生活と学びに関する親子調査」（ベースサーベイ）である。この調査では，小1～3生は保護者を対象に，小4～高3生は子どもと保護者をペアにして，自記式のアンケート調査を行っている。おおむね7～8割は毎回たずねる基本項目だが，残りは3年ごとに設定されたテーマ（「生活」「学習」「人間関係・価値

	A ベースサーベイ	B 卒業時サーベイ	C 語彙力・読解力調査	D アドホックサーベイ
調査対象	小学1～3年生の保護者　小学4年生～高校3年生の子どもと保護者	高校3年生の子ども（卒業時の3月に実施）	小学3年生，6年生，中学3年生，高校3年生の子ども（小3と小6は語彙力調査のみ）	調査目的に沿って設定
特　徴	毎回の基本項目に加えて，3年ごとに「生活」「学習」「人間関係・価値観」を重点的に調査	進路選択のふりかえりと卒業後の進路（進学，就職先など）を調査	3年ごとにIRTにより一元化された尺度で語彙力と読解力を測定	ベースサーベイなどと組み合わせることにより，多様な分析を実現
実施時期	当該年度の7～9月	当該年度の3月	当該年度の3月	調査の目的に沿って設定
2014年度（Wave0）		○試行調査として実施		
2015年度（Wave1）	○（生活）※（ ）内はテーマ	○		
2016年度（Wave2）	○（学習）	○	○※WEBで実施	
2017年度（Wave3）	○（人間関係・価値観）	○		
2018年度（Wave4）	○（生活）	○		
2019年度（Wave5）	○（学習）	○※縮小して実施	○※WEBで実施	
2020年度（Wave6）	○（人間関係・価値観）	○		○中高生コロナ調査（8～9月実施）
2021年度（Wave7）	○（生活）	○		
2022年度（Wave8）	○	○※縮小して実施	○※WEBで実施	○ICT利用状況調査（2～3月実施）
2023年度（Wave9）	○	○		

（左側に縦書き）本書の分析範囲

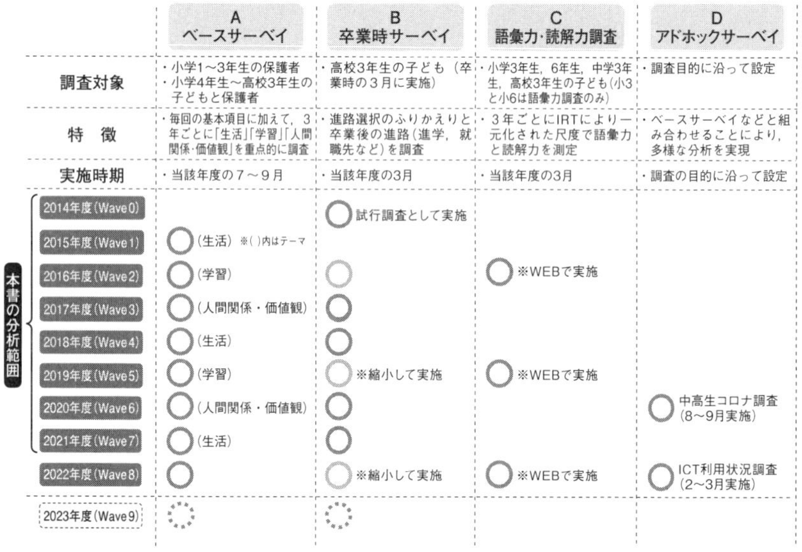

※2022年度までは実施済み，2023年度は実施予定。

図1-3　本プロジェクトで実施している調査

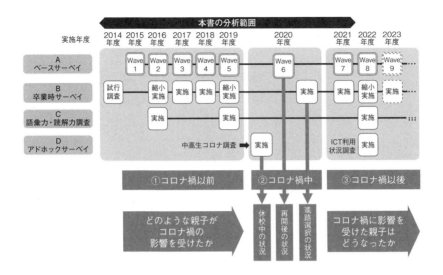

図1-4　調査の全体像

観」）に関して詳しい内容をたずねている。

「B」は，高校3年の卒業時（3月）に行う「高校生活と進路に関する調査」（卒業時サーベイ）である。この調査は，高校卒業段階でのアウトカムを得ることを目的にしており，進路選択の振り返りや卒業後の進路（進学先，就職先など）に加えて，自立の程度についての自己評価をたずねている。次に紹介する語彙力・読解力調査を実施する年度では規模を縮小して，語彙力調査の後に主に進路についての情報のみを取得している。

「C」は，小3生，小6生，中3生，高3生を対象に行う「語彙力調査」と，中3生，高3生のみに行う「読解力調査」である。これらは，3年ごとに実施している。学年によって調査問題は異なるが，IRTによる一元化された尺度で語彙力と読解力を測定しており，能力の個人内変化をとらえることが可能になるよう設計している。

「D」は，A〜Cの定期的な調査とは別にアドホックに行う調査であり，2020年度に「中高生のコロナ禍の生活と学びに関する実態調査」（中高生コロナ調査）を行った。これは，新型コロナウイルス感染症の感染防止に伴う休校中の状況を詳しくたずねる内容で，図1-4に示したようにそれ以前（2019年度まで）に得られている親子のデータと組み合わせることで，どのような親子

がコロナ禍の影響をより大きく受けたのかを分析したり，その後のデータ（2020 年度の Wave 6 以降）と組み合わせることで，コロナ禍に影響を受けた親子がどうなったのかを検討したりすることができる。単発でコロナ禍の状況を調査する研究は他にもみられるが，前後の時間的な経過を含めてダイナミックに状況をとらえることができる研究は他にはないだろう。

　また，本書では扱わないが，2022 年度には小 4 生から高 3 生を対象に「ICT 利用状況調査」を行った。こうしたアドホックな調査は，既存のベースサーベイなどと組み合わせることによって，多様な分析が可能になる。

(2) 調査モニター

　ここでは，本プロジェクトで調査を依頼しているモニターについて説明する。なお，調査対象となるモニターは無作為抽出によるものではないが，できるだけ全国の親子の縮図になるように偏りを是正する配慮を行っている。その決定や募集などの具体的な手続きは前書（木村，2020）で記載しているので，そちらを参照いただきたい。

①モニター募集の状況

　モニターは，2014 年度に小 1 ～高 3 生の親子を一気に募集した。このときは 154,000 組に対して募集を行い，そのうち 21,569 組（14.0%）がモニター登録をした。2016 年度以降は，5 ～ 6 月に小 1 生のみを追加で補充し，常に小1 ～高 3 生のサンプルが揃うようにしている。年度によっても多少異なるが，小 1 生親子 1900 ～ 2000 組の登録を目標にして，12,000 組程度にモニター登録を依頼している（応答率は 15 ～ 16% 程度）。そのようにして得たモニター数が，表 1 - 1 である。

　毎年度，概ね 2 万組の水準を維持しているが，2016 年度から 17 年度にかけては，調査の効率化を図るため 15 年度と 16 年度の両方に回答がなかったモニターを除外した。このため，その時点で約 2,300 組がモニターから外れた。それ以外にプロジェクト側からモニターを除外したことはないが，モニターからの辞退や転居などにより追跡不能となるケースがある。反対に復活するケースや不明だった学年が特定されることによってモニターが増えることもあるが，基本的には年度を重ね，上の学年になるほどモニターが減る。表 1 - 1 の各コ

表1-1　モニター数

	小1生	小2生	小3生	小4生	小5生	小6生	中1生	中2生	中3生	高1生	高2生	高3生	合計
2015年度（Wave 1）	1,910	1,774	1,820	1,709	1,704	1,667	1,717	1,838	1,824	1,795	1,808	2,003	2,1569
2016年度（Wave 2）	1,953	1,919	1,745	1,832	1,712	1,690	1,662	1,723	1,840	1,807	1,789	1,813	21,485
2017年度（Wave 3）	2,019	1,857	1,832	1,589	1,630	1,453	1,437	1,414	1,471	1,557	1,506	1,408	19,173
2018年度（Wave 4）	1,994	2,014	1,851	1,827	1,586	1,619	1,454	1,435	1,414	1,462	1,563	1,495	19,714
2019年度（Wave 5）	1,876	1,991	2,012	1,849	1,822	1,580	1,617	1,452	1,428	1,412	1,455	1,562	20,056
2020年度（Wave 6）	2,106	1,866	1,982	2,011	1,847	1,818	1,577	1,609	1,447	1,424	1,403	1,453	20,543
2021年度（Wave 7）	1,885	2,091	1,854	1,947	1,948	1,810	1,739	1,526	1,547	1,402	1,379	1,345	20,473

※各年度6～7月時点のモニター数。
※各調査の直前に参加や辞退の連絡があったり，大雨や地震などの激甚災害の指定を受けた地域を発送除外にしている年度があったりするため，モニター数と各年度の調査の発送数は一致しない。

ーホートを斜め右下に追っていくと，どの程度，モニターが減少していくかがわかる。例えば，2015年度に小1生だった1,910名のコーホートは，2021年度には中1生1,739名になり，7年間で181サンプルが減少している。モニターの減少（脱落）は調査の信頼性にも影響するため，定期的に調査結果の活用の状況についてお知らせする「ニュースレター」を郵送したり，転居が多い年度初めに住所変更を依頼する葉書やメールを送ったりするなどして関係性を維持し，モニターを極力減らさないようにする働きかけを行っている。

②回収サンプルの偏りの確認

　回収サンプルには，1）もともとベネッセコーポレーションが保有する個人情報の偏り（ただし，居住地域やベネッセコーポレーションの商品の利用有無については層化して補正），2）モニターに応募する層の偏り，3）各回の調査に協力する層の偏り，4）長期の調査に伴うモニターの脱落による偏りといった4つの偏りが懸念される。そのため，各回の調査では，回収されたサンプルの属性に偏りがないかを確認している。前書（木村，2020）では，2015年度のベースサーベイを用いて偏りの状況を詳述したが，ここでは2021年度調査の状況を概観する。

　Ⓐ子どもの性別：「男子」45.4％，「女子」47.0％，「無回答・不明」7.7％で，わずかに「女子」の回答が多いものの，性別による偏りは小さい。

　Ⓑ居住する地域：「北海道・東北」「関東」「中部」「近畿」「中国・四国」「九州・沖縄」の6エリアに分けて文部科学省「学校基本調査」の児童生徒数と比

べると，得られたサンプルは「九州・沖縄」で1.2ポイント低いほかは，差異が1ポイントに満たなかった。特定のエリアに偏るということはなく，実際とほぼ同じ分布のサンプルが得られている。

©進研ゼミの受講：回答者のうち進研ゼミを受講している比率は，小1〜3生31.7%，小4〜6生29.9%，中学生19.8%，高校生7.6%であった。これは，公表されている進研ゼミの会員数とくらべて，小学生で9ポイント，中学生で7ポイント，高校生で4ポイント程度高い。進研ゼミ受講者が，やや多い傾向がみられる。

①通学する学校：設置者（国公私立）について同様に「学校基本調査」と比べると，中学生と高校生で「公立」に在籍する者が少なく，「私立」の在籍者が多かった。ただし，差異は2〜4ポイント程度で，大きな偏りとはいえない。また，高校では，「全日制」で3ポイント程度高く，その分，「定時制」「通信制」が少ない。また，学科については「普通科」が3ポイント程度高く，「職業学科」「総合科」が少ない。しかし，いずれも大きな差異とは言えず，通学する学校に大きな偏りはみられない。

⑤世帯年収：得られたサンプルの世帯年収の平均額（無回答・不明や「答えたくない」と回答した者を除外）は759.9万円で，国民生活基礎調査（2021年）の児童（18歳未満の子ども）がある世帯の総所得平均813.5万円よりも50万円程度低い。低年収世帯も一定数含まれており，必ずしも高所得層が多いサンプルではない。

①ひとり親世帯：配偶者の有無に対する質問で「いない」と回答したのは5.6%である。国民生活基礎調査の6.4%よりはわずかに少ないが，ひとり親世帯もサンプルに一定数含まれている。

⑥保護者の学歴：父親の大卒比率（短期大学卒業を含む）は52.6%，母親の大卒比率（同）は58.5%であった。本調査の父親の平均出生年が1980年，母親の平均出生年が1982年であることから大卒比率（過年度高卒者を含む大学・短大進学率）を推定すると，1998年の男子47.1%，2000年の女子は48.7%である（文部科学省「学校基本調査」）。これと比べて，父親では約5ポイント，母親では約10ポイント高く，大卒比率がやや高い傾向にある。

③サンプルの偏りに対する評価

　回収されたサンプルの偏りは，調査年度にかかわらず概ね同様であるが，2015年度と比べると公的データとの差は縮小している印象を受ける。性別や居住する地域，通学する学校などは大きな偏りはない。世帯年収やひとり親世帯の比率も概ね平均的で，高年収層に偏っているという事実もない。ただし，保護者の学歴は5〜10ポイント程度，同世代の男女よりも高いと推定され，進研ゼミの受講率も数ポイント高い。結果や分析に大きな影響を与えるほどの偏りではないと考えるが，継続的に調査に協力している親子であることから，教育に対する関心が高い層が多く含まれている可能性がある。なお，サンプル脱落の影響については第2章で検討しているので，そちらも参照してほしい。

4. 各調査の実施概要

　ここからは，各調査について概要を説明する。最初に取り上げるのは「子どもの生活と学びに関する親子調査」（ベースサーベイ）である。

(1) ベースサーベイ
①調査目的
　ベースサーベイはこのプロジェクトが実施する調査の中でもっとも根幹になるもので，子どもたちの自立のプロセスと，そこに影響を与える要因を明らかにすることを目的にしている。そのため，この調査では，子どもの成長について「生活者としての自立」「学習者としての自立」「社会人としての自立」の3つの側面を設定し，これをとらえる内容を調べることにした。調査でとらえる3つの自立は，図1−5の通りである。

②調査対象
　調査対象は，小1生から小3生までは保護者，小4生から高3生までは子どもと保護者のペアである。小1生から小3生については子どもに直接，質問紙に回答してもらうことが難しいため，保護者には子どもが答えるべき内容の一部（生活時間，生活や学習の様子など）を代理で回答してもらっている。保護者は「日ごろ，お子様の教育・子育てに関わられている方」が回答するように依

生活者としての自立	学習者としての自立	社会人としての自立
A：身体的・身辺的自立に必要な健康，生活習慣，生活技術の獲得 B：金銭的自立に必要なお金の使い方や金銭感覚 C：生活的自立に必要な生活を楽しむ態度	A：基礎的なリテラシーや認知的・非認知的スキル B：学習習慣や学習行動 C：学習意欲や態度，知的好奇心 D：資質・能力に関する意識，学習に関する価値観	A：社会的自立に必要な精神的自立，自我や人格の形成 B：進路選択の状況や職業意識 C：保護者や周囲の大人，仲間との関係性の構築

図1-5　調査でとらえる3つの自立

頼しているが，母親・父親などを指定していない。得られた回答は，毎回，母親が92%前後，父親が8%前後で，それ以外（祖父母など）が回答するケースはごくわずかである。

③調査内容

1) 調査の構造

　調査で明らかにしたいことはたくさんある。一方で，パネル調査としての特性を生かすためには，できるだけ毎回の調査内容を同じにする必要がある。この両方の要件を満たすために，調査は「全学年共通」で「毎年調査する内容」が全体の6～7割を占めつつも，「学校段階ごとの項目」や「特定の学年のみの項目」を設けたり，上述した3つの自立に沿って「3年ごとに調査する内容」やその年度の社会環境に応じて「その回のみ調査する内容」を設定したりして全体を構造化した。それを示したのが，図1-6である。

　学校段階，学年による違いは少ないが，たとえば中学生，高校生には部活動についての質問を設けているが，小学生には設けていない。中学受験，高校受験，大学受験などに関する質問，幼小接続，小中接続，中高接続に関する質問なども，特定の学校段階や学年にたずねればよいものが多い。在学する学校についての情報も，学校段階で聞くことは異なる部分がある。そうしたもの以外は，できるだけ全学年共通でたずねるようにした。

　実施年度による違いについては，3つの自立に沿って「生活」「学習」「人間

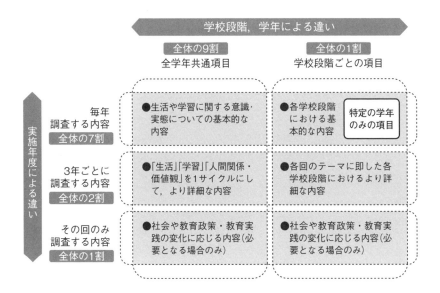

図1-6　ベースサーベイの構造

関係・価値観」をテーマとしてより詳細にたずねる内容を設け，これを3年ごとに質問することにした。今回分析する7回分の調査のうち，2015年度，18年度，21年度は「生活」を，16年度，19年度は「学習」を，17年度，20年度は「人間関係・価値観」をテーマにし，より重点的に調べている。

　それとは別に，その時々の社会の状況や教育政策の影響によってたずねておきたい内容もある。2020年度以降には，コロナ禍の影響やGIGAスクール構想に伴う授業や宿題の状況などについての項目を加えた。ただし，ベースサーベイで追加できる分量が限られるため，より詳細な内容を聞きたい場合はアドホックサーベイという形で，別に調査を行うことにしている。

2) 調査の内容

　次に，全学年で共通に設定している共通項目について確認する。図1-7は，ベースサーベイの調査項目である。

　この調査では，「資質・能力，自立度」といった自立にかかわる項目をアウトカムに設定し，それが子ども自身の「生活・学習・人間関係」といった要素や，保護者の「子育て・教育」のあり方とどのように関連しているのかを検討

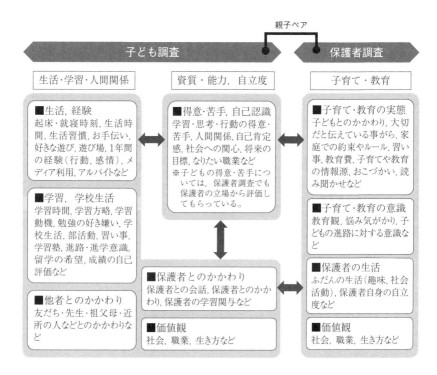

親子ペア

| 子ども調査 | 保護者調査 |

| 生活・学習・人間関係 | 資質・能力，自立度 | 子育て・教育 |

■生活，経験
起床・就寝時刻，生活時間，生活習慣，お手伝い，好きな遊び，遊び場，1年間の経験（行動，感情），メディア利用，アルバイトなど

■学習，学校生活
学習時間，学習方略，学習動機，勉強の好き嫌い，学校生活，部活動，習い事，学習塾，進路・進学意識，留学の希望，成績の自己評価など

■他者とのかかわり
友だち・先生・祖父母・近所の人などとのかかわりなど

■得意・苦手，自己認識
学習・思考・行動の得意・苦手，人間関係，自己肯定感，社会への関心，将来の目標，なりたい職業など
※子どもの得意・苦手については，保護者調査でも保護者の立場から評価してもらっている。

■保護者とのかかわり
保護者との会話，保護者とのかかわり，保護者の学習関与など

■価値観
社会，職業，生き方など

■子育て・教育の実態
子どもとのかかわり，大切だと伝えている事がら，家庭での約束やルール，習い事，教育費，子育てや教育の情報源，おこづかい，読み聞かせなど

■子育て・教育の意識
教育観，悩み気がかり，子どもの進路に対する意識など

■保護者の生活
ふだんの生活（趣味，社会活動），保護者自身の自立度など

■価値観
社会，職業，生き方など

図1-7　ベースサーベイの調査項目

しようと考えた。また，「資質・能力，自立度」は子どもの属性や保護者の属性の影響を受けると考えられるが，そうした要因を統制してもなお効果がある要因は何かを明らかにしようとしている。

　子ども調査における「資質・能力，自立度」については，子ども自身の能力に対する自己評価やウェルビーイングにかかわる内容をたずね，「生活・学習・人間関係」については，毎日の生活や学習の様子や学校生活，保護者やそれ以外の他者とのかかわり，価値観にかかわる内容をたずねている。また，保護者調査では同様に子どもの能力に対する評価をしてもらうことに加えて，子育て，教育の意識や実態，保護者自身の生活や価値観などを幅広く聞いている。調査はA4サイズの用紙で12ページ以内にすることを心掛け，30分程度で回答できる分量に設定している[3]。

④調査時期

　調査時期は，毎年度7〜9月である。基本的には夏休み中に回答してもらうように8月中に締め切りを設定し，締め切りに遅れた票も可能な範囲で生かしている。

⑤調査方法

　調査方法は，2016年度調査から2020年度調査までは完全に紙ベースの調査票を郵送し，アンケート用紙に回答を記入してもらったのち，郵送で回収した。子ども調査については，専用の封筒を用意して，子ども自身に回答済みアンケート用紙を入れて封をしてもらい，保護者には回答結果がみられないような配慮をしている。2015年度調査は，紙，WEB（パソコン，タブレット，スマートフォン）のいずれでも回答できる形にして行い，1割強がWEBを選択した。また，2021年度調査については，調査の完全WEB化への切り替えの可能性を検討するため，小4生〜中3生の1割にあたるモニターに対して，WEBでの回答に限定して調査を行った。調査方法によって回答傾向に大きな違いがないことは確認しているが，今後，厳密な検証を行う予定である。

⑥発送数・回収数・回収率

　ベースサーベイの各年度の発送数・回収数（親子セットで回収できた数）・回収率を，次頁の表1-2に示した。これをみると，おおよそモニター数と同じ数を発送し，全体では15,000サンプル程度の回収数，75%前後の回収率を維持している。学校段階ごとにみると，保護者調査のみの小1〜3生は5,000サンプル程度で回収率が90%に迫るが，学年が上がるにつれて回収数・回収率は低下し，高校生では3,000サンプル前後，回収率65%前後になる。親子セットでの回答を働きかけているため，保護者のみや子どものみの一方しか回答しないケースは，全体の回収票のうち1%にも満たない。それらは，回収数には含めておらず，分析の対象にもしていない。

(2) 卒業時サーベイ

①調査目的

　「高校生活と進路に関する調査」（卒業時サーベイ）は，モニターが高3生の

表1-2　ベースサーベイの発送数・回収数・回収率

	全体（小1〜高3生）			小1〜3生			小4〜6生		
	発送数	回収数	回収率	発送数	回収数	回収率	発送数	回収数	回収率
2015年度（Wave 1）	21,569	16,574	76.8	5,504	4,690	85.2	5,080	3,950	77.8
2016年度（Wave 2）	21,485	15,849	73.8	5,617	4,915	87.5	5,234	3,797	72.5
2017年度（Wave 3）	19,136	15,307	80.0	5,700	5,167	90.6	4,662	3,643	78.1
2018年度（Wave 4）	18,217	14,424	79.2	5,408	4,928	91.1	4,634	3,616	78.0
2019年度（Wave 5）	20,056	15,311	76.3	5,879	5,175	88.0	5,251	4,071	77.5
2020年度（Wave 6）	20,413	15,656	76.7	5,921	5,127	86.6	5,639	4,407	78.2
2021年度（Wave 7）	20,471	15,596	76.2	5,829	5,066	86.9	5,704	4,430	77.7

	中学生（中1〜3生）			高校生（高1〜3生）		
	発送数	回収数	回収率	発送数	回収数	回収率
2015年度（Wave 1）	5,379	4,051	75.3	5,606	3,883	69.3
2016年度（Wave 2）	5,225	3,706	70.9	5,409	3,425	63.4
2017年度（Wave 3）	4,312	3,311	76.8	4,462	3,186	71.4
2018年度（Wave 4）	3,977	2,967	74.6	4,198	2,913	69.4
2019年度（Wave 5）	4,497	3,168	70.4	4,429	2,897	65.4
2020年度（Wave 6）	4,595	3,323	72.3	4,258	2,799	65.7
2021年度（Wave 7）	4,812	3,432	71.3	4,126	2,668	64.7

※ Wave 3において，過去2回（Wave 1，2）ともに未回答だったモニターを除外した。
※いずれの年度でも，その時点で内閣府から激甚災害指定を受けている地域は，調査票発送の対象外にした。このため，モニター数と発送数が異なる年度がある。

卒業時点で実施しており，①高校時代の生活や学習でどのような経験をしたのか，②どのようなプロセスで進路選択をしたのか，③将来にどのようなイメージを持っているのか，④自分自身の「自立」の状況をどう評価しているのかを明らかにすることを目的にしている（野﨑，2020）。また，プロジェクト全体では，卒業時サーベイはアウトカムをとらえる役割も果たしている。ベースサーベイで蓄積してきた高3生までの変数が，卒業時サーベイでとらえる進路選択や将来イメージ，自立の程度などのアウトカムにどう影響しているのかを検討することをねらっている。

②調査対象

　調査対象は，高校3年生である。ごく一部だが，高校には在学していない生徒（中退者など）を含んでいる。

③調査内容

　調査内容は，大きく4つの柱で構成されている。1つめは，「高校生活に関する項目」で，高校におけるさまざまな活動の取り組み状況，学習時間や成績などである。2つめは「進路に関する項目」で，4月からの進路先（進路先の情報，希望の実現度），進路決定のプロセス（参考情報，影響した人），進路選択のプロセス（進路決定時期，悩み，選択行動）などである。大学などへの進学者には，進学先の情報（入試方法，設置者，専攻分野，入学難易度など）について詳しくたずねている。3つめは「将来イメージに関する項目」で，大学でしたいことや将来展望などを含む。4つ目は「自立に関する項目」で，その時点の自立の程度を「Ａ：生活（生活習慣，整理整頓，金銭管理など）」「Ｂ：学習（興味・関心，学習意欲，課題の取り組み方など）」「Ｃ：思考・行動（思考のまとめ，創造性，意思決定など）」「Ｄ：人間関係（傾聴，自己表現，他者との協働など）」「Ｅ：自己（挑戦，社会への関心，将来の希望など）」の5つの領域に分けて自己評価してもらっている。

④調査時期

　調査時期は，高校を卒業する3月である。一部に4月に回収される票も有効回答に含めている。

⑤調査方法

　調査方法は，郵送による自記式の質問紙調査である。

⑥発送数・回収数・回収率

　2021年度までに行った卒業時サーベイ（本実施）は，2017年度，18年度，20年度，21年度の4回である。2014年度（Wave 0）に本実施に備えた試行調査を行った。2015年度は実施していない。また，2016年度，19年度は語彙力・読解力調査と重なるため，「進路に関する項目」（主に4月からの進路先の情報）に絞った内容だけをたずねる縮小実施としている。縮小実施の年度は，語彙力調査（WEBで実施）の問題に解答してもらったあとに続けて，最小限の情報をたずねている。

　試行調査と本実施の5回の卒業時サーベイの発送数・回収数・回収率は，表

表1-3 卒業時サーベイの発送数・回収数・回収率

	高3生		
	発送数	回収数	回収率
2014 年度（Wave 0）	735	483	65.7
2017 年度（Wave 3）	1,401	983	70.2
2018 年度（Wave 4）	1,493	1,013	67.8
2020 年度（Wave 6）	1,449	991	68.4
2021 年度（Wave 7）	1.343	894	66.6

※ Wave 0 は試行調査として実施した。Wave 1 は実施していない。
Wave 2 と Wave 5 は語彙力調査といっしょに実施し，進路などの最
小限のことしかたずねていないため，分析から除外している。

1-3の通りである。本実施の毎回の発送数は1,400程度，回収率は900〜
1,000サンプルで，回収率は7割弱といったところである。各年度の回収され
たサンプルの属性の特徴をみると，「四年制大学に進学」「短期大学に進学」
「大学等の進学準備」の3つを合わせて7割強になる。「専門学校・各種学校に
進学」は1割強，「就職」が1割前後で，「学校基本調査」（文部科学省）の数値
よりも大学等への進学者が10ポイント程度多いサンプルである。

(3) 語彙力・読解力調査
①調査目的
　子どもたちの学びや生活における活動の成果は，認知能力や社会情動的な能
力など，さまざまな形になって現れると考えられる。ベースサーベイや卒業時
サーベイでは，それらを質問紙の形で捕捉することを試みているが，「語彙
力・読解力調査」は，認知能力に含まれる語彙力と読解力を測定する目的で行
っている（岡部，2020）。

　語彙力も読解力も，多様な資質・能力の一側面ではある。しかし，語彙はす
べての認知的な活動のベースであり，語彙力の有無は日々のコミュニケーショ
ンや学習活動に大きな影響を与える。学習指導要領においても，「語彙は，す
べての教科等における資質・能力の育成や学習の基盤となる言語活動を支える
重要な要素である」（文部科学省「小学校学習指導要領（平成29年告示）解説・国
語編」）としたうえで，語彙指導の改善・充実の必要を示している。また，読
解力は，従来の国語教育における文脈だけでなく，OECDがキーコンピテン

シーの理論枠組みの中に Reading Literacy を位置づけた国際調査（PISA）を実施したことで，日本の教育政策にも大きな影響を与えた（田中，2018）。われわれの「読解力調査」でも OECD のフレームに倣い，"PISA 型読解力" と呼ばれる内容の問題で調査を行っている。かつ，いずれの調査も IRT（項目反応理論）によって能力スコアを共通尺度として用いることができるテスト問題を開発し，同じ時点での学年間の違いや，異なる時点での個人の変化をとらえられるように設計した。

　こうした工夫により，①語彙力・読解力の学年ごとの水準を明らかにすること，②同じ対象者の語彙力・読解力の変化を明らかにすること，③その水準や変化に影響する要因を明らかにすることが可能となる。語彙力・読解力を手がかりに子どもの認知能力を高めるためにどのような施策や実践が有効かを検討することが，この 2 つの調査を実施する目的である。

②調査対象

　語彙力調査は，小 3 生，小 6 生，中 3 生，高 3 生の 4 学年に実施している。また，読解力調査は，中 3 生と高 3 生の 2 学年に実施している。いずれの調査も同時期に，3 年ごとに実施している。このため，同じ対象者の語彙力と読解力の関係や，3 年後の変化をとらえることができる。

③調査内容

　語彙力調査は，ある語を提示し，その語にもっとも意味の近いものを 5 つの選択肢の中から 1 つ選ぶ形式で問題が構成されている。問題の内容は学年によって異なるが，小 1 生から大学生までの語彙力を同一の尺度で測定できるものとしてベネッセ教育総合研究所が開発したものであり，いずれの学年も 30 問を出題している。

　読解力調査は，上述したように PISA のフレームワークを参考にして，ベネッセ教育総合研究所が独自に開発したテストを用いている。一定量のテキスト（文章で構成される「連続型テキスト」と表やグラフ，イラストなどの読み取りが含まれる「非連続型テキスト」の 2 つの形式がある）を読んでもらい，そこから必要な情報を取り出したり（情報へのアクセス・取り出し），情報の意味内容を理解したり（統合・解釈），自らの知識と関連づけて判断したり（熟考・評価）す

る内容である。語彙力調査と同様に5つの中から正解と思う内容を1つ選んでもらう形式で，20問程度を出題している。

語彙力調査も読解力調査も，問題の詳細やサンプルは，堂下（2020）が示しているので，そちらを参照いただきたい。

④調査時期

調査時期は3月であり，2016年度，19年度と3年おきに実施した。

⑤調査方法

調査は，WEBにより実施している。事前に郵送により依頼を行い，文書に示したURLにWEBでアクセスしてもらい，保護者と子どもの双方の同意を得たうえで子どもに回答してもらう形で行った。語彙力調査は，パソコン，タブレット，スマートフォンのいずれの端末でも回答が可能な形にしているが，読解力調査は一定量のテキストを示す必要があることからスマートフォンを除外し，パソコンかタブレットで問題に取り組むように指示している。

⑥発送数・回収数・回収率

2016年度と19年度の語彙力調査の発送数・回収数・回収率を表1-4に，読解力調査の発送数・回収数・回収率を表1-5に示した。回収率は学年が低い子どもほど高い。また，語彙力に比べて読解力は回答者の負荷が高いためか，回収率が低い。なお，回答の開始から終了までの時間が極端に短いサンプルや，

表1-4　語彙力の発送数・回収数・回収率

	小3生			小6生			中3生			高3生		
	発送数	回収数	回収率	発送数	回収数	回収率	発送数	回収数	回収率	発送数	回収数	回収率
2016年度（Wave 2）	1,748	1,134	64.9	1,691	932	55.1	1,837	894	48.7	1,813	733	40.4
2019年度（Wave 5）	2,002	1,558	77.8	1,558	1,069	68.6	1,410	845	59.9	1,530	798	52.2

表1-5　読解力の発送数・回収数・回収率

	中3生			高3生		
	発送数	回収数	回収率	発送数	回収数	回収率
2016年度（Wave 2）	1,837	642	34.9	1,813	520	28.7
2019年度（Wave 5）	1,410	622	44.1	1,530	564	36.9

同じ選択肢だけを選択しているようなサンプルがわずかにみられた。これらは真面目に取り組んでいないことが疑われるため，回収数からは除外している。

(4) 中高生コロナ調査
①調査目的

「中高生のコロナ禍の生活と学びに関する実態調査」（中高生コロナ調査）は，新型コロナウイルス感染症（COVID-19）の拡大に伴って起こったさまざまな社会・経済的変化や学校の休校といった措置（以下，「コロナ禍」と総称）が，中学生や高校生にどのような影響を与えたのかを明らかにすることを目的に実施した（ベネッセ教育総合研究所，2022）。コロナ禍に起因する教育の混乱は不幸なことではあったが，図らずも，「もし学校がなかったらどうなるか」を観察する社会実験ととらえることができる。学校は単に教科の知識・技能の伝達にとどまらず，子どもたちの生活全体や成長のさまざまな側面に深くかかわり，多様な資質・能力を育てることに貢献している。学校教育が機能停止したことで，また，家以外での活動が制限されたことによってどのような「学びの機会」が失われたのか，それが子どもの成長にどのような影響を与えたのか，さらに格差の観点からどのような家庭により深刻な問題が生じたのかを明らかにする必要があると考えた。

また，このような調査をパネル調査の一環で行うことにも大きな意義がある。子どもや保護者を対象にコロナ禍の状況とその影響をとらえる調査は散見される[4]。しかし，それらはいずれも1時点，もしくは異なる対象に行われていて，同一の親子を継続して追跡する形ではない。しかし，パネル調査の一環で行えば，それまでの成育歴を参照することでより大きなマイナスのインパクトを受けたのは誰なのかを明らかにできる。さらには，同一の親子をその後も追跡できれば，コロナ禍がその後の成長にどのような影響をもたらしたのかを解明できる。マルチコーホートであるため，コーホートによる影響の差異をつぶさに比較することも可能だ。このように，継続的にコロナ禍の影響を検討する材料にすることが，本調査の目的である。

②調査対象

調査対象は，中1〜高3の子どもの本人である。

③調査内容

調査内容は，休校時期や学校再開時期の子どもの意識と実態である。具体的には，休校や分散登校の期間，生活時間，部活動の状況，宿題の量と内容，習い事や塾の状況，家庭学習の様子，学びや経験の機会，先生・塾・保護者の指導の状況（以上はいずれも休校中の様子），学校再開後の状況や意識，入試についてなどをたずねている。

④調査時期

調査時期は，2020年8～9月である。

⑤調査方法

調査方法は，ＷＥＢを用いたアンケート調査である。回答は，パソコン，タブレット，スマートフォンのいずれでも回答できるようにした。

⑥発送数・回収数・回収率

中高生コロナ調査の発送数・回収数・回収率を，表1-6に示した。調査が，2020年度のベースサーベイの直後に行われたこと，調査方法としてWEBを選択したこと，実施期間が短かったことなどが影響し，回収率は通常のベースサーベイよりも2割ほど低い。

表1-6　中高生コロナ調査の発送数・回収数・回収率

	中学生（中1～3生）			高校生（高1～3生）		
	発送数	回収数	回収率	発送数	回収数	回収率
2020年度（Wave 6）	4,561	2,340	51.3	4,215	1,776	42.1

5. 経年変化の背景

本書では，前半（第Ⅰ部）で2015年度から2021年度までの経年変化の様子を記述する。この間，日本の親子の生活や教育に影響を与える可能性がある出来事がたくさんあった。ここでは，データに現れた変化に対する理解を深めるために，この間にあった主な出来事やその影響の可能性について，順不同でまとめておく。

(1) 教育課程の改訂——学びの変化

　小学校と中学校では2017年3月に，高校では2018年3月に新しい学習指導要領が告示された。その後，移行措置のための期間を経て，小学校では2020年度，中学校では2021年度に完全実施，高校では2022年度に第一学年から学年進行で実施されている。

　この学習指導要領では，教育課程全体や各教科などの学びを通じて「何ができるようになるのか」という観点から，育成を目指す資質・能力が「知識及び技能」「思考力・判断力・表現力など」「学びに向かう力，人間性など」の3つの柱で整理された。そして，それらの資質・能力を育むために，「どのように学ぶか」という観点から，「主体的・対話的で深い学び（アクティブ・ラーニング）」が重視されている。また，そうした能動的な学びを実現するために，各学校には学校や地域の実態を適切に把握し，教科横断的な視点を取り入れて，組織的・計画的に教育活動（授業）の質向上を図ること（カリキュラム・マネジメント）や，その基盤として家庭や地域との連携・協働して教育活動を充実させること（社会に開かれた教育課程）が求められている。

　学習内容については，外国語活動の充実やプログラミング教育の導入などが行われた。外国語活動については，それまで小学5，6年生で行っていた「外国語活動」を小学3，4年生に前倒しして行い，小学5，6年生は「話す」「聞く」に加えて「読む」「書く」も含めた「外国語」を正式な教科として週2時間（年間70コマ）行うことになった。また，プログラミング教育については，小学校段階から「プログラミング的思考」を学ぶ活動が導入されるともに，高校では必履修科目「情報Ⅰ」を新設して，すべての生徒がプログラミング，ネットワークやデータベースの基礎などについて学習することになった。

(2) 大学入試改革——入試の変化

　2014年12月の中央教育審議会答申，2016年3月の高大接続システム改革会議「最終報告」などを経て，2021年度大学入学者選抜（2021年1月実施）から「大学入試センター試験」に代わり「大学入学共通テスト」が導入された。大学入学共通テストでは，学習指導要領が目指す資質・能力を踏まえて，知識の理解の質を問う問題や，思考力・判断力・表現力を発揮して解くことが求められる問題の出題が目指されている。その一方で，4技能を評価するための英語

民間試験の活用や，大学入学共通テストへの記述式問題導入は見送りになった。

　この間に，大学ごとの選抜方法にも変化がみられる。2015年度から21年度にかけて，推薦入試（学校推薦型選抜）による入学者は34.7％から37.6％で2.9ポイント増加，AO入試（総合型選抜）による入学者は8.8％から12.7％で3.9ポイント増加し，この二つを合わせると半数以上が一般入試（一般選抜）以外の選抜方法で大学に進学している（文部科学省「入学者選抜実施状況の概要」各年度）。このような選抜方法の変化や年内入試の増加も，高校生の学習に変化をもたらしている可能性がある。

(3) 学校・教員にかかわる制度改革──学校の位置づけの変化

　本調査開始以降，学校や教員にかかわる制度改革も進められている。教育課程の改訂の項でも触れたが，「社会に開かれた教育課程」の実現のために，保護者や地域住民・団体などが参画する学校運営協議会を設置した「コミュニティ・スクール」が増えている。第三期教育振興基本計画（2018年）では，すべての公立学校がコミュニティ・スクールになることが目標として示されている。その数は，2015年度は2,389だったが，2021年度には11,856と約5倍になり，導入率は33.3％となった（文部科学省「コミュニティ・スクール及び地域学校協働活動実施状況調査」各年度）。

　子どもたちの放課後の時間の過ごし方という点では，「放課後児童クラブ」の整備も進んでいる。放課後児童クラブは，共働き家庭の児童に放課後の遊びや生活の場を提供する目的で小学校の余裕教室などを中心に設置されているが，登録児童数は2015年度の102万人から2021年度には135万人と約33万人増加した（厚生労働省「放課後児童健全育成事業（放課後児童クラブ）の実施状況」各年度）。学校という場が，放課後の子どもたちの居場所としての役割を担うようになっている。

　中学生と高校生については，部活動における休養日の設定や時間制限などの目安が設けられたことも，放課後の過ごし方に影響している可能性がある。部活動については，教員の働き方改革の一環としても議論されているが，生徒の負担軽減という観点でもスポーツ庁が運動部の活動について，文化庁が文化部の活動について，休養日の設定や時間短縮を求めるガイドラインを2018年に出している。2019年に中央教育審議会が答申した「新しい時代の教育に向け

た持続可能な学校指導・運営体制の構築のための学校における働き方改革に関する総合的な方策について」でも，部活動は必ずしも教員が担うべき業務ではないこと，今後は地域と協業する中で教員の負担を軽くしていくことが示されている。こうした学校や教員の役割の変化，地域との連携の強化なども，子どもの生活や学習に影響すると考えられる。

(4) デジタル化の進行

　この間の子どもを取り巻く社会の変化としては，個人が保有するモバイル端末の普及やデジタル技術の進歩も，大きなものの一つに挙げられるだろう。たとえば，スマートフォンの所有率は，2015 年から 21 年にかけて 6 〜 12 歳で 31.8％から 42.9％に，13 〜 19 歳で 79.3％から 85.6％に上昇している（総務省「通信利用動向調査」）。個人所有の低年齢化が進み，今では小学生がスマートフォンを持つことも珍しくなくなっている。

　学校教育では，GIGA スクール構想の実現がある。GIGA スクール構想は，2019 年 12 月に児童・生徒向けの 1 人 1 台端末と，高速大容量の通信ネットワークを一体的に整備するための経費が閣議決定（令和元年度補正予算案）された。その後，2020 年の新型コロナウイルス感染症の拡大によって実施が前倒しされ，2020 年 4 月 7 日に「児童生徒 1 人 1 台端末の整備スケジュール」を加速する旨の閣議決定によって，2,292 億円が補正予算として計上された。この措置のおかげで，小・中学校では 2020 年度中に 1 人 1 台のデジタル端末の配備が進み，2021 年度内に整備がほぼ完了した。一方で，高校については同じタイミングでの整備とはならず，現在でも県によって 1 人 1 台端末が実現しておらず，地域による格差が生じている状況にある。

(5) コロナ禍に伴う休校や行動制限

　最後に，この間の大きな出来事として，コロナ禍に伴う休校や行動制限の影響を挙げておきたい。新型コロナウイルス感染症は，2019 年 12 月初旬に中国の武漢市で第 1 例目が報告されてから，わずか数カ月ほどの間にパンデミックと言われる世界的な流行となった。日本でも，2020 年 1 月に最初の感染者が確認された後，5 月 12 日までに 15,854 人の感染者，668 人の死亡者が確認された（厚生労働省の発表）。学校教育では，2020 年 2 月 27 日に安倍晋三内閣総理

大臣（当時）が，感染防止のために3月2日から春休みの期間，全国すべての小学校，中学校，高等学校，特別支援学校に休校を要請した。これにより，3月2日から終業式までの20日間程度は，ほとんどすべての学校で休校となり，卒業式などの学校行事を中止する学校が多く出た。さらに，新年度に入った2020年4月7日に東京，神奈川，埼玉，千葉，大阪，兵庫，福岡の7都府県に緊急事態宣言が発出され，16日にはそれが全国に拡大した。翌5月中・下旬に段階的に宣言が解除されるまで，多くの学校で休校措置が取られることとなった。比較的感染者が少ない地域では5月上旬に学校を再開したが，多くの地域で休校は5月末まで続く。また，分散登校などによって在校する時間の短縮を図る地域も多くみられた。こうして，長い地域では約3か月間，休校となる状況が生まれた。

　その後，2021年末までに計4回の緊急事態宣言が出されたが，学校に休校が要請されることはなかった。しかし，この間，多くの学校で部活動の中止や短縮（大会なども多くは中止），学校行事の見直しや中止，長期休業期間の短縮などが行われ，さまざまな学習活動や課外活動が制限された。日々の学習においても，対話型の学習がやりにくくなったり，黙食で給食や弁当を食べたりするなど，息苦しい状況が続くこととなった。

　活動制限は学校内の活動にとどまらず，外出自粛のかたちで人と接する活動や移動を伴う活動が行いにくい状況を生んだ。休校期間中は，塾や習い事などの教育事業者も休業するところが多かった。経済産業省は2020年4月に教育事業者に感染症対策の徹底を要請し，自治体の多くは規模の大きい事業者に対して休業要請を発出した。こうした制限に加えて，子どもへの感染を懸念して自主的にレッスンや授業を取りやめた事業者も多く，学校外での教育活動も十分に行えない状況が生まれた。地域の行事も多くは中止となり，家族での外出や旅行なども行いにくい状況が続いた。

　このように学校の内外で多様な経験の機会が失われたことや心理面で受けたストレスなどが子どもにどのような影響を与えたのか，継続的に注視する必要があるだろう。

6. おわりに——本書の構成

　本書では，前節で述べたような子どもを取り巻く環境の変化を踏まえて，子どもたちの意識や行動がどう変化しているのかを検討する。

　第Ⅰ部では，本章に続いて第2章でベースサーベイの回収状況とサンプル脱落について分析する。ここでは，パネル調査の実施・分析上の課題であるサンプルの歪みについて検討を行う。続けて，第3章と第4章で，ベースサーベイの子ども調査の結果を分析する。第3章では，子どもにたずねている質問のうち，おもに生活や人間関係にかかわる項目を，第4章ではおもに学習行動や意識にかかわる項目を検討した。この2つの章では，コロナ禍の影響とともに，デジタル化の進展が生活や学習にどのような影響を与えているかにも注目している。第5章は，ベースサーベイの保護者調査を扱っている。ここでは，保護者の学歴や働き方といった子育てをめぐる環境の変化と子育てや教育にかかわる意識・行動の変化を検討している。第6章は，卒業時サーベイの結果から，高校生の進路選択の状況や入試改革の影響などをとらえた。入学者選抜の状況もここ数年で大きく変化している。その影響について，調査からわかることをまとめた。第7章は，コロナ禍の影響が子どもの生活や学びにどのような結果をもたらしたのかを明らかにしている。「格差」をキーワードに，危機において課題がどのような子どもに現れやすかったかを検討している。さらに，第8章では，コロナ禍が学校という存在の意味を変えた可能性に言及する。コロナ禍という経験を通してみえた学校教育の課題と希望をデータから読み解く。ここまでは，おもに異なるコーホートに対して長期に同じ項目をたずねていることを生かした時代の変化の読み取りである。

　第Ⅱ部では，調査がもつさまざまな特徴を生かし，本プロジェクトに参画・関係する各研究者が独自の視点で分析を行った。第9章は，子どもの生活と学びに関する親子調査のうち，読書時間についてのデータをもとに，子どもの読書時間の学年での変化と，コロナ禍による影響を検討している。第10章は，小学校から中学校への移行にかかわる問題を扱っている。小中接続では，巷間，中1ギャップが課題として指摘されることが多いが，ここではそれと同じくらい"中1ジャンプ"とも呼べる中学入学後に成長する子どもが存在することが

実証されていて興味深い。第11章は，教育心理学的な視点から，親との会話が子どもの学習の動機づけや学習方略の獲得に与える影響を分析している。親子の会話がその後の学習方略の獲得に効果をもつことや，それがさらに動機づけの向上に影響するといった知見は，教育実践のあり方を検討するうえでも有用なインプリケーションだと考える。第12章では，コロナ禍と同時に子どもの学習意欲が低下していることに着目し，その変化の要因として親子関係や親の養育態度が関連しているのではないかという仮説を検証した。本調査では，コロナ期間中に子どもの学習意欲の低下が顕著に表れたが，コロナ禍は日ごろ子どもを支えている保護者にとってもさまざまなストレスを抱える状況であった。コロナ禍は，単に子ども，保護者それぞれ影響を与えただけでなく，親子の相互作用にも影響した。こうした相互作用に注目した分析は，本調査ならではといえるだろう。第13章では，その学習意欲について，小学生から高校生にかけての個人の変化と，その変化に影響する要因に関する分析を行っている。変化を予測する因子の検討からは，教育実践に多くのインプリケーションが得られている。第14章では，小学6年生から高校3年生までの7時点のパネルデータを生かして，成績が進路をどのように規定するのかという点から，4年制大学進学の様相をとらえている。ここには，もともと日本にあった進路選択の特徴と，大学全入時代の進路選択の特徴が同時に現れていることがダイナミックに示されている。最後に，第15章として，本書の全体のまとめと本調査の今後の展望を記した。

　本書は，前書（東京大学社会科学研究所・ベネッセ教育総合研究所，2020）からさらに継続して実施した調査結果に基づいて，より長期の子どもたちの変化や成長を描いている。こうした継続的なデータの取得とそれに基づく知見を積み重ねから，読者がより良い子育てや教育を考える何らかの手がかりをつかんでいただけたら，これに勝る喜びはない。

　注
　1）先行する縦断調査については，木村（2020）でまとめている。
　2）先行調査では厚生労働省・文部科学省の「21世紀出生児縦断調査」やお茶の水女子大学グループが実施した「青少年期から成人期への移行についての追跡調査（Japan Education Longitudinal Survey：JELS）」などの例外もあるが，前者は2つのコーホート，後者は4つのコーホートの追跡にとどまる。

3）小1〜3生は保護者のみに調査を実施し，子どもの様子について代理で回
答してもらっているため，質問数が多い。
4）たとえば，ベネッセ教育総合研究所「幼児・小学生の生活に対する新型コ
ロナウイルス感染症の影響調査」（2020 年），国立成育医療研究センター「コ
ロナ×こどもアンケート」（2020 〜 21 年，複数回実施），日本財団・三菱
UFJ リサーチ＆コンサルティング「コロナ禍が教育格差にもたらす影響調査」
（2021 年），文部科学省「新型コロナウイルス感染症の流行期における生徒の
学習・生活に関する保護者調査」（2021 年）など。

参考文献

ベネッセ教育総合研究所，2022，『コロナ禍における学びの実態──中学生・高
校生の調査にみる休校の影響』https://berd.benesse.jp/up_images/research/
manabijittai2020_all.pdf，（2023 年 6 月 9 日閲覧）

堂下雄輝，2020，「解説②：語彙力テストと読解力テスト」東京大学社会科学研
究所・ベネッセ教育総合研究所（編），2020，『子どもの学びと成長を追
う──2 万組の親子パネル調査から』勁草書房，129-131.

石田浩，2012，「社会科学における因果推論の可能性」『理論と方法』27(1)，
1-18.

木村治生，2020，「『子どもの生活と学び』研究プロジェクトについて──プロジ
ェクトのねらい，調査設計，調査対象・内容，特徴と課題」東京大学社会
科学研究所・ベネッセ教育総合研究所（編），『子どもの学びと成長を追
う──2 万組の親子パネル調査から』勁草書房，3-26.

木村治生，2022，「ダイアド・データを用いて親子のリアリティを把握する──
『子どもの生活と学びに関する親子調査』の試みから」『社会と調査』28，
5-12.

中澤渉，2012，「なぜパネル・データを分析するのが必要なのか──パネル・デ
ータ分析の特性の紹介」『理論と方法』27(1)，23-40.

直井優（編著），1983，『社会調査の基礎』サイエンス社.

野﨑友花，2020，「高校生活の振り返りと進路選択──「卒業時サーベイ」の主
な結果から」東京大学社会科学研究所・ベネッセ教育総合研究所（編）『子
どもの学びと成長を追う─2 万組の親子パネル調査から』勁草書房，95-
111.

岡部悟志，2020，「『語彙力・読解力調査』のねらい と今後の課題・展望」東京
大学社会科学研究所・ベネッセ教育総合研究所（編），『子どもの学びと成長
を追う──2 万組の親子パネル調査から』勁草書房，112-124.

田中博之，2018，「読解力とはどのような力か」『情報の科学と技術』68(8)，
390-394.

東京大学社会科学研究所・ベネッセ教育総合研究所（編），2020，『子どもの学
びと成長を追う──2 万組の親子パネル調査から』勁草書房.

東京大学社会科学研究所附属社会調査・データアーカイブ研究センター，2021，『子どもの自立に影響する要因の学際的研究——「子どもの生活と学びに関する親子調査」を用いて』研究成果報告書（リサーチペーパーシリーズ No. 77），https://csrda.iss.u-tokyo.ac.jp/pdf/RPS077.pdf（2023 年 6 月 9 日閲覧）

東京大学社会科学研究所附属社会調査・データアーカイブ研究センター，2022，『「子どもの生活と学びに関する親子調査」（パネル調査）を用いた親子の成長にかかわる要因の二次分析』研究成果報告書（リサーチペーパーシリーズ No. 80），https://csrda.iss.u-tokyo.ac.jp/pdf/RPS080.pdf（2023 年 6 月 9 日閲覧）

東京大学社会科学研究所附属社会調査・データアーカイブ研究センター，2023，『子どもの生活と学びの変化にかかわる要因の解明：親子パネル調査を用いた分析』研究成果報告書（リサーチペーパーシリーズ No. 87），https://csrda.iss.u-tokyo.ac.jp/RPS087.pdf（2023 年 6 月 9 日閲覧）

第 2 章

親子パネル調査（Wave 1 ～ 7）の回収状況とサンプル脱落

岡部 悟志

1. はじめに

　同一の個人や集団を追跡するパネル調査の利点は，時間の経過に伴う対象の変化——成長のスピードや変化の時期，政策的介入が対象に与える効果など——について，1時点の横断的なデータにはない情報が得られることである（北村，2005；田中，2015）。その際，各調査の回収状況や実施を繰り返す過程で生じるサンプル脱落は，パネル調査から導かれるエビデンスの質を左右する要素となる（北村，2005）。とりわけ，長期にわたる調査ほど，一般的に回収状況やサンプル脱落は悪化すると考えられるため，なおさら確認しておくことが求められる。岡部（2020）では，親子パネル調査が開始（2015年度調査，Wave 1）されてから4年目（2018年度調査，Wave 4），すなわち小学校低学年（小1～3年）が高学年（小4～6生）となり，小学校高学年（小4～6生）が中学生，中学生が高校生となった段階までのベースサーベイの回収状況の推移とサンプル脱落の実態について報告している。そこでは，Wave 1 から Wave 4 までの親子パネルデータは，各調査回の有効回答率も総じて高く，サンプル脱落による属性上のゆがみも少ないことから，分析上の大きな懸念点は見当たらないとしている。その後も調査は継続し，親子パネル調査は開始から7年目（2021年度調査，Wave 7）を迎えた。この間，小学校低学年（小1～3生）は中学生に，小学校高学年（小4～6生）は高校生になっている。そこで本章では，あらためて Wave 1 から Wave 7 までの親子パネルデータについて，回収状況とサンプル脱落の実態について確認し検討する。なお，サンプル脱落については，調

査プロセスのどの段階の，どの時点間に着目するかによって実にさまざまな定義が可能だが，以下では特に，長期的な縦断分析をする上で重要と思われる「各調査回におけるそもそもの回収状況の推移」と，「初回（Wave 1）回答者を起点としたサンプル脱落の状況」の２つに着目して検討を進めていく。

2. 各調査回における回収状況の推移

　ここでは，ベースサーベイの各調査回の有効回答率（＝有効回答数[1]÷アタック数）に着目する。図２-１の折れ線グラフが，各調査回の有効回答率を表している。ここから，有効回答率は各回とも８割前後と高く，安定的に推移していることがわかるだろう。とりわけ，2020年（Wave 6）や2021年（Wave 7）は，新型コロナウイルス感染症拡大に伴うさまざまな影響が，家庭や学校，職場などに広がった時期でもある。しかし，調査モニター数や回収状況に大きな変化はなく，むしろそれ以前よりも安定した推移をたどっているようにみえる。

　図２-１に示されている各調査回の３つの棒グラフのうち，左側（調査モニター数）と真ん中（アタック数）の数値の差について補足しておく。本来，調査アプローチ可能な「調査モニター数」と，実際にアンケート調査を配布した

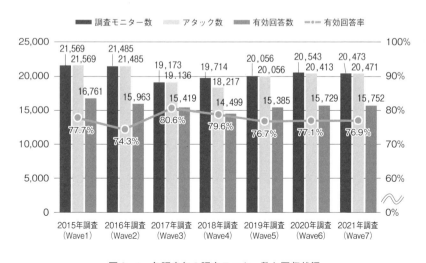

図２-１　各調査年の調査モニター数と回収状況

数を表す「アタック数」は等しくなる。しかし，豪雨や地震などの自然災害により災害指定地域に指定されたエリアの調査モニターに対しては，調査の発送を控えている。具体的には，2017年度調査（Wave 3）は37件，2018年度調査（Wave 4）は比較的多く1,497件[2]，2020年度調査（Wave 6）は130件，2021年度調査（Wave 7）は2件が該当する。本調査は例年，7月末から9月上旬の夏から秋にかけて実施していることもあり，自然災害による影響は完全には回避することはできない。しかし，その時その時の状況に応じて，一部地域では調査時期を遅らせるなどの対応を可能な限り丁寧に行うことに努めてきた。そのため，この7年間に自然災害による調査への致命的な影響はなかったと考えられる。

3. 初回（Wave 1）回答者を起点としたサンプル脱落の状況

　ここでは，同一対象を繰り返し調査する過程で生じるサンプル脱落の状況を確かめるために，初回調査（Wave 1）の回答者を起点とし，7年目の調査（Wave 7）にかけてのサンプル脱落に着目してみていく。なお，親子パネル調査は，小1〜高3生までの親子を対象（小1〜3生は保護者のみが回答し，小4生以上は保護者に加えて子どもも回答するよう依頼）としている。したがって，この7年間を通して回答する機会が与えられた対象は，初回（Wave 1）に子どもが小学校低学年（小1〜3生）か小学校高学年（小4〜6生）だった親子であり，7年目（Wave 7）にはそれぞれの子どもは，中学生または高校生となっている親子である。そこで以下では，子どもの学校段階別に2つのグループに分けて，みていくことにする。

①初回（Wave 1）は小1〜3生で，7年目（Wave 7）に中1〜3生となったグループ。以降，「①小1〜3生→中学生」などと表記。
②初回（Wave 1）は小4〜6生で，7年目（Wave 7）に高1〜3生となったグループ。以降，「②小4〜6生→高校生」などと表記。

（1）脱落パターン別のサンプル数と比率

　初回（Wave 1）回答者はその後，どれくらい継続して回答しているのだろう

表2-1　初回（Wave 1）回答者のサンプル数と回答回数の状況（学校段階別）

| | | 学校段階（Wave 1 → Wave 7） | | | |
| | | ①小1～3生→中学生 | | ②小4～5生→高校生 | |
		サンプル数	比率	サンプル数	比率
初回（Wave1）回答数		4,690	100.0%	3,965	100.0%
Wave1～ Wave7 までの 回答回数	7回	2,301	49.1%	1,710	43.1%
	6回	876	18.7%	703	17.7%
	5回	421	9.0%	441	11.1%
	4回	319	6.8%	355	9.0%
	3回	294	6.3%	279	7.0%
	2回	266	5.7%	248	6.3%
	1回	213	4.5%	229	5.8%
	合計	4,690	100.0%	3,965	100.0%

か。概観をつかむために，Wave 7 までに何回回答しているかを表にまとめた（表2-1）。なお，ベースサーベイでは，各調査回への回答の有無によらず，特別な事情がない限りすべての調査モニターに毎年1回同時期に調査を依頼している。したがって，初回（Wave 1）回答者の Wave 7 までのすべての回答パターンは，Wave 2 以降の回答有無のパターン数，すなわち 2^6=64 通りもある。そのため，表2-1では回答回数別に件数を集約して示している。表側にある「7回」は初回（Wave 1）から7年目（Wave 7）まですべて回答しているケースを，一番下の「1回」は初回（Wave 1）のみ回答しているケースを示している。「2回」～「6回」は初回（Wave 1）と Wave 2～Wave 7 に回答した回数の和である。

　ここから，小学校低学年から開始した①小1～3生→中学生，高学年から開始した②小4～6生→高校生のいずれにおいても，「7回」（Wave 1 から Wave 7 まですべてに回答）の比率が4割台ともっとも高く，「1回」（Wave 1 のみ回答し，その後回答なし）の比率が5%前後でもっとも低い。両グループとも，回答回数が少なくなるほど，総じて比率も低くなっていることから，多くの調査モニターがこの間，複数回回答していることがわかる。

　次に，子どもの学校段階別の違いに着目してみると，①小1～3生→中学生では，②小4～6生→高校生よりも，Wave 1 から Wave 7 まで毎回回答した「7回」の比率が6.0ポイント高い（① 49.1% > ② 43.1%）。一方，全7回のうち調査への協力が半数未満の「3回以下」の比率は2.6ポイント低い（① 16.5% <

②19.1％）。ここから，小学校低学年から回答している①のグループの方が，小学校高学年から回答している②のグループよりも回答回数が多く，調査に協力的であったことがうかがえる。なお，各調査回における学校段階別の回収率は，総じて，低学年ほど高く，高学年ほど低い傾向にある。同一の個人（親子）を追跡していく縦断的な視点からみても同様に，子どもの学年が高学年であるほど回答回数が少ないことから，高学年ほどサンプル脱落の状況が思わしくないといえる。とはいえ，小学校高学年の時に初回（Wave 1）を回答し，その後7年間すべてに回答したサンプル数は1,710件にのぼる。クロス集計や多変量解析を行う上では，比較的豊富なサンプル数が得られているといえるだろう。

(2) 7回連続回答者の特徴

　本調査において，7年間にわたり連続して回答した者の全体に占める比率は4割台と高いこと，また，そのサンプル数も比較的豊富であることを確認した。ここでは，7回連続回答者の基本属性に着目し，サンプル脱落が生じる前の，もともとの基本属性とどの程度異なるのかについてみてみよう（表2-2）。

　着目する基本属性としては，子ども本人に関するものは「性別」「成績」の2つ，保護者や世帯に関するものは「父母の最終学歴」「世帯年収」「母親の就業形態」「居住地の人口規模」の4つを取り挙げる。いずれも子どもの生活や学習などと関連があることが知られているためである。表2-2の表側は，初回（Wave 1）回答時に聴取した基本属性を示している。表頭にある「学校段階（Wave 1）」の下の2グループは，Wave 1実施当時の小1～3生と小4～6生を表す。また，「学校段階（Wave 1 → Wave 7）」の下の2グループは，前述した7回連続回答者を初回時（Wave 1）の学校段階で分けた2グループを表している。「ポイント差」の列には，後者から前者を減じた値が示されている。この数値の絶対値が小さいほど，7回連続回答者にサンプルを限定したとしても，母体となるWave 1回答者のもともとの基本属性との偏りが少ないということを意味する。以上を踏まえつつ，「ポイント差」の列をみてみよう。すると，その多くは±1ポイント差前後であり，最大でも4ポイント差に留まっている。ここから，全体的にみて，属性上の差異は小さいと評価してよいと考えられる。

　ただし，ポイント差がまったくないわけではない。±2ポイント以上の差に着目すると，①②の2グループに共通して，7回連続回答者ほど，成績「上位

表2−2　初回（Wave 1）回答者と7回連続回答者の属性比較（学校段階別）

		学校段階（Wave1）		学校段階 （Wave 1 → Wave 7）		ポイント差	
		小1〜3生	小4〜6生	①小1〜3生 →中学生	②小4〜6生 →高校生	①小1〜3生 →中学生	②小4〜6生 →高校生
サンプル数		4,690	3,965	2,301	1,710		
子どもの 性別	男子	50.8	49.2	49.5	47.0	−1.3	−2.2
	女子	49.2	50.8	50.5	53.0	1.3	2.2
子どもの 成績（3群）	上位層	29.2	29.5	31.6	31.6	2.4	2.1
	中位層	31.5	35.8	31.8	36.1	0.3	0.3
	下位層	39.3	34.7	36.6	32.3	−2.7	−2.4
父母の最終 学歴（4群）	父母とも大卒	42.6	41.1	46.1	44.2	3.5	3.1
	父大卒・母非大卒	12.6	13.8	12.2	13.4	−0.4	−0.4
	父非大卒・母大卒	18.5	17.3	17.9	17.6	−0.6	0.3
	父母とも非大卒	26.3	27.9	23.8	24.8	−2.5	−3.1
世帯収入 （4群）	400万円未満	17.6	17.7	16.8	16.5	−0.8	−1.2
	400〜600万円未満	35.9	32.0	35.1	31.2	−0.8	−0.8
	600〜800万円未満	23.3	24.7	24.0	25.5	0.7	0.8
	800万円以上	23.2	25.6	24.1	26.8	0.9	1.2
母親の就業 形態（3群）	正社員・正職員	17.7	16.5	16.4	14.0	−1.3	−2.5
	パート等	45.1	54.7	42.3	55.4	−2.8	0.7
	無職（専業主婦など）	37.2	28.8	41.2	30.6	4.0	1.8
人口規模 （4群）	政令指定都市・特別区	30.0	29.0	30.5	30.9	0.5	1.9
	15万人以上	33.4	32.9	33.0	31.2	−0.4	−1.7
	5万人〜15万人未満	24.4	24.8	25.1	24.6	0.7	−0.2
	5万人未満	12.3	13.3	11.4	13.3	−0.9	0.0

※表側の基本属性は，いずれも初回（Wave 1）に聴取したもの。
※ポイント差の絶対値が2ポイント以上の場合は薄い網かけ，3ポイント以上の場合は濃い網かけをつけている。

層」が多く「下位層」が少ないこと，また，父母の最終学歴が「父母とも大卒」が多く「父母とも非大卒」が少ないことがわかる。絶対値としてはわずかな差に留まるが，子どもの学校段階によらず，成績上位や高学歴世帯ほど連続回答しやすい傾向があるようだ。また，小学校低学年より開始した①小1〜3生→中学生では，7回連続回答者において，母親の就業形態が「無職（専業主婦など）」の比率が4ポイント高い。ここから，専業主婦ほど連続回答する傾向があったと考えられる。また，小学校高学年から開始した②中学生→高校生では，7回連続回答者ほど，男子が少なく，女子が多い。ここから，小学校高学年から高校生にかけては，男子よりも女子の方が，調査に協力的であったようだ。以上の傾向の背景には，おそらく本調査が親子セットのアンケート調査であること，また保護者の回答の9割程度が母親回答であることの影響がある

かもしれない。例えば，有職の母親に比べて相対的に親子時間が長い傾向がある専業主婦世帯では，とりわけ子どもが低学年だった場合に，親子とも回答しやすい状況であった可能性がある。また，子どもの学校段階が小学校高学年以上の場合，母親と同性の女子の方が，男子よりも，調査に協力しやすい状況があった可能性も考えられる。

4. まとめ

　本章では，7年目を迎えた親子パネル調査の回収状況とサンプル脱落の実態を確認した。分析から主にわかったことは，以下の3点である。

　第一に，7年にわたる回収状況の推移をみてみると，各調査回の有効回答率はいずれも8割前後と高い水準を維持している。回を重ねるなかで，自然災害や新型コロナウイルス感染拡大などのさまざまな社会変化に見舞われても，非常に安定的に推移している。第二に，7回連続回答者に着目したサンプル脱落の実態から，子どもの学校段階によらず初回（Wave 1）回答者の4割台が7回連続回答しており，そのサンプル数のボリュームも比較的豊富なものであった。しかしながら，第三に，7回連続回答者の基本属性には，絶対値としては決して大きくないものの，系統的な歪みが生じていることが確認された。具体的にいえば，もともと子どもの成績が上位であったり，両親とも大卒であったりするほど，調査に協力しやすい傾向がみられた。さらに，子どもの学校段階によっては，母親の就業状況や子どもの性別が，連続回答と関連していることもわかった。したがって，連続回答者に絞った分析を行う際には，上のような基本属性を統制しながら慎重に分析を進めることが求められる。

　パネル調査を継続していく上で，サンプル脱落の問題は完全には避けられない。定期的なチェックとその結果を踏まえた分析上の配慮を繰り返し行っていくことが，今後も引き続き求められるだろう。

注
　1）ここでの有効回答数には，親子両方とも回答した数に加えて，保護者のみや子どものみの回答数も含めている。サンプル脱落の状況を捉える上で，調査依頼に対する調査モニターからの反応（回答）が何かしらあったという状態を考えることが適当と考えたためである。

2）2017 年調査（Wave 3）と 2018 年調査（Wave 4）の調査モニタ数やアタック数などの数値が，過去に刊行したダイジェスト版などと若干異なる部分がある。その理由は，今回あらためて，これまでに行った調査の発送や回収に関する記録を精査し，同じ条件や状態でそろっている情報を再整理したためである。

参考文献

北村行伸，2005，『パネルデータ分析』岩波書店．

田中隆一，2015，「パネル・データ分析——繰り返し観察することでわかること」『計量経済学の第一歩——実証分析のススメ』有斐閣．

岡部悟志，2020，「『親子パネル調査』におけるサンプル脱落の実態と評価」東京大学社会科学研究所・ベネッセ教育総合研究所（編），『子どもの学びと成長を追う——2 万組の親子パネル調査から』勁草書房，27-33．

第3章

子どもたちの生活の様子，人間関係の実態
——2015 年度から 21 年度の経年変化を追う

木村 治生・松本 留奈

1. 本章の目的

　本章では，「子どもの生活と学びに関する調査」（ベースサーベイ）の内容の
うち，子どもを対象とした生活関連の項目と人間関係関連の項目について
2015 年度調査（Wave 1）から 21 年度調査（Wave 7）までの結果を紹介する。
子どもたちの生活の様子や人間関係の実態について，経年での変化を明らかに
するのが目的である。

　第 1 章でも述べたように，この間，子どもたちの生活を取り巻く社会にはさ
まざまな出来事があった。教育課程の改訂や大学入試改革の進行，学校・教員
にかかわるいくつかの制度改革（たとえば部活動の縮小など）は，子どもたちの
学習面だけでなく，生活面にも影響を与える部分があるだろう。また，デジタ
ル化の進行は，メディアの利活用や友だち関係のあり方を大きく変えるインパ
クトを持ちうる。ここ数年で GIGA スクール構想により小中学校では 1 人 1
台端末が実現したが，家庭においても端末の個人所有は低学齢化しており，そ
の影響がどのようなところに現れるのかを注視する必要がある。さらには，新
型コロナウイルス感染症の拡大により 2020 年に学校の臨時休業（休校）が行
われ，その後もコロナ禍と呼ばれる行動制限や対人接触の制限が続いた。本書
が刊行される 2024 年現在では，制限はかなり緩和されているとはいえ，成長
期にある子どもたちにコロナ禍の状況がどのように作用したのかを明らかにし
ておくことは重要である。ベースサーベイの 7 年分のデータを用いて，そうし
た実態を明らかにしていく。

本章では，ベースサーベイで調査している主な項目について確認したあと（第2節），大きく2つの観点で整理する。1つは，生活実態の変化である（第3節）。ここでは，起床・就寝時間と睡眠時間，デジタルメディアの利用時間，趣味の時間，部活動の時間，友だちや家族とすごす時間・一人ですごす時間などの基本的な生活時間を取り上げる。続けて，子どもの遊び場，子どもの体験，お手伝いについて順に，7時点の変化を確認する。もう1つは，人間関係の変化である（第4節）。ここでは，保護者，親戚，第三者，先生，友だちなどのさまざまな人との関係を概観したのちに，親子関係と友だち関係について紙幅を割いて説明する。親子関係と友だち関係については，子どもの性によって関係の築き方が異なるため，性別にも検討を行った。そして最後に，全体を通してのまとめと研究上の課題を論じる（第5節）。

2. 子どもの生活・人間関係に関する主な項目

「ベースサーベイ」の子ども調査は，生活・人間関係に関する項目（本章）と学習に関する項目（第4章）とで構成されている。子どもの学習や生活への関わりに関する項目のいくつかは，親子の認識の一致や違いを分析する目的で保護者調査と内容を揃えている。生活・人間関係に関する主な項目を，表3-1にまとめる。このうち，本章で取り上げるのは下線の項目である。

表3-1　ベースサーベイ（子ども調査）生活・人間関係の項目一覧

> 1）子どもの生活実態
> ・睡眠時間…起床時刻・就寝時刻（●），通学時間（●）
> ・生活習慣…自分で起きる，整理整頓，食生活，ルール・マナーなど
> ・生活技術…お手伝い頻度
> ・社会的・文化的・自然的な経験
> ・趣味の時間…読書，音楽を聴く（●）
> ・遊び場
> ・デジタルメディア…メディアを見る・使う時間（●），利用の状況
> ・アルバイト（●）＊高校生のみ
> ・部活動（●）＊中学生と高校生のみ

> 2）子どもの人間関係
> - 親子関係…家族とすごす時間（●），1人ですごす時間（●），父母との会話の内容・頻度（●），父母の関わり（●）など
> - 友だち関係…友だちと遊ぶ時間（●），友だちの人数，友だちとの関係，異性とのつき合いなど
> - その他人間関係…祖父母・近所の人・親せきの人・初めて会う人・外国の人と話す頻度など
> - 上記の人間関係に関する自己評価・満足度

※（●）は 2015 年度調査（Wave 1）から 21 年度調査（Wave 7）まで毎年たずねている項目。
それ以外の項目は，調査年度によってたずねていないこともある。
※小 1–3 生については，可能な範囲で保護者にたずねている。

分析の対象とするのは，第 1 章の表 1–2 に示した各年度約 15,000 〜 16,000 前後の子ども票である。ただし，子ども自身の回答が難しい小学 1 年生〜 3 年生については，保護者向けの質問紙のなかに，子ども向けの質問紙と同一の内容の質問を含めている。ここでは保護者の代理回答による結果を，小学 1 年生〜 3 年生の集計として取り扱う。

3. 主な項目の結果〈1〉—— 子どもの生活実態の変化

ここでは，子どもの生活実態について，2015 年度から 21 年度までの変化をみていく。取り上げるのは，生活時間，遊び，体験，お手伝いの 4 つの観点である。

(1) 子どもの生活時間

生活時間は，1 日 24 時間という限られたリソースを人々がどのように振り分けているかを示すものであり，その配分の仕方に生活の構造や価値観が現れる。生活の状態を理解するだけでなく，経済的，社会的な政策決定にとって重要な基礎的な資料にもなりうるものであり，国際的にも 1960 年代から生活時間を把握するための調査が盛んに行われるようになった（矢野，1976）。そのようななかで，子どもの生活を「時間」の観点からとらえる研究も多く行われてきた（胡中，2017a）が，子ども特有の時間の使い方について同じ条件で変化を

とらえられる調査は少ない実態がある（木村，2023）。子どもを対象とした生活時間調査としては，ベネッセ教育総合研究所が2008年と13年に「放課後の生活時間調査」を行っており，睡眠や身の回りのこと（1次行動）や学校生活に費やす時間時間（2次行動）などの分散は小さいが，部活動や学習塾などの選択できるが拘束性が強い活動（2.5次行動）や余暇活動，手伝い，家庭学習，休養などの自由裁量の活動（3次行動）は子どもによる差が大きいことなど，子ども特有の時間の使い方が示されてきた（木村，2008）。また，同調査で中学生のデータを分析した胡中（2017b）は，時間の使い方のパタンを示す生活時間累計が，父母の学歴といった家庭的背景により異なることを示している。しかし，同調査は2013年以降に行われておらず，近年の生活環境の変化やコロナ禍の影響などを明らかにすることができていない。本調査では，小学生から高校生に対して，平日の基本的な活動の時間を毎回たずねており，子どもたちの近年の生活の変化について，時間という観点からとらえることができる。その結果から，2015年度調査（Wave 1）から21年度（Wave 7）にかけての推移を確認しよう。

①起床・就寝時刻と睡眠時間

　まず，子どもの起床・就寝時刻と睡眠時間の変化である（表3-2）。2015年度から21年度にかけて，どの学校段階においても，起床・就寝時刻と睡眠時間に目立った変化はみられない。子どもの心身を育む基本となる睡眠時間に，この7年間で変化はみられなかった。大久保（2021）はNHK放送文化研究所の「国民生活時間調査」の1970年から20年までデータを用いて子どもの生活時間の構造を分析しているが，ここでも，拘束行動や自由行動に比べて睡眠時間や身の回りのことなどの生活に必要な行動（必需行動）の時間は，比較的安定して推移していることを示している。本調査の7年間の推移は，この結果と整合している。もっとも，コロナ禍により学校が休校していた期間に限ると，中学生・高校生の起床時刻は1時間以上遅くなり，睡眠時間も1時間以上増えていた（木村・朝永，2022）。このことから，起床時刻や睡眠時間が安定していることは，学校に行く時間が一定であることが影響していると考えられる。

　学校段階別に見比べてみると，起床時刻はどの学校段階においても6時30分前後とほぼ同じである。しかし，就寝時刻は，小学校低学年（小1～3生）

表 3-2　起床・就寝時刻と睡眠時間（学校段階別）

小1-3生

	起床時刻	就寝時刻	睡眠時間	前年からの変化
2015 年	6 時 30 分	21 時 40 分	8 時間 50 分	—
2016 年	6 時 30 分	21 時 41 分	8 時間 49 分	-1 分
2017 年	6 時 29 分	21 時 41 分	8 時間 48 分	-1 分
2018 年	6 時 29 分	21 時 41 分	8 時間 48 分	±0 分
2019 年	6 時 29 分	21 時 41 分	8 時間 48 分	±0 分
2020 年	6 時 28 分	21 時 42 分	8 時間 46 分	-2 分
2021 年	6 時 27 分	21 時 41 分	8 時間 46 分	±0 分

小4-6生

	起床時刻	就寝時刻	睡眠時間	前年からの変化
2015 年	6 時 32 分	22 時 04 分	8 時間 28 分	—
2016 年	6 時 32 分	22 時 03 分	8 時間 27 分	-1 分
2017 年	6 時 32 分	22 時 04 分	8 時間 28 分	+1 分
2018 年	6 時 31 分	22 時 05 分	8 時間 26 分	-2 分
2019 年	6 時 32 分	22 時 05 分	8 時間 27 分	+1 分
2020 年	6 時 30 分	22 時 05 分	8 時間 25 分	-2 分
2021 年	6 時 30 分	22 時 02 分	8 時間 28 分	+3 分

中学生

	起床時刻	就寝時刻	睡眠時間	前年からの変化
2015 年	6 時 31 分	23 時 07 分	7 時間 24 分	—
2016 年	6 時 30 分	23 時 08 分	7 時間 22 分	-2 分
2017 年	6 時 31 分	23 時 07 分	7 時間 24 分	+2 分
2018 年	6 時 32 分	23 時 05 分	7 時間 27 分	+3 分
2019 年	6 時 33 分	23 時 04 分	7 時間 29 分	+2 分
2020 年	6 時 34 分	23 時 06 分	7 時間 28 分	-1 分
2021 年	6 時 34 分	23 時 04 分	7 時間 30 分	+2 分

高校生

	起床時刻	就寝時刻	睡眠時間	前年からの変化
2015 年	6 時 27 分	23 時 58 分	6 時間 29 分	—
2016 年	6 時 27 分	23 時 58 分	6 時間 29 分	±0 分
2017 年	6 時 28 分	23 時 57 分	6 時間 31 分	+2 分
2018 年	6 時 29 分	23 時 57 分	6 時間 32 分	+1 分
2019 年	6 時 29 分	23 時 57 分	6 時間 32 分	±0 分
2020 年	6 時 30 分	23 時 57 分	6 時間 33 分	+1 分
2021 年	6 時 31 分	23 時 57 分	6 時間 34 分	+1 分

※「ふだん（学校がある日）の『朝，起きる時間』と『夜，ねる時間』は，だいたい何時ころですか」への回答。
※起床時刻と就寝時刻の平均は，選択肢による回答を時刻に置き換え，無回答・不明の場合を除いて算出している。睡眠時間の平均は，就寝時刻から起床時刻までを計算している。
※小1～3生は保護者による回答。

が 21 時 40 分前後，高学年（小 4 ～ 6 生）になると 22 時過ぎ，中学生になると 23 時過ぎ，高校生になると 0 時前と次第に遅くなって夜型化が進む。その結果，学年が上がるほど睡眠時間が減少し，小 1 ～ 3 生では 8 時間 50 分前後だが，小 4 ～ 6 生は 8 時間 30 分弱，中学生は 7 時間 30 分弱，高校生は 6 時間 30 分前後となる。

②デジタルメディアの利用時間

　次に，デジタルメディアの利用時間はどう変化しているだろうか。表 3-3 に 2015 年度調査（Wave 1）から 21 年度調査（Wave 7）までの子どもの 1 日あたりのデジタルメディア利用平均時間（分）の推移を示した。

　まず，「テレビや DVD を見る」時間は，どの学校段階においても 2015 年度より 21 年度にかけて減少している。減少幅は，小 1 ～ 3 生では 7 分，小 4 ～ 6 生で 7 分，中学生で 12 分，高校生で 17 分となっており，学校段階別でみる

表3-3　デジタルメディアの利用時間（学校段階別）

テレビやDVDを見る

	小1～3生	小4～6生	中学生	高校生
2015年	1時間22分	1時間35分	1時間24分	1時間10分
2016年	1時間20分	1時間33分	1時間26分	1時間06分
2017年	1時間23分	1時間35分	1時間25分	1時間05分
2018年	1時間19分	1時間33分	1時間24分	1時間01分
2019年	1時間18分	1時間29分	1時間18分	59分
2020年	1時間20分	1時間28分	1時間15分	54分
2021年	1時間15分	1時間28分	1時間12分	53分
21年-15年	−7分	−7分	−12分	−17分

テレビゲームや携帯ゲーム機で遊ぶ

	小1～3生	小4～6生	中学生	高校生
2015年	26分	44分	47分	39分
2016年	25分	42分	49分	45分
2017年	26分	46分	49分	46分
2018年	26分	50分	51分	48分
2019年	27分	53分	52分	47分
2020年	37分	1時間05分	1時間00分	49分
2021年	37分	1時間06分	1時間03分	49分
21年-15年	+11分	+22分	+16分	+10分

携帯電話やスマートフォンを使う

	小1～3生	小4～6生	中学生	高校生
2015年	—	11分	44分	1時間36分
2016年	—	12分	49分	1時間36分
2017年	—	15分	53分	1時間44分
2018年	—	20分	1時間00分	1時間50分
2019年	—	23分	1時間07分	1時間58分
2020年	—	27分	1時間14分	2時間07分
2021年	—	30分	1時間22分	2時間15分
21年-15年	—	+19分	+38分	+39分

パソコンやタブレットを使う

	小1～3生	小4～6生	中学生	高校生
2015年	9分	14分	28分	21分
2016年	12分	18分	30分	20分
2017年	14分	22分	30分	20分
2018年	17分	24分	31分	21分
2019年	17分	24分	29分	23分
2020年	23分	29分	33分	29分
2021年	23分	29分	36分	33分
21年-15年	+14分	+15分	+8分	+12分

※「あなたはふだん（学校がある日），次のことを，1日にどれくらいの時間やっていますか（学校の中でやる時間は除く）」への回答。平均時間は，「しない」を0分，「5分」を5分，「4時間」を240分，「4時間より多い」を300分のように置き換えて，無回答・不明を除いて算出している。
※小1～3生は保護者による回答。「携帯電話やスマートフォンを使う」は小1～3生の保護者にはたずねていない。

と高校生の減少時間がもっとも大きい。

　次に，「テレビゲームや携帯ゲーム機で遊ぶ」時間は，どの学校段階においても2015年度より21年度は増加している。とくに小中学生では2019年度から20年度の大きく増加しており，新型コロナウイルスの流行による休校や在宅時間の増加が影響している可能性がある。2020年に増加したゲームで遊ぶ時間は，21年になってもほぼ同じかさらに増加の傾向が続いている。2015年度から21年度の増加幅は，小1～3生で11分，小4～6生で22分，中学生で16分，高校生で10分である。

　「携帯電話やスマートフォンを使う」時間は，どの学校段階においても2015年度より21年度にかけて増加している。増加幅は，小4～6生で19分，中学生で38分，高校生では39分で，中学生や高校生は「テレビやDVDを見る」よりも多い。使用するメディアの切り替えが，この7年間で急速に進んだ様子

がうかがえる。

　同様に「パソコンやタブレット（iPad など）を使う」時間も，どの学校段階においても 2015 年度から 21 年度にかけて増加している。とくに 2019 年以降の増加幅が大きくなっており，コロナ禍をきっかけに在宅時間の増加やオンラインによるイベントが普及した影響が背景にあると考えられる。

　このようなデジタルメディアの利用時間の変化には，メディアの個人所有が子どもたちの間に広がっていることと関連する。2015 年度から 21 年度にかけて「自分専用のものを使っている」比率の変化をみると，「パソコン」は小 1 ～ 3 生で 0.7％から 3.9％（3.2 ポイント増），小 4 ～ 6 生で 1.9％から 8.0％（6.1 ポイント増），中学生で 4.1％から 10.9％（6.8 ポイント増），高校生で 11.3％から 20.7％（9.4 ポイント増）になった。同様に，「タブレット」は小 1 ～ 3 生で 3.8％から 21.9％（18.1 ポイント増），小 4 ～ 6 生で 6.5％から 20.9％（14.4 ポイント増），中学生で 14.8％から 23.7％（8.9 ポイント増），高校生で 12.5％から 26.3％（13.8 ポイント増），「スマートフォン」は小 1 ～ 3 生で 1.1％から 8.0％（6.9 ポイント増），小 4 ～ 6 生で 5.6％から 23.6％（18.0 ポイント増），中学生で 30.2％から 65.0％（34.8 ポイント増），高校生で 88.1％から 95.5％（7.4 ポイント増）になった。

　このようなメディアのパーソナル化の進展は，子どもたちの情報収集行動や人間関係のあり方，余暇活動や学習活動などに大きな影響を及ぼすものと考えられる（北田・大多和，2007）。また，パソコンやタブレットは社会経済的地位（SES）が高い層の子どもが学習目的で利用する傾向がみられる一方で，ゲームや携帯電話・スマートフォンの利用などは SES が低い層の子どもが余暇やコミュニケーションで使う傾向が強いなど，メディア利用をめぐる階層間の格差が生じている懸念がある（木村・松本，2022）。

③趣味の時間

　次に，読書やスポーツ，音楽といった趣味の時間の変化をみてみよう。表 3-4 は 2015 年度調査（Wave 1）から 21 年度調査（Wave 7）までの子どもの 1 日あたりの本，マンガを読む時間やスポーツをする時間，音楽を聴く時間の推移である。

　まず，「本を読む」時間は，2015 年度と 21 年度を比べると，小学生（小 1 ～

表3-4　趣味の時間（学校段階別）

本を読む（電子書籍を含む）

	小1～3生	小4～6生	中学生	高校生
2015年	16分	22分	20分	15分
2016年	16分	22分	21分	13分
2017年	17分	23分	20分	13分
2018年	17分	21分	18分	14分
2019年	18分	21分	17分	13分
2020年	15分	22分	17分	12分
2021年	17分	21分	17分	11分
21年-15年	+1分	-1分	-3分	-4分

マンガや雑誌を読む

	小1～3生	小4～6生	中学生	高校生
2015年	7分	17分	17分	14分
2016年	7分	16分	16分	13分
2017年	7分	16分	16分	11分
2018年	6分	15分	14分	12分
2019年	7分	15分	13分	12分
2020年	8分	18分	14分	11分
2021年	8分	18分	15分	11分
21年-15年	+1分	+1分	-2分	-3分

運動やスポーツをする（習い事，部活動を除く）

	小1～3生	小4～6生	中学生	高校生
2015年	21分	31分	20分	15分
2016年	19分	30分	21分	15分
2017年	20分	33分	20分	14分
2018年	19分	31分	21分	14分
2019年	20分	29分	20分	12分
2020年	18分	29分	19分	13分
2021年	19分	30分	20分	13分
21年-15年	-2分	-1分	±0分	-2分

音楽を聴く

	小1～3生	小4～6生	中学生	高校生
2015年	—	11分	32分	55分
2016年	—	11分	34分	55分
2017年	—	13分	37分	57分
2018年	—	12分	35分	58分
2019年	—	14分	35分	59分
2020年	—	16分	38分	57分
2021年	—	17分	39分	55分
21年-15年	—	+6分	+7分	±0分

※時間の算出方法は，表3-3と同様。
※小1～3生は保護者による回答。「音楽を聴く」は小1～3生の保護者にはたずねていない。

3生，小4～6生）はほぼ同じであるが，中学生，高校生ではわずかに減少している。「マンガや雑誌を読む」時間は，この7年間で目立った変化がみられなかった。前の項で新型コロナウイルスの流行による在宅時間の増加を機にデジタルメディアの利用時間が増えたことを述べたが，本を読まない比率（不読率）はかえって高まっており（濱田・秋田，2023），ステイホームが読書の時間を促進したわけではなかったようだ。学年ごとの違いでは，小4～6生がもっとも平均時間が長いが，学年が上がるにしたがって不読率が高まったり，「しない」と「30分」の2箇所に山ができたり（二峰性）といった変化がみられる（猪原，2022）。

　「マンガや雑誌を読む」時間も，読書と同様に小4～6生，中学生に多いが，半分以上の子どもが読んでいない。なお，「新聞を読む」時間（表からは省略）は，いずれの学校段階でも0分から3分の範囲にとどまり，読まない割合は9割に迫る。ほとんどの子どもが新聞を読んでいない。

　「運動やスポーツをする（習い事，部活動を除く）」時間も，小4～6生でや

や長いが，平均時間は1日30分程度である。経年での変化はほとんどない。
「音楽を聴く」時間は，学校段階が高まるにつれて増加する。また，経年では，
小4～6生と中学生で増加している。音楽を聴くこともできるスマートフォン
の個人所有が小4～6生と中学生で広がっていることが，時間の増加に影響し
ている可能性がある。

④部活動の時間

　中学生と高校生の部活動の時間をみてみよう。部活動については，文部科学
省の「教員勤務実態調査」（2006年度，16年度，22年度）によって教員の負担
の大きさが明らかにされたり，スポーツ庁の「運動部活動等に関する実態調
査」（2017年度），文化庁の「文化部活動等の実態調査」によって子どもの活動
状況が示されたりしているが，同じ条件で変化をとらえる調査はほとんどない。
この間，コロナ禍により活動に制限が加わったことや，教員の働き方改革が進
められ，果たすべき役割の見直しが行われたこと，生徒への過度な負担の軽減
を図る動きが起こったことなど，いくつかの環境の変化があった。2018年に
はスポーツ庁が運動部の活動について，文化庁が文化部の活動について，休養
日や時間短縮を求めるガイドラインを出した。また，2019年の中央教育審議
会による答申「新しい時代の教育に向けた持続可能な学校指導・運営体制の構
築のための学校における働き方改革に関する総合的な方策について」では，部
活動は必ずしも教員が担うべき業務でないことが示されている。こうしたこと
の影響は，部活動の時間の変化に現れているのだろうか。

　最初に，部活動の参加率をみてみよう。図3-1からは，ゆるやかに「運動
部に入っている」の比率が低下し，代わって「入っていない」の比率が増えて
いることがわかる。急激な変化ではないが，わずかに運動部ばなれが進んだよ
うだ。

　次に，部活動に入っている生徒に限って，1週間あたりの活動日数をたずね
た。その結果が，図3-2である。これをみると，2018年ごろから活動日数の
減少が見られる。1週間に「6日」「7日」といった土曜日・日曜日も活動して
いるような比率は，2015年度は中学生で61.7％，高校生で52.7％といずれも
半数を超えていたが，2021年度になると中学生で25.1％，高校生で37.3％に
まで減少した。さらに，中高生ともに2019年度から2020年度にかけて減少が

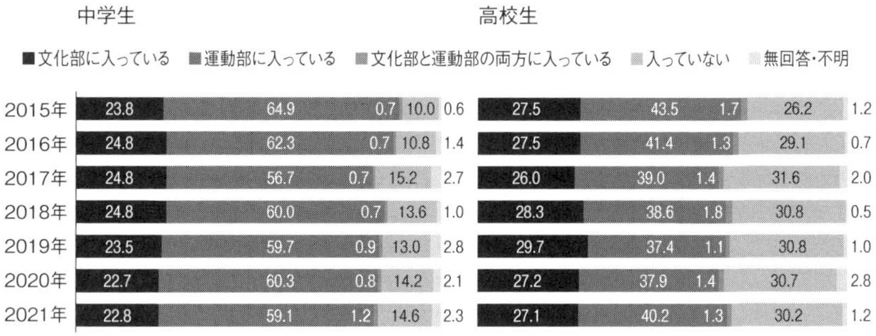

中学生　　　　　　　　　　　　　　高校生

■文化部に入っている　■運動部に入っている　■文化部と運動部の両方に入っている　■入っていない　■無回答・不明

	中学生					高校生				
2015年	23.8	64.9	0.7	10.0	0.6	27.5	43.5	1.7	26.2	1.2
2016年	24.8	62.3	0.7	10.8	1.4	27.5	41.4	1.3	29.1	0.7
2017年	24.8	56.7	0.7	15.2	2.7	26.0	39.0	1.4	31.6	2.0
2018年	24.8	60.0	0.7	13.6	1.0	28.3	38.6	1.8	30.8	0.5
2019年	23.5	59.7	0.9	13.0	2.8	29.7	37.4	1.1	30.8	1.0
2020年	22.7	60.3	0.8	14.2	2.1	27.2	37.9	1.4	30.7	2.8
2021年	22.8	59.1	1.2	14.6	2.3	27.1	40.2	1.3	30.2	1.2

※「あなたは学校の部活動に入っていますか」への回答（％）。
※中高生のみにたずねている。

図3-1　部活動への参加（学校段階別）

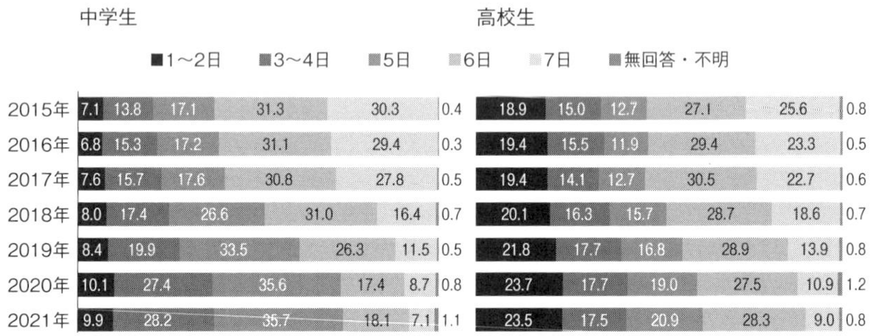

中学生　　　　　　　　　　　　　　高校生

■1〜2日　■3〜4日　■5日　■6日　■7日　■無回答・不明

	中学生						高校生					
2015年	7.1	13.8	17.1	31.3	30.3	0.4	18.9	15.0	12.7	27.1	25.6	0.8
2016年	6.8	15.3	17.2	31.1	29.4	0.3	19.4	15.5	11.9	29.4	23.3	0.5
2017年	7.6	15.7	17.6	30.8	27.8	0.5	19.4	14.1	12.7	30.5	22.7	0.6
2018年	8.0	17.4	26.6	31.0	16.4	0.7	20.1	16.3	15.7	28.7	18.6	0.7
2019年	8.4	19.9	33.5	26.3	11.5	0.5	21.8	17.7	16.8	28.9	13.9	0.8
2020年	10.1	27.4	35.6	17.4	8.7	0.8	23.7	17.7	19.0	27.5	10.9	1.2
2021年	9.9	28.2	35.7	18.1	7.1	1.1	23.5	17.5	20.9	28.3	9.0	0.8

※「あなたは学校の部活動に入っていますか」への回答に「文化部に入っている」「運動部に入っている」
　「文化部と運動部の両方に入っている」と回答した子どもにたずねている。
※「部活動には、1週間に何日くらい参加していますか」に対して、「1〜2日」は「1日」と「2日」、「3〜
　4日」は「3日」「4日」と回答した比率を合算（％）。
※中高生のみにたずねている。

図3-2　部活動の活動日数（学校段階別）

みられ，ここにもまた新型コロナウイルス流行の影響がうかがえる。

　このような参加率の減少と1週間当たりの活動日数の減少が反映されて，非行為者（部活動に参加していない生徒）も含むすべての生徒の1日当たりの部活動の時間は減少した。表3-5に示したように，この7年間で，中学生の活動時間は31分（2015年度109分→2021年度78分），高校生の活動時間は15分（同81分→66分）減少している。

表3-5　部活動の時間（学校段階別）

	中学生	高校生
2015 年	1 時間 49 分	1 時間 21 分
2016 年	1 時間 45 分	1 時間 17 分
2017 年	1 時間 43 分	1 時間 16 分
2018 年	1 時間 37 分	1 時間 13 分
2019 年	1 時間 29 分	1 時間 08 分
2020 年	1 時間 14 分	1 時間 04 分
2021 年	1 時間 18 分	1 時間 06 分
21 年 -15 年	−31 分	−15 分

※「あなたは学校の部活動に入っていますか」への回答に「文化部に入っている」「運動部に入っている」「文化部と運動部の両方に入っている」と回答した子どもに，1 週間当たりの活動日数と 1 日あたりの活動時間をたずねた。活動日数と活動時間の積により 1 週間当たりの活動時間を算出して，それを「7」で除して 1 日当たりに換算した。活動時間は「30 分」を 30 分，「4 時間」を 240 分，「4 時間より多い」を 300 分のように置き換えて，無回答・不明を除いて算出している。平均値の集計には，部活動に「入っていない」と回答したため本設問に回答していない子どもは「0 分」として集計に含めた。
※中高生のみにたずねている。

⑤友だちや家族とすごす時間，一人ですごす時間

　生活時間の最後に，「友だちと遊ぶ・すごす」時間や「家族とすごす」時間，「自分 1 人ですごす」時間の変化を確認しよう。その結果を，表 3 - 6 に示した。

　「友だちと遊ぶ・すごす」時間は，2015 年度から 21 年度にかけて小 1 ～ 3 生で 12 分，小 4 ～ 6 生で 4 分，中学生で 5 分減少する一方で，高校生では 5 分増加した。中学生までは，2019 年度から 20 年度にかけて減少していて，コロナ禍による影響が推察される。これに対して，「家族とすごす」時間や「自分 1 人ですごす時間」は，すべての学校段階で増加傾向にある。ここでも同様に，2019 年度から 20 年度にかけて変化しており，コロナ禍によって家の中にいる時間が増えたことが影響していると考えられる。

　「友だちと遊ぶ・すごす」時間は，2015 年度と 2021 年度を比べると，高校生で少し増加がみられるが，小中学生では減少している。「家族とすごす」時間，「自分 1 人ですごす」時間はどの学校段階でも増加している。スマートフォンやゲーム機など 1 人で使うデジタルメディアの利用時間の増加や部活動の時間の減少と関連がありそうだ。

表3-6　友だちや家族とすごす時間, 1人ですごす時間（学校段階別）

友だちと遊ぶ・すごす

	小1〜3生	小4〜6生	中学生	高校生
2015年	59分	1時間14分	54分	50分
2016年	56分	1時間14分	50分	50分
2017年	56分	1時間19分	53分	54分
2018年	54分	1時間17分	54分	55分
2019年	52分	1時間16分	54分	55分
2020年	44分	1時間12分	49分	54分
2021年	47分	1時間10分	49分	55分
21年-15年	−12分	−4分	−5分	+5分

家族とすごす

	小1〜3生	小4〜6生	中学生	高校生
2015年	3時間26分	3時間50分	2時間57分	2時間12分
2016年	3時間38分	3時間52分	2時間59分	2時間13分
2017年	3時間40分	3時間58分	3時間02分	2時間16分
2018年	3時間42分	3時間56分	3時間10分	2時間12分
2019年	3時間39分	3時間57分	3時間10分	2時間12分
2020年	3時間46分	4時間05分	3時間12分	2時間20分
2021年	3時間41分	4時間02分	3時間15分	2時間27分
21年-15年	+15分	+12分	+18分	+15分

自分1人ですごす

	小1〜3生	小4〜6生	中学生	高校生
2015年	11分	36分	1時間15分	1時間50分
2016年	10分	36分	1時間18分	1時間52分
2017年	11分	44分	1時間23分	1時間57分
2018年	12分	42分	1時間21分	1時間59分
2019年	11分	44分	1時間21分	2時間00分
2020年	12分	43分	1時間29分	2時間06分
2021年	12分	48分	1時間33分	2時間11分
21年-15年	+1分	+12分	+18分	+21分

※時間の算出方法は, 表3-3と同様。
※小1〜3生は保護者による回答。

(2) 子どもの遊び場

　ここでは子どもの遊び場についてみていこう。

　子どもの遊びについては, すでに1970年代に深谷・深谷（1976）が親世代と子どもの遊びの比較から集団サイズの縮小と行動半径の縮小の傾向を明らかにしている。集団サイズの縮小とは少人数での遊びのことであり, 行動半径の縮小とは室内を中心とする遊びを指す。ここでは, 子どもたちが屋外で身体を使って群れて遊ぶことが少なくなり, 家の中でテレビやゲームを楽しむことが中心になっていることが示されている。2000年代に入ると, そこに携帯電話やパソコンなどの「ケータイ文化」が加わり, デジタルメディアを活用した遊びも普及した（深谷ほか, 2006）。こうした調査に代表されるように, 子どもの遊びに関する調査はさまざまな角度から多く行われている。それらは子どもの活動の実態を明らかにし, 子どもの成長への影響を検討するうえで有益な材料になっている。一方で, 遊びは子どもの成長にとって不可欠であるにもかかわらず, 継続的に変化をとらえる調査は少ない。ベースサーベイでは, 子どもの

表3-7 遊び場所（学校段階別）

		小1〜3生			小4〜6生			中学生			高校生		
		2015年	2021年	変化	2015年	2021年	変化	2015年	2021年	変化	2015年	2021年	変化
家	自分の家	90.5	91.8	1.3	79.4	81.4	2.0	67.3	69.1	1.8	56.3	58.7	2.4
	友だちの家	51.5	32.9	−18.5	64.5	46.2	−18.3	44.5	35.1	−9.4	27.0	24.2	−2.8
学校	学校の教室	14.6	11.6	−3.0	26.4	24.5	−1.9	30.4	23.8	−6.6	38.6	34.2	−4.4
	学校の運動場（校庭や体育館）	33.5	27.4	−6.1	40.1	35.2	−4.9	19.0	16.2	−2.8	15.6	13.1	−2.5
屋外	公園や広場	74.3	74.8	0.5	66.1	62.4	−3.7	34.2	38.4	4.2	18.5	25.4	6.9
	自然のあるところ（海や山、川、森など）	31.8	39.7	7.9	23.4	24.7	1.3	16.2	17.3	1.1	12.2	15.5	3.3
施設	児童館や図書館などの公共施設	37.5	31.3	−6.2	30.9	22.0	−8.9	21.7	15.8	−5.9	14.9	11.9	−3.0
	習い事や学習塾の教室	24.9	24.9	0.0	14.8	12.4	−2.4	11.6	9.1	−2.5	6.9	5.8	−1.1
商業施設	コンビニやショッピングセンターなどのお店				17.2	15.9	−1.3	40.5	35.3	−5.2	43.1	46.0	2.9
	ゲームセンターやカラオケ				14.3	11.8	−2.5	31.1	20.6	−10.5	41.7	35.4	−6.3
	ファーストフード店やファミリーレストラン				7.9	7.2	−0.7	21.8	18.9	−2.9	42.1	41.0	−1.1
	デパートなどがある繁華街（大きな街）				8.8	6.1	−2.7	20.4	14.4	−6.0	31.9	31.1	−0.8

※「あなたは，放課後や休日に，次のような場所で遊ぶことがどれくらいありますか（自分1人で遊ぶ時も含めてください）」に対し，「よく遊ぶ」「ときどき遊ぶ」と回答した子どもの比率。
※この質問は，2015年度，18年度，21年度にたずねているが，18年度の結果は省略した。「変化」は2015年度と21年度の差を示している。
※小1〜3生は保護者による回答。商業施設に関する4項目は，小1〜3生の保護者にはたずねていない。

遊びについてもいくつかの視点で継続的にとらえている。表3-7は2015年度，2021年度の2時点で，各遊び場に対して子どもが「よく遊ぶ」「ときどき遊ぶ」と回答した比率である。

　まず，学校段階による違いに注目すると，すべての学校段階で「自分の家」がもっとも多いのは同じだが，その比率は段階が上がるにつれて低下する。成長とともに徐々に遊ばなくなるのは，「自分の家」「友だちの家」「学校の運動場」「公園や広場」「自然のあるところ」「児童館や図書館などの公共施設」「習い事や学習塾の教室」などである。とくに小学生のうちは，身近な場所で近所の友だちと遊んでいることが推察される。反対に，成長とともに遊ぶようになる場所は，「学校の教室」と「コンビニやショッピングセンターなどのお店」をはじめとする商業施設や繁華街である。高校生になると学校が自宅から離れ

るため，友だちと遊ぶときに近所よりも商業施設などが選ばれるようになるのだろう。

2015年度から21年度にかけての変化では，「友だちの家」「学校の教室」「児童館や図書館などの公共施設」「ゲームセンターやカラオケ」などが減少傾向にある。また，小学校低学年では「自然のあるところ（海や山，川，森など）」，中学生と高校生では「公園や広場」が増加している。表では省略したが，とくに2018年度から2021年度の変化幅が大きいことから，ここでもコロナ禍の影響がうかがえる。閉ざされた空間において対面で遊ぶような機会が制限されたため，わずかだが屋外で遊ぶことが増えた可能性がある。

(3) 子どもの体験

遊びとともに，どのような体験をしているのかもまた，子どもの成長にとって重要な要因である。国立青少年教育振興機構（2021）は，定期的に小学生から高校生までの自然体験，生活体験，社会体験，お手伝いなどの実態を調べており，体験の一部が減少していることを明らかにしている。生活環境の都市化や技術の進歩によって，人々の行動様式は変わる。また，昨今では，コロナ禍における行動制限も，行動に影響を与えたと考えられる。それでは，子どもの体験はどのように変化しているのだろうか。子どもの社会的，文化的，自然的体験についてみてみよう。表3-8は，子どもたちに1年間に体験したものを選んでもらった結果を，2015年度と21年度の間で比較したものである。ここからは，多くの体験が減少していることがわかる。

もっとも下がり幅が大きいのは「地域の行事に参加する」で，小1〜3生では64.1ポイント，小4〜6生では52.3ポイント，中学生では49.0ポイント，高校生では30.1ポイント減少した。2021年度は，コロナ禍で地域の行事のほとんどが中止になっていたためだと考えられる。これに対して，「家で季節の行事をする」の割合は，微減にとどまっている。家での行事は，屋内でできるものが多いためだろう。

とはいえ，家族の行事でも，旅行のような外出を伴うものは，やはり大きく減っている。「家族で旅行する」は，どの学校段階でも20〜30ポイント程度の減少である。「外国に行く」ことも，ほとんどなくなった。

「小さい子どもの世話をする」「お年寄りの世話をする」「ボランティア活動

表3-8 子どもの体験（学校段階別）

		小1〜3生			小4〜6生			中学生			高校生		
		2015年	2021年	変化	2015年	2021年	変化	2015年	2021年	変化	2015年	2021年	変化
旅行	家族で旅行をする	83.1	52.6	−30.5	78.3	49.1	−29.2	66.2	37.5	−28.7	49.5	25.0	−24.5
	外国に行く	6.1	0.4	−5.7	6.7	1.2	−5.4	7.2	1.1	−6.0	12.0	0.6	−11.3
自然・文化	自然の中で思いっきり遊ぶ	76.2	69.1	−7.1	62.6	54.5	−8.1	40.7	35.7	−5.0	28.4	23.8	−4.6
	美術館や博物館に行く	36.1	23.5	−12.6	38.6	22.9	−15.7	27.8	15.9	−11.9	19.4	11.5	−8.0
	家で季節の行事をする（クリスマスや節分など）	95.2	90.3	−4.9	86.4	81.2	−5.1	78.8	71.6	−7.1	67.4	60.6	−6.8
	地域の行事に参加する（夏祭りなど）	90.6	26.4	−64.1	81.8	29.5	−52.3	63.6	14.6	−49.0	36.9	6.8	−30.1
社会	小さい子どもの世話をする（近所の子どもも含む）	67.4	54.2	−13.1	54.2	40.9	−13.3	37.3	24.4	−12.9	24.7	16.2	−8.6
	お年寄りの世話をする（手伝いや介護など）				18.3	10.8	−7.5	16.2	10.0	−6.2	14.0	8.0	−6.0
	ボランティア活動に参加する				19.4	8.4	−11.0	25.1	10.8	−14.3	16.9	9.4	−7.5
自己	疑問に思ったことを自分で深く調べる	23.2	20.9	−2.4	27.4	28.8	1.4	29.0	30.4	1.4	34.9	33.8	−1.1
	無理だと思うようなことに挑戦する				33.5	26.7	−6.8	24.0	22.0	−2.0	20.7	17.1	−3.6
	自分の進路（将来）について深く考える				27.8	24.6	−3.2	45.0	42.8	−2.2	70.0	68.3	−1.7

※複数回答（％）。
※「ここ1年くらいの間に，あなたは次のようなことを経験しましたか」への回答。この質問は，2017年
　度，20年度を除いて毎年たずねているが，15年度と21年度の結果のみ示した。「変化」は2015年度と
　21年度の差を示している。
※小1〜3生は保護者による回答。斜線部分はたずねていない。

に参加する」といった社会体験も，対人接触があるためか減少傾向にある。
2021年度は15年度との比較でそれぞれ10ポイント前後減っている。

　こうした人とのかかわりが必要な体験ではなく，「疑問に思ったことを自分
で深く調べる」「無理だと思うようなことに挑戦する」「自分の進路（将来）に
ついて深く考える」といった自己の体験は大きく下がることはなく，微減にと
どまっている。

　全体に，屋外の活動や対人接触がある体験の数値が大きく下がっていること
がわかる。こうした減少は一時的なものだと考えられるが，今後，どこまで回
復していくのか，成長段階のある時期にこうした体験が得られなかったことが
成長にどのように影響していくのかを，注視する必要がある。

(4) お手伝い

　子どもの生活実態についてのデータの最後に，お手伝いの状況を取り上げる。新井（1993）は，農業社会から工業社会，消費社会という社会の変化に伴い，手伝いによって労働能力と生活能力を高めるという教育的機能が縮小したが，その失われた機能の回復が学校と家庭に求められるようになったと指摘している。実際に，家族の中の重要な労働力として子どもが家事に参加する状況は弱まったが，今日では教育的な効果を意識して子どもに家庭内での役割を与えるようになったと考えられる。また，保護者が意図しているかどうかは別にして，家事参加は親子関係の円滑化，生活技能の向上，資質・能力の向上，ジェンダー意識などに影響を及ぼすという研究もある（松田，2019）。お手伝いも，子どもの成長の重要な機会だといえるだろう。

　表3-9では，お手伝いの頻度について学校段階別に，2015年度調査と21年度調査の結果を比較した。ここからは，大きな変化ではないものの頻度が高まっている様子がうかがえる。「料理をする（食事を作る）」「食器を並べる・片付ける」といった炊事のお手伝いは，もともと中高生より小学生によってよく行われているが，変化をみると小学生ではほぼ同じである一方で，中高生では増加がみられる。さらに，「掃除をする」「洗濯をする」は，どの学齢段階においても頻度が増加している。部活動や外での活動時間が減少し，家族とすごす時間が増えていることが，お手伝いにも影響している可能性がある。お手伝い

表3-9　子どものお手伝い（学校段階別）

	小4～6生			中学生			高校生		
	2015年	2021年	変化	2015年	2021年	変化	2015年	2021年	変化
買い物をする	32.8	28.5	-4.3	31.9	28.8	-3.1	28.6	28.6	0.0
料理をする（食事を作る）	38.2	36.0	-2.2	24.2	28.3	4.1	20.3	24.3	4.0
食器を並べる・片づける	74.0	74.4	0.4	67.8	72.1	4.3	59.8	66.4	6.6
掃除をする	38.5	42.4	3.9	33.5	38.8	5.3	31.6	37.9	6.3
洗濯をする	18.0	23.3	5.3	18.5	25.6	7.1	17.8	25.0	7.2
ゴミを出す	33.7	34.8	1.1	27.8	31.7	3.9	19.6	23.7	4.1
動物（ペットなど）や植物の世話をする	31.3	33.1	1.8	26.4	27.4	1.0	23.1	22.2	-0.9

　※「あなたは，次のような家の仕事やお手伝いをどれくらいしていますか」に対し，「よくする」
　　「ときどきする」と回答した子どもの比率。
　※この質問は，2015年度，18年度，21年度にたずねているが，18年度の結果は省略した。「変化」は2015年度と21年度の差を示している。
　※小1～3生の保護者にはたずねていない。

の頻度が増加傾向にあることは，先に示した国立青少年教育振興機構（2021）にも示されているが，今後はそうした経験の多寡がその後の成長や自立にどのような影響を与えているのかを検証していくことが求められる。品田（2004）が示しているように，どのような階層の保護者がどのような教育戦略をもってお手伝いをさせているのか，その戦略は子どもの性によってどう異なるのかといった視点での分析も必要だろう。

4. 主な項目の結果〈2〉――子どもの人間関係の変化

ここでは，子どもの人間関係に焦点をあて，その実態と経年での変化をとらえていく。本調査の対象である小学生から高校生は，児童期から青年期へと成長していく過程にある。この間の人間関係のあり方は，自己の確立，価値観や態度の形成，資質・能力の向上などに大きな影響を与えるものと考える。「漸成的発達図式」で有名な E. H. エリクソンは，この間の重要な人間関係の範囲について，Ⅲ期（遊戯期）における「家族」からⅣ期（学童期）の「近隣」「学校」に広がり，さらにⅤ期（青年期）において「仲間集団」への帰属を高め外集団と対立していくことを示し，発達に従って自主性や勤勉性，自己同一性などを獲得していくと述べている（Erikson & Erikson, 1982=2001）。このように規範を内面化する準拠集団やそこにいる人との関係が年齢ともに変化することは，社会化（Socialization）のプロセスととらえることもできる。本節では，そうした人間関係の影響や効果にまでは踏み込めないが，それを考える手がかりとして，実態と経年での変化を確認していこう。さまざまな人との関係，親子関係，友だち関係について，順に検討する。

(1) さまざまな人との関係

最初に，さまざまな人との関係についてみてみよう。表3-10では，保護者，親戚，第三者，先生，友だちなどと，どのような関係にあるかを，2015年度と21年度を比較する形で学校段階別に示したものである。

まず，保護者との関係であるが，「親にさからう（反抗する）」と「親に悩みを話す」は4〜5割前後，「親に感謝する」は8割前後で，学校段階による差はそれほど大きくない。青年期前期（いわゆる思春期）は，第二反抗期とも呼

表 3-10　さまざまな人との関係（学校段階別）

		小4〜6生			中学生			高校生		
		2015年	2021年	変化	2015年	2021年	変化	2015年	2021年	変化
保護者	親にさからう（反抗する）	44.9	42.3	-2.6	49.5	44.3	-5.2	45.6	37.6	-8.0
	親に悩みを話す	50.5	49.2	-1.3	41.9	38.9	-3.0	41.8	44.8	3.0
	親に感謝する	80.8	83.1	2.3	76.9	78.0	1.1	75.8	78.2	2.4
親戚	祖父母（おじいさん・おばあさん）と話をする	79.5	76.8	-2.7	67.3	63.0	-4.3	56.1	52.8	-3.3
	親戚の人（おじさん・おばさんなど）と話をする	46.9	40.7	-6.2	35.8	30.3	-5.5	29.6	22.9	-5.7
第三者	近所の人と話をする	47.2	39.7	-7.5	30.3	23.8	-6.5	21.5	16.7	-4.8
	初めて会う人と話をする	29.5	25.4	-4.1	25.6	22.7	-2.9	26.0	21.8	-4.2
	外国の人と話をする（学校の授業は除く）	10.3	9.6	-0.7	8.4	6.7	-1.7	8.8	5.9	-2.9
先生	学校の先生にさからう（反抗する）	6.2	5.6	-0.6	11.4	7.5	-3.9	11.4	7.1	-4.3
	学校の先生に悩みを話す	13.0	15.5	2.5	10.7	11.2	0.5	12.4	13.2	0.8
	学校の先生に感謝する	61.1	67.4	6.3	54.7	60.7	6.0	53.3	55.2	1.9
友だち	友だちとけんかする	27.6	25.3	-2.3	16.6	12.4	-4.2	9.0	6.7	-2.3
	友だちに悩みを話す	25.7	24.7	-1.0	36.6	31.1	-5.5	43.0	42.0	-1.0
	友だちに感謝する	81.7	84.2	2.5	84.0	84.7	0.7	85.2	85.7	0.5
	彼（彼女）と話をする				9.8	7.2	-2.6	15.4	12.6	-2.8

※「いろいろな人とのかかわりについて，次のようなことがどれくらいありますか」に対し，「よくある」
「ときどきある」と回答した比率。
※小1〜3生（保護者）には，一部しかたずねていないため省略した。また，小4〜6生には「彼（彼女）
と話をする」はたずねていない。

ばれ，親や大人世代からの分離や葛藤を経験することで自己を確立していく時期だといわれている（白井，1997）。その様子は，中学生で「親にさからう（反抗する）」の比率が若干高く，「親に悩みを話す」の比率がやや低いことに現れているが，「親に感謝する」は8割前後の高率をキープしていて，良好な親子関係を築いている子どもが多い様子がうかがえる。経年変化をみると「親にさからう（反抗する）」が，2015年から21年にかけて，中学生で5.2ポイント，高校生で8.0ポイント減少している。

　次に，親戚の関係は，「祖父母（おじいさん・おばあさん）と話をする」も「親戚の人（おじさん・おばさんなど）と話をする」も，いずれも学校段階が上がるとともに機会は減少する。前者は小4〜6生では8割弱だが，高校生では5割強，後者は小4〜6生では4割程度だが，高校生で2割程度となる。経年ではいずれも減少傾向にあり，この間，親戚との関係も薄れている。これは第三者との関係も同様であり，「近所の人と話をする」機会も減っている。

　学校の先生との関係はどうだろうか。「学校の先生にさからう（反抗する）」は1割前後と少数で，中学生と高校生では経年でも減少している。また，「学

校の先生に感謝する」は6〜7割で，こちらは小4〜6生と中学生で増加傾向にある。学校の先生との関係は，比較的安定しているように見える。ただし，「学校の先生に悩みを話す」のは1割強に過ぎないことから，それほど密な関係ではないのかもしれない。

　友だちとの関係は小4〜6生から高校生にかけて，「友だちとけんかをする」が3割弱から1割弱に減少する一方で，「友だちに悩みを話す」は2〜3割から4割に増加する。また，「友だちに感謝する」は学校段階を問わず8割を超える。こうした結果は，友だち関係の良好さや健全な発達を示しているとも受けとれるが，メディアを中心に友だちがつながり，親密性を回避して深く立ち入らない関係を築いている（岩田ほか，2006）とみえなくもない。他の変数との関連などを踏まえて，慎重に検討する必要があるだろう。この点については，「(3) 友だち関係」でも触れる。2015年度から21年度にかけての変化では，「友だちとけんかする」「友だちに悩みを話す」「彼（彼女）と話をする」で，わずかに減少する傾向がみられた。

(2) 親子関係

　続いて，親子関係について検討する。親子関係は，人間が成長する過程で社会性や対人関係，パーソナリティなどに大きな影響を及ぼす要因として，心理学の主要な研究対象となってきた（戸田，2009）。また，親子関係のなかで親から子どもに伝達される文化，価値観や，それらが子どもの社会達成（学校での成績や学歴，社会的地位など）に影響を及ぼすことなどは，社会学の重要なテーマでもある。本項ではそうした親子関係がもたらす帰結までは言及できないが，親子間でどのような会話がどれくらい行われているのかについての基礎的なデータを紹介しよう。

　図3-3は，「学校での出来事」「友だちのこと」「勉強や成績のこと」「将来や進路のこと」「社会のニュース」の5項目について，父親，母親のそれぞれとどれくらい話をしているかをたずねた結果を集約したものである。それぞれを「よく話す」から「まったく話さない」の4段階で回答してもらい，それを得点化して合算した。その結果，それぞれの子どもは，すべての項目に「よく話す」と回答した20点から，すべての項目に「まったく話さない」と回答した5点までに分布する。ここではその得点を便宜的に会話の量とみなすことに

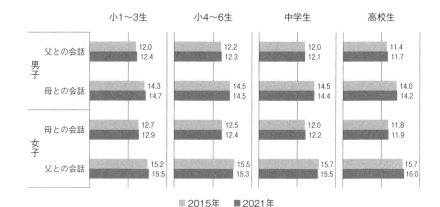

※父親，母親と「学校での出来事」「友だちのこと」「勉強や成績のこと」「将来や進路のこと」「社会のニュース」についてどれくらい話しているかをたずねた。その結果を，「よく話す」4点，「ときどき話す」3点，「あまり話さない」2点，「まったく話さない」1点として合算し，平均値を算出した。
※小1～3生は保護者による回答。

図3-3　親との会話の量（性別・学校段階別）

する。性別と父・母の組み合わせによって会話量が異なる可能性が高いため，男子の父との会話，母との会話，女子の父との会話，母との会話のそれぞれの得点の平均を学校段階別に示した。

　ここからは，次のようなことがわかる。第一に，男子も女子も，父との会話よりも母との会話の方が多い。ただし，父との会話量には性差がないが，母との会話は女子の方が多く，組みあわせの中では「女子と母」＞「男子と母」＞「女子と父」≒「男子と父」の順になる。第二に，学校段階による差はほとんどみられない。わずかに高校生の数値が低いところもあるが，差は微小であり，子どもの認識の上では成長に伴って親子の会話の量が減るわけではない。第三に，経年での変化もほとんどない。コロナ禍のような大きなインパクトのある出来事の後でも，親子の会話量は大きく変わってはいないようだ。

　ただし，会話の内容によって経年による変化がみられた。それぞれの内容について，性別・学校段階別に2015年度と21年度を比較したのが，表3-11である。これを見ると，性や学校段階によって多少の違いはあるが，父との会話でも母との会話でも「勉強や成績のこと」「将来や進路のこと」が減少する傾向がみられる。代わって，「社会のニュース」はいずれの組み合わせでも数値

表 3-11　親との会話の内容（性別・学校段階別）

●男子

		小1～3生			小4～6生			中学生			高校生		
		2015年	2021年	変化	2015年	2021年	変化	2015年	2021年	変化	2015年	2021年	変化
父との会話	学校での出来事	73.5	74.7	1.1	57.6	57.9	0.3	49.7	50.1	0.4	43.7	44.4	0.7
	友だちのこと	69.6	69.3	-0.3	54.0	55.1	1.1	43.0	45.8	2.8	32.0	36.8	4.8
	勉強や成績のこと	46.8	48.4	1.6	57.8	54.1	-3.7	57.0	55.3	-1.7	47.5	49.5	2.1
	将来や進路のこと	26.5	28.8	2.4	32.5	31.0	-1.5	41.1	37.9	-3.2	48.1	48.5	0.4
	社会のニュース	23.1	35.1	12.0	36.5	43.7	7.2	40.5	47.4	6.9	39.4	47.2	7.9
母との会話	学校での出来事	94.0	93.8	-0.2	85.5	85.6	0.0	80.7	79.5	-1.2	76.1	76.6	0.4
	友だちのこと	92.7	92.4	-0.3	83.6	82.4	-1.2	75.3	76.7	1.5	65.3	69.3	3.9
	勉強や成績のこと	72.1	72.2	0.1	78.3	73.5	-4.8	80.2	75.1	-5.1	73.9	72.8	-1.1
	将来や進路のこと	40.1	42.4	2.3	44.9	44.0	-0.9	60.8	53.8	-7.0	71.3	68.8	-2.6
	社会のニュース	36.6	48.1	11.4	46.1	54.2	8.2	48.5	53.9	5.4	49.6	54.7	5.2

●女子

		小1～3生			小4～6生			中学生			高校生		
		2015年	2021年	変化	2015年	2021年	変化	2015年	2021年	変化	2015年	2021年	変化
父との会話	学校での出来事	81.5	81.1	-0.4	65.8	62.6	-3.1	51.7	51.5	-0.2	48.4	47.6	-0.7
	友だちのこと	74.3	75.6	1.3	54.8	54.8	0.0	41.3	43.9	2.6	37.3	39.6	2.3
	勉強や成績のこと	57.9	56.6	-1.2	64.1	59.0	-5.1	58.9	57.4	-1.5	49.9	50.4	0.4
	将来や進路のこと	29.6	32.5	2.9	31.8	28.6	-3.2	38.9	37.6	-1.3	48.8	46.3	-2.5
	社会のニュース	21.9	30.8	8.9	34.2	40.5	6.3	38.1	47.4	9.4	37.6	45.4	7.8
母との会話	学校での出来事	97.9	97.5	-0.3	94.6	93.7	-0.8	90.1	89.8	-0.2	89.0	89.6	0.6
	友だちのこと	97.0	97.0	0.0	91.7	90.6	-1.1	87.7	87.8	0.1	84.1	88.5	4.3
	勉強や成績のこと	82.5	80.8	-1.7	83.5	79.9	-3.6	85.8	81.4	-4.5	83.2	82.8	-0.4
	将来や進路のこと	48.9	53.3	4.4	53.1	47.4	-5.7	68.8	62.8	-6.1	83.0	82.3	-0.7
	社会のニュース	35.6	44.1	8.5	46.1	49.9	3.8	51.0	56.4	5.4	53.4	60.8	7.4

※数値は「よく話す」と「ときどき話す」の合計（％）。「無回答・不明」を除いて算出した。
※小1～3生は保護者による回答。

が増加していることがわかる。2021年度の調査時点（7～8月）では，まだコロナ禍が落ち着いておらず，ニュースの動向が親子双方の生活に直接的な影響があった。親子の会話に，こうした社会の変化が影響した可能性がある。

（3）友だち関係

　最後に，友だち関係の実態を確認しよう。友だち関係については，ベースサーベイにおいて「人間関係・価値観」をテーマとする2017年度調査と20年度調査で詳しい内容をたずねている。経年での変化が部分的にしか現れていないため，ここでは，「友だちの数」と「友だち関係の意識」について2020年度の結果を性別に確認する。

　表3-12は，「同じ学校の人」「違う学校の人」「インターネットで知り合っ

表 3 - 12　友だちの数（性別・学校段階別）

			いない	1人	2～3人	4～6人	7～10人	11～20人	21人以上	無回答・不明	平均人数	検定
同じ学校の人	小4～6生	男子	0.7	1.9	11.4	19.6	17.1	14.3	33.6	1.3	13.5	n.s.
		女子	0.7	1.1	10.8	20.9	17.5	15.2	32.1	1.6	13.4	
	中学生	男子	2.5	1.1	9.8	20.0	18.3	14.7	32.7	0.8	13.4	***
		女子	0.9	1.0	12.4	22.7	22.1	14.9	25.2	0.8	12.0	
	高校生	男子	3.3	1.8	16.5	23.4	22.4	12.9	19.8	0.9	10.3	***
		女子	2.3	1.8	18.7	27.8	22.5	13.9	12.5	0.6	9.1	
違う学校の人	小4～6生	男子	23.3	6.3	22.9	17.1	12.8	7.7	8.3	1.6	5.9	
		女子	17.9	9.0	24.2	18.8	12.6	7.6	8.1	1.7	6.0	
	中学生	男子	22.1	6.3	21.3	15.7	12.9	7.8	12.8	1.3	7.0	***
		女子	21.6	7.3	26.7	18.1	12.0	5.7	7.9	0.8	5.6	
	高校生	男子	10.0	4.1	20.6	23.1	17.4	7.8	16.0	0.9	8.5	***
		女子	7.0	5.1	27.2	24.5	16.5	8.4	10.6	0.6	7.4	
インターネットで知り合った人	小4～6生	男子	86.8	2.2	3.4	1.7	1.6	0.7	1.6	2.0	0.9	
		女子	92.8	1.2	1.5	1.1	0.4	0.2	0.8	2.1	0.4	
	中学生	男子	81.4	1.7	5.6	3.4	2.8	0.6	2.9	1.5	1.4	n.s.
		女子	79.7	2.0	6.0	4.5	3.2	0.9	2.6	1.0	1.5	
	高校生	男子	71.5	3.2	10.1	5.8	3.2	1.9	3.1	1.2	1.9	*
		女子	67.8	3.1	11.7	6.2	5.6	1.9	3.1	0.6	2.2	

※ 2020年度調査の結果。
※「いない」から「21人以上」の数値は選択した比率（％）。「無回答・不明」を除外して算出した。平均人数は，選択肢による回答を，「いない」＝0，「1人」＝1，「2～3人」＝2.5…「21人以上」＝25と数値を割り当てて算出した。
※検定は，平均人数についてのt検定の結果。***p<0.001，**p<0.01，*p<0.05。
※小1～3生（保護者）にはたずねていない。

た人」のそれぞれについて，友だちの数を答えてもらった結果である。平均人数を算出した結果からわかるように，もっとも多いのは学校段階を問わず「同じ学校の人」で，「違う学校の人」「インターネットで知り合った人」が続く。「インターネッで知り合った人」は，小4～6生の9割，中学生の8割，高校生の7割が「いない」と答えていて，1人でもいる者のほうが少数である。

　学校段階ごとの違いでは，「同じ学校の人」は小4～6生と中学生では「21人以上」が最頻値となっているが，高校生では「4～6人」が最頻値で，人数が減っている。代わって，「違う学校の人」と「インターネットで知り合った人」は学校段階が上がるほど人数が増えていて，友だち関係が学校外に広がっていく様子がうかがえる。

　性別では，中学生と高校生で，男子に「同じ学校の人」と「違う学校の人」の人数が多い傾向がみられる。男子は女子に比べて「21人以上」の比率が高く，

女子は「2～3人」「4～6人」「7～10人」といったあたりの比率が高い。学校内外の友だちは，女子の方が絞る傾向にあるようだ。「インターネットで知り合った友だち」は小学生で男子の方が多く，「1人」以上の比率は女子で5.1％であるのに対して，男子は11.2％である。反対に，高校生は女子の方が多く，「1人」以上の比率は男子27.3％，女子31.5％であった。

　それでは，友だち関係の意識は男女でどのような違いがあるのだろうか。それを示したのが，表3-13である。本田（2009）のレビューによれば，わが国でもこれまで，現代の友だち関係の特徴，性差などを明らかにする研究が多く行われ，それを測定する尺度も複数開発されてきた。近年ではそうした従来の友だち関係の研究の枠組みを加えて，インターネットを介したやりとりの普及による友だち関係の変容も議論されている（土井，2014）。本調査ではそれらの研究を参考にしつつ，「親密さ」「広がり」「不安・葛藤」の3つの視点で友だち関係の様子をたずねた。

　結果をみると，「親密さ」にかかわる項目では，「友だちと一緒にいるのが楽しい」で学校段階を問わず9割以上が肯定していて，多くの子どもが友だちとの関係を楽しむ様子が表れている。「悩み事を相談しあう友だちがいる」も6～8割が肯定し，学校段階が上がるにつれて親密さは強まる傾向にある。こ

表3-13　友だち関係の意識（性別・学校段階別）

		小4～6生				中学生				高校生			
		男子	女子	性差	検定	男子	女子	性差	検定	男子	女子	性差	検定
親密さ	友だちと一緒にいるのが楽しい	95.3	95.7	-0.4	***	96.3	96.5	-0.1	**	95.0	96.5	-1.5	**
	悩みごとを相談しあう友だちがいる	58.4	73.5	-15.2	***	68.1	82.7	-14.6	***	73.3	85.5	-12.2	***
	まじめな話（人生や社会など）ができる友だちがいる	54.1	58.0	-3.8	***	65.8	70.7	-4.9	***	76.3	80.6	-4.3	***
	友だちが悪いことをしたときに注意する	71.0	70.5	0.4	n.s.	70.0	68.9	1.0	n.s.	66.8	62.1	4.7	*
	勉強やスポーツでライバルの友だちがいる	55.9	47.6	8.3	***	66.0	63.9	2.1	n.s.	59.8	53.2	6.6	***
広がり	興味や考え方が違う人とも仲良くする	80.2	82.8	-2.6	***	84.0	87.0	-3.0	*	81.8	85.8	-4.0	**
	だれとでもすぐに友だちになる	67.4	64.1	3.3	*	62.5	57.4	5.1	*	53.7	50.9	2.9	n.s.
	友だちがたくさんほしい	66.5	69.6	-3.0	*	63.0	61.2	1.8	*	58.3	53.9	4.3	n.s.
不安・葛藤	仲間はずれにされないように話を合わせる	52.5	57.2	-4.7	**	53.2	59.8	-6.6	**	50.6	58.4	-7.8	**
	友だちと意見が合わずに不安になる	31.7	39.8	-8.1	***	37.9	39.0	-4.1	*	29.4	34.9	-5.5	*
	友だちとの関係に疲れる	17.1	21.6	-4.5	**	23.9	36.6	-12.6	***	25.3	42.5	-17.1	***

※2020年度調査の結果。
※「友だちとの関係について，次のようなことがどれくらいあてはまりますか」に対し，「とてもあてはまる」「まああてはまる」と回答した比率（％）。性差は，男子と女子の比率の差。
※検定は，χ^2 検定の結果。***$p<0.001$，**$p<0.01$，*$p<0.05$。
※小1～3生の保護者にはたずねていない。

れらの項目は女子の肯定率が高く，「友だちと一緒にいるのが楽しい」は「とてもあてはまる」という強い肯定の比率で性差がみられた。ただし，「勉強やスポーツでライバルの友だちがいる」は男子の方が肯定していて，同じ親密な間柄でも切磋琢磨さするような関係性は男子に好まれている。「広がり」に関する項目では性差は比較的小さいが，「だれとでもすぐに友だちになる」は男子の方が肯定していて，友だちの人数が多いことと一致する。「不安・葛藤」にかかわる項目をみると，「仲間外れにされないように話を合わせる」は学校段階を問わず5割を超え，関係に気を遣う子どもが多いことがよくわかる。9割超が「友だちと一緒にいるのが楽しい」と答えているにもかかわらず，「友だち関係に疲れる」と回答する子どもも2～3割程度いる。このことは，「やさしさ志向」や「群れ志向」とともに，「対人退去」（ふれあい回避）（岡田，1993）が同居する子どもたちの心性を表していると考えられる。そうした葛藤を抱えるのは，女子に多いようだ。

5. まとめと研究上の課題

ここまで，子どもたちの生活実態と人間関係について，2015年度から21年度のベースサーベイを用いて変化をとらえてきた。その結果を，図3-4を用いながらまとめていこう。

まず前提として，デジタル化はそれ自体で進行し，コロナ禍以前から子どもたちの間にスマートフォンやタブレットなどの個人用の端末が普及していたが，それらの利用はコロナ禍によって加速したと考えられる（図中Ⓐ）。学習での利用の変化については第4章で検討するが，本章で確認した範囲では，パソコ

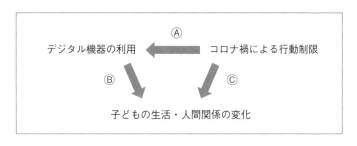

図3-4　コロナ禍による子どもの変化

ンやタブレット，ゲームなどの時間がコロナ禍の発生以降に増加していた。

　こうしたデジタル機器の利用の増加は，子どもの生活・人間関係に何らかの影響を及ぼすと考えられる（図中Ⓑ）。たとえば，遊び（内容や遊び方）が変わったり，体験することが変わったり，人とのコミュニケーションや人間関係が変わったりといったことである。しかし，本章で検討した項目からは，メディア利用の増加の影響と思われる変化は十分に見出すことができなかった。ベースサーベイでは，メディアの利用状況やその影響を想定した内容は十分にたずねることができていない。それについては，メディア利用について特化した詳細な調査を行う必要があると思われる。研究上の課題の一つである。

　それよりも生活と人間関係のあらゆる面でみられたのは，コロナ禍による行動制限の直接的な影響と思われる変化である（図中Ⓒ）。生活時間の面では，家族とすごす時間・一人ですごす時間が増加する一方で，部活動の時間が減少した。遊び場では，友だちの家，児童館や図書館などの公共施設のほか，商業施設全般で遊ぶことが減っている。また，体験では，地域の行事，家族旅行，美術館・博物館に行くこと，人とかかわる社会体験（ボランティアなど）が減少していた。これらに共通するのは，人的な接触を伴う活動かどうかである。人間関係についても，親戚や第三者（近所の人など）と話をするような機会が減少する傾向がみられる。こうした変化が，一時的なもので徐々に回復していくものなのか，それとも継続するものなのかを，引き続き観察する必要がある。さらには，成長の過程の中のある時点でこのような制限を受けた影響が，その後の成長にどう表れるかも検証していく必要があるだろう。

　これらを明らかにするには，これからの調査の実施を待たなければならないが，現時点においても変化の要因に関する検討は不十分である。たとえば，コロナ禍によると推定される変化が誰に起きたのかを明らかにすることは，危機的な状況の発生において誰を優先的に支援しなければならないか，どのような支援が有効かを考えるうえで重要である。本章では幅広く子どもたちの生活や人間関係の変化について論じたが，その変化の背景や要因については十分に検討できていない。今後，この論考を足がかりにして，テーマを絞った研究が続くことを期待したい。

参考文献

新井眞人, 1993,「子どもの手伝いの変化と教育」『教育社会学研究』53, 66-86.

土井隆義, 2014,『つながりを煽られる子どもたち—ネット依存といじめ問題を考える』岩波書店.

Erikson, E. H. & Erikson, J. M. 1982, *The Life Cycle Completed*, W. W. Norton. (村瀬孝雄・近藤邦夫訳, 2001,『ライフサイクル, その完結』みすず書房)

深谷昌志・深谷和子, 1976,『遊びと勉強——子どもはどう変わったか』中央公論社.

深谷昌志・深谷和子・髙旗正人（編）, 2006,『いま, 子どもの放課後はどうなっているのか』北大路書房.

濵田秀行・秋田喜代美, 2023,「小中高校生の読書活動に対する新型コロナウイルス感染症の影響——一斉臨時休校時期の不読率の変化に着目して」『学校図書館学研究』25, 41-51.

本田周二, 2009,「日本における友人関係に関する研究の動向」『東洋大学 21 世紀ヒューマン・インタラクション・リサーチ・センター研究年報』6, 73-80.

猪原啓介, 2022,「小・中・高校生の学校外の読書時間についての横断的・縦断的分析——4 時点 3 年間の大規模追跡調査に基づく検討」, 東京大学社会科学研究所附属社会調査・データアーカイブ研究センター『「子どもの生活と学びに関する親子調査」（パネル調査）を用いた親子の成長にかかわる要因の二次分析』研究成果報告書, 140-152.

岩田考・羽渕一代・菊池裕生・苫米地伸, 2006,『若者たちのコミュニケーション・サバイバル——親密さのゆくえ』恒星社厚生閣.

木村治生, 2008,「子どもたちの生活時間の構造——『2.5 次行動』に注目した時間の使い方の分析」, Benesse 教育研究開発センター『放課後の生活時間調査報告書——小・中・高校生を対象に』14-24.（https://berd.benesse.jp/berd/center/open/report/houkago/2009/hon/pdf/data_03.pdf, 2023 年 6 月 25 日）

木村治生, 2023,「日本の子どもにおける生活時間の経年変化」『体育の科学』73(7), 471-474.

木村治生・朝永昌孝, 2022,「中高生の休校中の生活時間——休校になると生活はどう変わるのか」, ベネッセ教育総合研究所『コロナ禍における学びの実態　中学生・高校生の調査にみる休校の影響』17-28.

木村治生・松本留奈, 2022,「小学生のメディア利用時間の変化」『日本子ども学会第 18 回学術集会抄録』73.（https://researchmap.jp/hrkmr/presentations/40224442, 2023 年 6 月 25 日）

北田暁大・大多和直樹（編著）, 2007,『子どもとニューメディア』日本図書センター.

国立青少年教育振興機構, 2021,『青少年の体験活動等に関する意識調査』

（http://www.niye.go.jp/kenkyu_houkoku/contents/detail/i/154/，2023 年
6 月 25 日）

胡中孟德，2017a，「教育社会学における子どもの生活時間研究の展望と課題」
『東京大学大学院教育学研究科紀要』57，291-301.

胡中孟德，2017b，「中学生の生活時間と社会階層」『教育社会学研究』100，
245-264.

松田典子，2019，「小学校における児童の家事参加と家庭科の課題――児童の家
事手伝いに関する研究の動向」『文教大学教育学部紀要』52（別集），199-
203.

大久保心，2021，「子どもの生活時間の趨勢（1970-2020）」『時間学研究』12，
31-51.

岡田務，1993，「現代青年の友人関係に関する考察」『青年心理学研究』5，43-
55.

品田知美，2004，「子どもに家事をさせるということ――母親ともう 1 つの教育
的態度」，本田由紀編『女性の就業と親子関係――母親たちの階層戦略』勁
草書房.

白井利明，1997，「青年心理学の観点から見た『第二反抗期』」『心理科学』19(1)，
9-24.

戸田まり，2009，「親子関係研究の視座」『教育心理学年報』48，173-181.

矢野真和，1976，「生活時間研究――その適用と展望」『教育社会学研究』31，
142-152.

第 4 章

学習行動・意識の変化と学校デジタル機器利用

大野　志郎

1.　子どもたちの学習環境の変化

(1) GIGA スクール構想の概要

　2018 から 2022 年は，文部科学省が「教育の ICT 化に向けた環境整備 5 か年計画」を定めた期間であり，特に小・中学校における ICT 活用の推進を行った時期といえる。この計画では当初，学習者用コンピュータを，3 クラスに1 クラス分程度整備する，授業を担任する教師 1 人 1 台の指導者用コンピュータを設ける，普通教室に 1 台の大型提示装置・実物投影機を 100％整備する，インターネット及び無線 LAN 環境を 100％整備するといったものであった（文部科学省，2018）。2019 年 6 月に「学校教育の情報化の推進に関する法律」が施行されると，文部科学省は同年 12 月にパンフレット「GIGA スクール構想の実現へ」を公表した。GIGA（Global and Innovation Gateway for ALL）スクール構想とは，学校の授業におけるデジタル機器の使用時間が OECD 加盟国で最下位であったことなどを受け，「多様な子供たちを誰一人取り残すことなく，公正に個別最適化され，資質・能力が一層確実に育成できる教育 ICT 環境を実現する」（文部科学省，2019: 3）べく，1 人 1 台端末，学校における高速大容量の通信ネットワークの整備などを推進する施策である。生徒が「一人一台端末」を持つことにより，①インターネット等を用いてさまざまな情報を主体的に収集・整理・分析を行う調べ学習，②推敲しながらの長文の作成，写真・音声・動画等を用いた多様な資料・作品の制作，③大学・海外・専門家との連携，過疎地・離島の子供たちが多様な考えに触れる機会，入院中の子供と

教室をつないだ学びなどの遠隔教育，④真贋さまざまな情報を活用するための情報モラル教育，などの学習が充実するものと想定されている（文部科学省，2020a）。2019 年度から 2023 年度までの 5 年で整備する計画であったが，2020 年に生じた新型コロナウイルス感染症パンデミックを受けた緊急経済対策の一環として，全ての子供たちの学びを保障できる環境を早急に実現する「GIGA スクール構想の加速による学びの保障」のための予算（文部科学省，2020b）が策定されたことで，急速に整備が進んだ。

　文部科学省（2022）の調査によれば，2022 年 3 月時点での教育の情報化の状況は次の通りである。教育用コンピュータ 1 台当たりの児童生徒数は，2020 年 3 月の 4.9 人から，翌年には 1.4 人へと飛躍的に改善し，2022 年 3 月には 0.9 人となった。普通教室の無線 LAN 整備率は 2020 年 3 月の 48.9％から 2 年間で 94.8％に，普通教室の大型提示装置整備率は 2020 年 3 月の 60.0％から 2 年間で 83.6％となった。ただしコンテンツ面では，学習者用デジタル教科書の整備率が 2020 年 3 月の 7.9％から 2 年間で 36.1％に改善されたものの，十分とは言えない。特に高等学校では 6.1％，特別支援学校では 16.3％と，2022 年においても低い水準にとどまっている。デジタル教科書の導入については，活用方法の幅が増えることにより，教師に ICT 活用指導力の向上や大幅な授業改善が求められることなど，導入のハードルが高い。文部科学省（2021）によるガイドラインによれば，姿勢の悪化や視力など心身への影響，教室の明るさや授業中に情報端末で遊ばないように画面を閉じさせるなどの授業環境の調整，有害情報への接触やセキュリティ，特別な配慮を必要とする児童生徒への ICT 利用特有の対応など，多くの配慮が必要になる。さらに，文字を手書きすることや実体験的な学習活動が疎かになることは避ける，学習者用デジタル教科書の使用に固執しないといった利用方針，紙の教科書が無償給与されるのに対し学習者用デジタル教科書は無償給与されないなどの制度上の課題もあり，整備の進行を妨げる一因と言える。デジタル教科書は 2024 年以降，本格導入や無償化の方針が打ち出されており，今後の急速な普及が期待される。

(2) 新学習指導要領

　2020 年以降の新学習指導要領は，小学校では 2020 年度，中学校では 2021 年度から全面実施，高等学校では 2022 年度の入学生から年次進行で実施され

ている。この新要領は，教育課程全体や各教科などの学びを通じて「何ができるようになるのか」という観点から，「知識及び技能」「思考力・判断力・表現力など」「学びに向かう力，人間性など」の3つの柱からなる「資質・能力」を総合的にバランスよく育んでいくことを目指すものである（内閣府，2019）。具体的には，レポートの作成や議論も含む言語能力の育成，小学校3・4年生からの外国語教育，小学校から必修化されるプログラミング教育，観察・実験や統計など理数教育の充実，小・中学校での「特別の教科 道徳」新設，日本の伝統や文化に関する教育，社会に参画していく力を育む主権者教育での高校必履修科目「公共」の新設，消費者の権利と責任などを学ぶ消費者教育，体験活動，起業に関する教育，金融教育，防災・安全教育，国土に関する教育などの充実が図られる。また，主体的・対話的で深い学び＝アクティブ・ラーニングによる授業改善を重視している。

(3) 新型コロナウイルス感染症の影響

　2020年にパンデミックとなった新型コロナウイルス感染症は，子どもたちの心身への影響だけでなく，学びに対しても極めて大きな影響を与えたものと推察される。小学校，中学校，高等学校及び特別支援学校等では，2020年3月から順次，一斉臨時休業が実施され，その期間は2〜3か月程度続いた[1]。

　文部科学省（2020c）による調査結果によれば，この期間の学習指導に関して，「児童生徒による学習状況の違いに対応した学習の支援」は小学校の73％，中学校の72％，高校の69％が課題に感じており，家庭・生徒の実態を踏まえた積極的なICT活用についての課題意識はそれぞれ84％，84％，80％に及んでいる。また，「同時双方向オンライン指導」を行った学校は，小学校8％，中学校10％，高校47％となっており，小・中学校での活用は低調であった。

　日本財団・三菱UFJリサーチ＆コンサルティング（2021）が2021年3月に小学生から高校生までの子どもを持つ親4,000人を対象に行ったオンライン調査によれば，2020年5月以前と以後とを比較すると，2020年5月の臨時休校期間には，勉強時間が1.1〜1.5時間程度減り，スクリーンタイムが1時間程度増えた。また2か月以上の休校があったグループでは友達と遊ぶ頻度は41.8％が減少，勉強に対する集中は16.8％が減少したと回答した。また同調査によれば，双方向形式のオンライン授業が提供された場合，オンデマンド教材

や自主学習教材の提供のみであった場合と比較して勉強時間の減少幅が少なかった。また，世帯年収が高いほど勉強時間の減少幅は小さく，新型コロナウイルス感染症や教育の情報化がもたらす教育格差の拡大への懸念が示されている。

2. 学校での学習状況

　ここからは，「子どもの生活と学びに関する親子調査（JLSCP）」のベースサーベイ（子ども調査）のパネルデータ2)を用い，2021年時点までの子どもの学習状況の推移を概観する。第1節で述べたように，本書で扱う小学生，中学生，高校生の学びに関する2021年まで7年間の大規模縦断データは，教育の情報化が進展した2018年以前と以後を抱合し，新学習指導要領においては小学校では2年目，中学校では1年目に入ったばかりの時期の生徒の学習意識・行動を探ることができ，コロナ禍以前と以後，学校の一斉臨時休業期間を含んでいる，非常に貴重な情報源となるものである。本章の分析に用いるサンプルの時点・学校段階による内訳は，第1章表1-2の通りである。

　設問・項目により分析することができる時点数（年数）が異なるが，本節では，学校での学習状況について，小4生から高3生の各学年の，2019年調査（Wave 5）から2021年調査（Wave 7）までの3時点の変化を概観する。各図の数値は，この1年くらいの間に学校の授業での使用が「よくある」または「ときどきある」と回答した者の学年ごとの割合である。

(1) パソコン・タブレットの利用

　学校でパソコンやタブレット（iPadなど）を使う率を，図4-1に示す。どの学年においてもWave 7における該当率が有意に高いが，特にWave 6からWave 7への変化として，小・中学生のパソコン・タブレットの授業での利用が，47～62％程度から81～92％へと著しく増加しており，前述のGIGAスクール構想加速化パッケージの効果が明確である。

(2) 学習の内容－調べる

　学習状況として，「自分（自分たち）で決めたテーマについて調べる」率を図4-2に示す。全体として小学生の該当率が高く，高1生を除くすべての学

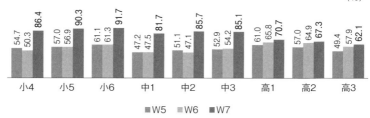

図4-1 学校でのパソコン・タブレット利用率：3年推移

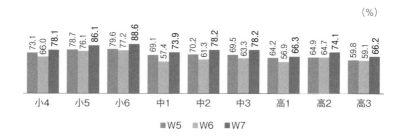

図4-2 自分で決めたテーマについて調べる：3年推移

年でWave 7において有意に最大であった。小6生では88.6％が該当しており，Wave 6から11.4ポイント（Wave 5からは9.0ポイント）上昇した。コロナ禍以前よりも上昇していることについては，GIGAスクール構想による1人1台端末の効果や，また小学生においては新学習指導要領による影響があるものと思われる。

アクティブ・ラーニングにも関連するグループ学習（グループで調べたり考えたりする）率を図4-3に示す。小・中学生での該当率が高く，Wave 7においては小4生から中3生までのすべての学年で80％を超えた。経年変化ではWave 6で落ち込んだ分が，元の水準に戻りつつある。Wave 5からWave 7への変化は，中3生，高2生，高3生を除き有意に減少していた。

観察・実験や調査などで考えを確かめる学習方法について，該当率を図4-4に示す。全体として小・中学生の該当率が高く，経年変化ではWave 7においてはWave 6と同程度かやや高い水準といえる。Wave 5からWave 7への変化は，高3生を除き有意に減少していた。

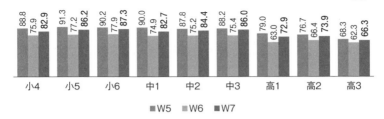

(%)

図4-3　グループで調べたり考えたりする：3年推移

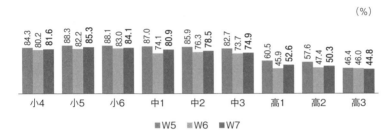

(%)

図4-4　観察・実験や調査などで考えを確かめる：3年推移

　このように調べ学習に関する推移を見ると，「自分で決めたテーマについて調べる」学習方法については Wave 7 が最大となっており，GIGA スクール構想の効果が想定されるが，グループ学習や観察・実験・調査については Wave 5 から多くの学年で 2〜8 ポイント程度減少しており，情報端末が十分には対面の代替手段となっていないことがうかがえる。

(3) 学習の内容－表現する

　表現に関する学習状況として，「調べたことをグラフや表にまとめる」への該当率を図4-5に示す。小学生の該当率が高く，中学生でも中1生を除き 60％の水準となっている。経年変化では Wave 5 から Wave 7 の間で小6生は有意に増加し，中1生では有意に減少したが，全体として同程度の水準となった。

　「調べたり考えたりしたことを発表する」への該当率を図4-6に示す。小・中学生ではどの学年でも高い該当率だが，特に小6生の Wave 7 では 85.1％と

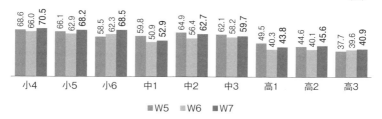

(%)

図4-5 調べたことをグラフや表にまとめる：3年推移

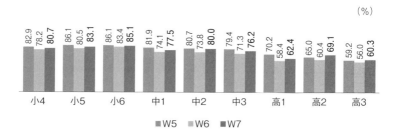

(%)

図4-6 調べたり考えたりしたことを発表する率：3年推移

高い。またコロナ禍の Wave 6 ではどの学年でも 6 ポイント前後低下したが，Wave 7 では Wave 5 と同程度の水準に戻っている（小4生，小5生，中1生，高1生は有意に低い）。

プレゼンテーションに関わる学習能力は新学習指導要領および GIGA スクール構想の双方が目標とするところであるが，現在のところコロナ禍以前よりも進展したとは判断できず，Wave 8 以降の推移を注視する必要がある。

3. 学習意欲

コロナ禍を経て，子どもの学習意欲の減退が懸念される。図4-7は，2015年度調査（Wave 1）から 2021 年度調査（Wave 7）までの，勉強が「とても好き」または「まあ好き」への学年ごとの該当者率である。全体として，小学生において該当率が高く，中学生・高校生では比較的低い傾向であった。Wave 7 について学年別に見ると，小4生で 61.4 %，小5生で 56.0 %，中1生で

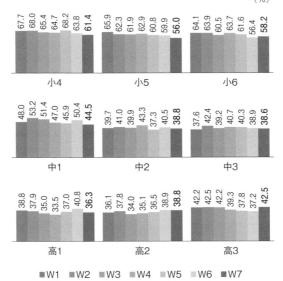

(%)

	小4	小5	小6
W1	67.7	65.9	64.1
W2	68.0	62.3	63.9
W3	65.4	61.9	60.5
W4	64.7	62.9	63.7
W5	68.2	60.8	61.6
W6	63.8	59.9	56.4
W7	**61.4**	**56.0**	**58.2**

	中1	中2	中3
W1	48.0	39.7	37.6
W2	53.2	41.0	42.4
W3	51.4	39.9	39.2
W4	47.0	43.3	40.7
W5	45.9	37.3	40.3
W6	50.4	40.5	38.9
W7	**44.5**	**38.8**	**38.6**

	高1	高2	高3
W1	38.8	36.1	42.2
W2	37.9	37.8	42.5
W3	35.0	34.0	42.2
W4	33.5	35.1	39.3
W5	37.0	36.5	37.8
W6	40.8	38.9	37.2
W7	**36.3**	**38.8**	**42.5**

■W1 ■W2 ■W3 ■W4 ■W5 ■W6 ■W7

図4-7　勉強が好き：7年推移

44.5％と，過去最低となった。小6生の58.2％，中2生の38.8％，中3生の38.6％についても，過去最低でないまでも比較的低水準であり，小・中学生の学習意欲の減退は全体的傾向のようである。一方で，高校生については高1生が36.3％と平年並，高2生が38.8％と高水準，高3生が42.5％と過去最高となっており，小・中学生のような学習意欲減退傾向は見られず，むしろ情報化の影響で上昇していくことも期待される。小4生から中1生のWave 1とWave 7への変化は統計的にも有意であり，特に小学生の学習意欲の低下については長期的な傾向であることがうかがわれる。

　学習意欲の推移については第13章で詳述する。

4. 子どもの学習方法

　本節では，子どものふだんの勉強の仕方の変化を把握するため，ピントリッチとデグルート（Pintrich & Degroot, 1990）による「リソース管理方略」を参考に作成した項目である「考えてもわからないことは親や先生に聞く」「計画

をたてて勉強する」「友だちと勉強を教えあう」について分析を行う。小4生から高3生の各学年の，2017年度調査（Wave 3）から2021年度調査（Wave 7）までの5時点の「よくする」と「ときどきする」の該当率の変化を概観する。

(1) 相談

「考えてもわからないことは親や先生に聞く」の該当率を図4-8に示す。おおむね，小学生では8割，中学生では7割強，高校生では6〜7割程度があてはまり，どの学年でも5年間の大きな変化の傾向は見られなかった。Wave 3とWave 7の比較では，中1生のみ有意に減少していた。

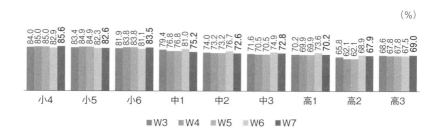

図4-8　考えてもわからないことは親や先生に聞く：5年推移

(2) 計画性

「計画をたてて勉強する」の該当率を図4-9に示す。おおむね，40％から55％程度の該当率であり，学年や経年での一貫した変化は見られない。強いて言えば受験を控えた学年ではWave 4以降上昇しており，中3生では44.3％から51.2％に，高2生では40.0％から52.9％に，高3生では50.9％から55.4％と，

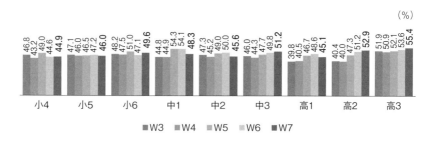

図4-9　計画をたてて勉強する：5年推移

Wave 7 時点ではいずれも 50％を超えている。また，Wave 3 と Wave 7 の比較では，中 3 生，高 1 生，高 2 生で有意に増加していた。近年受験・進学意識が高まっているということが言えるかもしれないが，中学生においては特に中 3 生が他の学年よりも高いという傾向は見られない。

(3) 学び合い

「友だちと勉強を教えあう」の該当率を図 4 - 10 に示す。小学生では小 4 生の 50％水準から小 6 生の 60％水準に高まり，中学生ではおおむね 60％水準，高校生では 65％から 70％の水準となる。経年の変化としては，情報化やアクティブ・ラーニングの推進という背景からは上昇が見込まれる一方で，コロナ禍の影響による大きな減少も懸念されるところであるが，小 4 生，小 5 生では有意に減少し，中 3 生では有意に増加したものの，各学年，過去 5 年間で特段大きな変化の傾向は見られなかった。

(%)

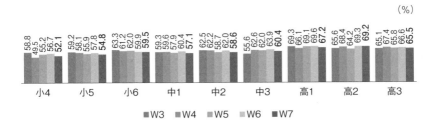

図 4 - 10　友だちと勉強を教えあう：5 年推移

5. 学習の得意意識

本節では，学習に関する得意意識について，小 4 生から高 3 生の各学年の，2018 年度調査（Wave 4）から 2021 年度調査（Wave 7）までの 4 時点の，「とても得意」「やや得意」への該当率の変化を概観する。

(1) 暗記

「暗記すること（ものを覚えること）」への該当率を図 4 - 11 に示す。おおむね，小学生では約 6 割，中学生・高校生では 5 割強があてはまり，どの学年でも 4

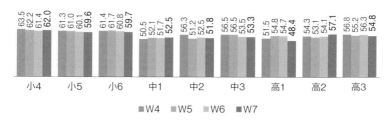

(%)

図4-11　暗記する：4年推移

年間の大きな変化の傾向は見られない（Wave 4 と Wave 7 で有意差なし）。

　Wave 7 では高1生で48.4％と前年の54.7％から6.3ポイントと大きく下げたが，他の学年では前年並みの水準であり，GIGAスクール構想やコロナ禍の効果・影響は現在のところ認められない。

(2) 情報リテラシー

　「いろいろな情報から信頼できるものを選んで使うこと」への該当率を図4-12に示す。小学生は小4生の4割後半から小6生では5割後半まで高まるが，中学生になると5割前半の水準にやや低下する。これはスマートフォンの所持やインターネット利用の機会が増え，信頼できない情報への接触が増加することと関連しているものと思われる。経年では特に中学生・高校生のWave6において該当率が高まっており，高3生においては69.2％と前年から7.4ポイント上昇，高1生は67.9％と前年から11.4％上昇した。Wave 6 の変化はコ

(%)

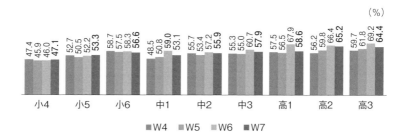

図4-12　いろいろな情報から信頼できるものを選んで使う：4年推移

ロナ禍に生じたフェイクニュースへの関心の高まりや，自粛期間のインターネット利用時間の増加（それによる情報リテラシーの効力感の高まり）が要因と推察されるが，Wave 7 においてはその影響がやや落ち着いている。Wave 4 とWave 7 の比較では，中1生，高2生，高3生のみ有意に増加した。GIGA スクール構想の目標の一つである，真贋さまざまな情報活用への効果がどのように反映されるのか，継続的な観察が必要である。

(3) 読解力

「長い文章を読んで理解すること」への該当率を図4-13に示す。本設問はWave 5 調査から設定されたため3年間の変化となるが，小6生において45%～48%と最大になり，中学生になると文章が難解になるためか，40%～43%となり，中2生から高1生にかけてはさらに低水準となる。経年ではWave 7 において，高1生を除いた全学年で最低の該当率となっている。減少幅は現在のところわずかであり，Wave 5 から有意に減少していた学年は小4生のみであったが，読解力の低下は PISA2018 においても指摘されており（国立教育政策研究所，2019），この傾向が続くことが懸念される。なお，PISA2022 においては 2015 年の水準に上昇している（国立政策研究所，2023）。

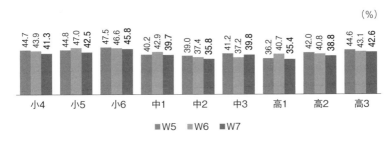

図4-13　長い文章を読んで理解する：3年推移

(4) プレゼンテーション

「自分の考えをみんなの前で発表すること」への該当率を図4-14に示す。Wave 4 から Wave 7 までいずれも小4生が最大であり，Wave 7 では 51.2%が該当した。全体として学年が進むごとに減少していき，Wave 7 の高3生では 36.8%の該当率であった。経年でみると，明確な傾向はないが，中1生，中

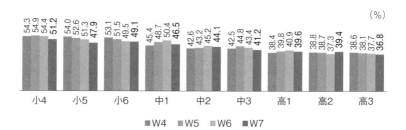

図4−14　自分の考えをみんなの前で発表する：4年推移

2生，高1生，高2生を除き4年間で最低となっており，小5生，小6生では
Wave 4からWave 7で有意に減少している。新学習指導要領において表現力
として目標とされるところであり，今後学年を追うごとに得意感が増していく
経過が期待されるが，現在のところその傾向は見られない。

(5) 英会話力

「英語を使って人と話をすること」への該当率を図4−15に示す。本設問は
Wave 4調査では中学生以上を対象としていたため，小学生はWave 5以降3
年間の変化となる。中1生まではおおむね30％以上の該当率だが，中2生以
降は20％前半から後半の該当率となり，英語の難易度が上がることで苦手意
識を持つ子どもが増える傾向が見られる。経年では一貫した傾向は認められな
いが，Wave 7では小6生，高2生を除いて3〜4年間で最低となっており，
小4生ではWave 5と，中2生ではWave 4と比較しWave 7では有意に減少
している。新学習指導要領では小4生からとなった外国語教育であるが，全体
で英会話が得意という子どもが3割に満たないという状況を改善する予兆は見

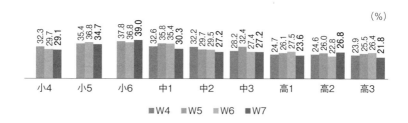

図4−15　英語を使って人と話をすること：4年推移

られない。

　本節で紹介した子どもの学習に関する得意意識は，新学習指導要領や GIGA スクール構想の目覚ましい成果が確認できるものではなかったが，これらの学習が効果的であったとしても，それが実を結び，子どもの得意意識につながるまでには相応の時間を要するものと考えられるため，評価にはさらに数年の経過を見る必要がある。また一連の結果は，コロナ禍における学習容態の変化が，それほど子どもの得意意識に対してネガティブには働いていないことを示唆しており，その点では安心材料と言えよう。

6. 学校用デジタル機器の利用

　2021 年度調査（Wave 7）では，GIGA スクール構想によりほとんどの地域の小・中学校で 1 人 1 台端末が実践されたことを受け，それぞれの生徒が学校で使用するデジタル機器（パソコン，タブレット，スマートフォン）（以降，学校用デジタル機器）の利用状況について項目を新設した。本節では，端末の配備や活用状況に地域差があることを想定し，居住地域の都市規模に注目しながら，その結果を概観する。

(1) 学校用デジタル機器の利用時間

　学校での学校用デジタル機器の，週当たりの利用時間を図 4-16 に示す。各学校段階では，小学 4 年生が週あたり 1.9 時間と有意に短く，高 1 生が 3.5 時間と有意に長かった。ただし，3.5 時間は平日を週 5 日とした 1 日あたりの時間数にして 42 分に過ぎず，デジタル機器が学習の中心的な役割を占めている状況ではない。

　居住都市規模では小・中学生では 5 万人未満がそれぞれ 2.1 時間，2.5 時間とわずかに短時間であり，また中学生・高校生では政令指定都市・特別区においてそれぞれ 2.8 時間，3.2 時間とわずかに長時間であった。ただし，いずれも大きな差とは言えず，統計的にも有意差は見られなかった。

　家での学校用デジタル機器の，週当たりの利用時間を図 4-17 に示す。小学生は週あたり 30 分程度，中学生でも週 1 時間に満たず，それぞれの学年に有意差は見られなかった。この低水準は，小・中学校ではデジタル機器の持ち帰

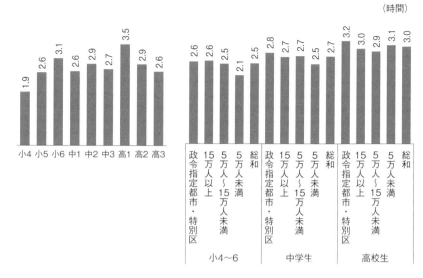

図 4-16　学校での学校用デジタル機器利用時間（週平均）[3]

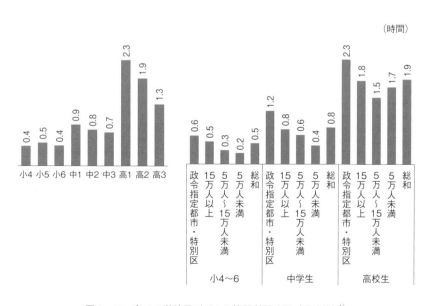

図 4-17　家での学校用デジタル機器利用時間（週平均）[4]

りという活用方法が一般的でないことを示している。高校生では1年生の2.3時間が最長であり，3年生の1.3時間が有意に短かった。高校生では個人所有の端末を学習に用いるBYOD（Bring Your Own Device）の割合が高いために小・中学生と比較すると長時間となっているが，それでも学習用デジタル端末の持ち帰り学習は主要な学習形態とは言えない。都市規模では，小4～6生では有意差は見られなかった。中学生と高校生では，政令指定都市・特別区において有意に長時間であった。特に中学生の場合，5万人未満の地域は政令指定都市・特別区の1/3程度の値となっており，地域における格差が懸念される。ただし，中学生の政令指定都市・特別区においても週あたり1.2時間（1日あたり14.4分）と，大きな値とは言えない。

(2) 学校用デジタル機器の学校での活用方法

学校用デジタル機器活用の学校での活用方法について，学年毎の該当者率（「よくする」と「ときどきする」の合計）を図4-18に示す。「計算や漢字などの問題を解く」のような単純な課題は，小4～6生で50％水準と，中学生の30～35％水準，高校生の20～25％水準と比較して有意に高かった。各学校段階内では学年による有意差は見られなかった。「インターネットで学習内容を調べる（調べ学習）」はどの学年でも活用経験率が高く，小6生で89.2％と最

(%)

	計算や漢字などの問題を解く	インターネットで学習内容を調べる（調べ学習）	友だちと意見を共有する	動画を見て学ぶ	デジタルの教科書や資料集を使う	発表用の資料をまとめる	テストを受ける	友だちや遠くの人と交流する	授業以外で使う（委員会活動・部活動ど）
小4	52.0	73.2	40.7	53.4	34.8	35.3	18.4	12.7	15.5
小5	49.1	85.3	50.4	59.4	44.0	49.6	18.3	13.3	22.8
小6	47.9	89.2	56.4	59.3	41.2	57.3	17.7	14.4	26.1
中1	35.8	79.5	50.3	48.6	40.8	46.4	22.8	14.0	20.9
中2	34.2	88.8	57.6	53.7	41.6	55.2	22.3	17.4	24.0
中3	31.9	86.1	53.4	48.7	41.0	58.1	21.2	16.7	26.1
高1	25.5	71.3	43.9	47.4	40.5	48.6	26.7	18.5	30.5
高2	21.0	78.5	38.9	50.6	36.0	55.0	30.1	19.3	31.0
高3	20.1	76.7	40.3	51.8	38.9	51.3	25.1	18.7	27.8

図4-18　学校用デジタル機器活用の学校での活用方法の該当率（学年別）

大，次いで中2生の88.8％，最も低い高3生でも71.3％であった。学校段階内では，小4生，中1生，高1生において有意に低かった。「友だちと意見を共有する」は小6生で56.4％と有意に高く，小4生でも40.7％が該当しており，小学校でも意見共有の活用が進んでいることが分かる。「動画を見て学ぶ」「デジタルの教科書や資料集を使う」はいずれも学年で大きな差はなく，それぞれ50％，40％の水準である。「発表用の資料をまとめる」は学年によりばらつきがあるが，小学生では小4生で35.3％と有意に低く，小6生で57.3％と有意に高かった。中学生では中3生が58.1％と高く，中1生が有意に低かった。「テストを受ける」「友だちや遠くの人と交流する」は小4生〜小6生ではそれぞれ18％，13％前後であり，高校生では30％弱，20％弱と有意に高い該当率であった。「授業以外で使う（委員会活動・部活動など）」は小4生のみ15.5％と有意に低く，他の学年では20〜30％程度の該当率であった。

居住都市規模別に見ると（図4-19），「発表用の資料をまとめる」は中学生では5万人未満で46.1％と，政令指定都市・特別区の54.6％，5〜15万人の54.9％と比較して有意に低く，高校生でも46.0％と，政令指定都市・特別区の56.0％に対して有意に低かった。また「テストを受ける」は高校生では政令指定都市・特別区の31.3％に対し，5万人未満では23.7％と低い傾向が見られる

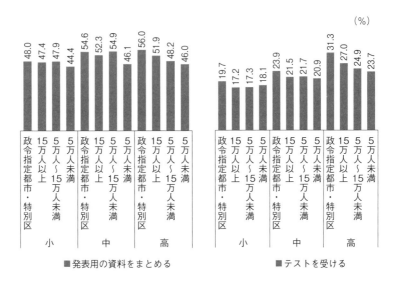

図4-19 学校用デジタル機器の学校での活用方法（都市規模別）

が，統計的な有意差は見られなかった。特にプレゼンテーションのような設備を必要とする場合に，人口の少ない地域では十分に学校用デジタル機器が活用されていないといった地域差が生じている可能性がある。ただし，教員側のデジタル機器への習熟のためのタイムラグや，1クラスあたりの生徒数が少ない場合にデジタル機器を使用する必要に乏しいといった個別の事情もあろう。

(3) 学校用デジタル機器の家での利用目的

学校用デジタル機器の家での利用目的について，学年毎の該当者率（複数選択）を図4-20に示す。「宿題をする」にはどの学年でも50％〜60％が該当し，有意差は見られなかった。「宿題以外の学習をする」にはおおむね30％前後が該当したが，高1生では19.9％と有意に低い該当率であった。「学校の連絡用として使う」は小4〜小6で17％前後，中学生で25％前後の該当率であった。高校生では1年生の49.5％から3年生の42.1％と，小・中学生に対して有意に高いが，これは高校生では前述のように家での学校用デジタル機器の利用が小・中学生よりも一般的であることと関連しているものと思われる。

(4) 学校用デジタル機器の家での活用方法

学校用デジタル機器の家での活用方法について，学年毎の該当者率（「よくする」と「ときどきする」の合計）を図4-21に示す。「計算や漢字などの問題

(%)

	宿題をする	宿題以外の学習をする	学校の連絡用として使う	学習以外の目的で使う（趣味や友だちとの連絡など）
小4	56.5	35.5	15.3	10.4
小5	54.9	35.5	17.7	10.3
小6	57.7	29.8	17.8	9.2
中1	51.9	30.2	27.3	12.4
中2	57.0	26.3	22.8	14.3
中3	59.8	27.2	25.9	15.4
高1	59.8	19.9	49.5	35.0
高2	60.5	32.3	44.0	36.8
高3	54.2	32.9	42.1	34.3

図4-20 学校用デジタル機器の利用目的（学年別）[5]

	計算や漢字などの問題を解く	インターネットで学習内容を調べる（調べ学習）	友だちと意見を共有する	動画で映像授業を見る	デジタルの教科書や資料集を使う	発表用の資料をまとめる	レポートを作成する	単語や用語を暗記する
小4	65.8	49.0	16.6	29.7	18.4	22.6	15.0	10.6
小5	62.1	57.3	21.4	29.0	24.9	35.4	25.3	14.7
小6	60.5	65.2	22.3	30.9	24.1	37.7	26.5	14.3
中1	50.0	72.1	23.8	33.6	35.5	44.0	42.4	30.3
中2	48.3	74.3	27.9	30.6	36.7	51.7	49.1	33.2
中3	49.8	74.2	26.6	37.1	30.7	50.2	52.4	28.1
高1	45.7	75.4	31.3	54.0	46.5	51.2	57.1	44.5
高2	36.8	81.3	36.8	58.6	44.5	59.1	55.9	35.3
高3	39.8	79.4	40.4	67.6	45.0	54.9	60.3	41.7

図4-21　学校用デジタル機器の家での活用方法の該当率（学年別）[6]

を解く」という単純な課題は小4生が65.8％と最も高く，おおむね高学年になるとその率が下がる（高校生は小4～6生より有意に低く，各学校段階内での有意差はなし）。前述の学校での活用経験率と同様の傾向だが，全体的に各学年15ポイント程度高い。「インターネットで学習内容を調べる（調べ学習）」は，小4生では49.0％と小6生の65.2％に対して有意に低い。中1生には72.1％と高水準になり，高2生で81.3％となる。

　その他の項目についても，おおむね学年が上がるにつれて該当率が上がり，高3生では「友だちと意見を共有する」は40.4％，「動画で映像授業を見る」は67.6％，「デジタルの教科書や資料集を使う」は45.0％，「発表用の資料をまとめる」は54.9％，「レポートを作成する」は60.3％，「単語や用語を暗記する」は41.7％となる。高校生では家での学習においても多様な活用方法が用いられているといえる。小学生ではこれらの項目の多くは15％から30％の範囲にすぎず，「計算や漢字などの問題を解く」が60％超，「インターネットで学習内容を調べる（調べ学習）」が50％～65％と主要な活用方法となる。中学生では「計算や漢字などの問題を解く」が50％程度に下がり，「インターネットで学習内容を調べる（調べ学習）」が70％を超える。また，「発表用の資料をまとめる」が約44％～52％，「レポートを作成する」が約42～52％となり，資料の作成が主な用途となる

7. デジタル機器の学習効果

　本節では，デジタル機器を用いた学習と紙媒体による学習の主観的な効果の違いについて検討する。学年ごとの該当率（「とてもそう思う」と「まあそう思う」の合計）を図4-22に示す。全体として，ポジティブな項目においては低学年ほど該当率が高く，デジタル機器を用いた学習の方が「自分の学習方法に合っている」率は小4～6生で60％前後，「内容がわかりやすい」率は小4～6生で67％前後，「学習意欲が高まる」率は小4～6生で71％前後と，高校生の48％水準，57％水準，48％水準よりもそれぞれ有意に高い。一方で，デジタルの懸念点として想定される「学習した内容が身につきにくい」については，小4～6生で29％程度と，高校生の37％前後に対して有意に低かった。「深く考えて問題を解くことが減った」については，全学年で38％前後と有意な差はなく，おおむね全体の1/3程度にとどまった。多数派ではないとはいえ，一定数の生徒が学習の効力感を得られなくなっている原因と対策を検討すべきであろう。

　次に，居住都市規模による違いを図4-23に示す。デジタル機器の方が「内容がわかりやすい」「学習意欲が高まる」といったポジティブな項目への該当者は，どの学校段階においても政令指定都市・特別区よりも5万人未満の地域

(%)

	自分の学習方法に合っている	内容がわかりやすい	学習量が増える	自分の意見などを書く量が増える	学習意欲が高まる	学習した内容が身につきにくい	深く考えて問題を解くことが減った
小4	62.2	69.8	40.8	33.3	72.5	29.3	38.3
小5	58.4	65.6	41.3	37.6	69.5	29.0	37.1
小6	61.6	67.4	39.4	39.7	70.4	29.9	36.7
中1	53.4	60.1	37.8	35.8	60.7	33.2	38.9
中2	48.3	59.0	37.3	39.1	57.8	37.3	38.0
中3	42.5	55.2	36.2	36.3	52.5	34.2	37.4
高1	49.9	58.8	36.7	34.5	49.9	36.3	37.9
高2	47.1	54.1	34.9	32.3	50.3	36.4	39.1
高3	46.2	55.2	32.9	29.7	45.0	37.4	39.2

図4-22　デジタル機器の紙に対する学習効果の該当率（学年別）

		内容がわかりやすい	学習意欲が高まる	学習した内容が身につきにくい	深く考えて問題を解くことが減った
小	政令指定都市・特別区	64.9	68.9	27.3	35.4
	15万人以上	67.4	70.0	30.1	36.8
	5万人～15万人未満	70.0	72.9	31.7	39.4
	5万人未満	70.1	73.8	27.7	39.8
中	政令指定都市・特別区	55.3	51.7	34.1	37.4
	15万人以上	58.0	57.1	37.3	40.2
	5万人～15万人未満	60.3	61.0	35.3	38.6
	5万人未満	61.8	62.8	28.9	33.3
高	政令指定都市・特別区	52.6	45.1	38.7	40.1
	15万人以上	58.7	48.5	35.4	36.7
	5万人～15万人未満	56.4	49.8	35.2	38.2
	5万人未満	57.1	53.5	38.1	41.1

図 4-23　デジタル機器の紙に対する学習効果の該当率（都市規模別）

の方が 5～11 ポイント高く，前者は小 4～小 6 で，後者は中学生で，人口による有意差が見られた。「学習した内容が身につきにくい」「深く考えて問題を解くことが減った」といったネガティブな項目については，一貫した傾向は見られなかった。

8.　まとめ──子どもの学習行動の変化

本章では，GIGA スクール構想や新学習指導要領などの背景における子どもの学習の経年変化および，学校でのデジタル機器利用状況について概観した。

学校でのパソコン・タブレットの利用について，Wave 6 から Wave 7 への 1 年間で，小・中学生におけるパソコン・タブレットの授業での利用が著しく増加していた。調べ学習については小学生において該当率が高く，どの学年でも Wave 7 において最大であった。グループ学習や観察・実験・調査については Wave 5 からどの学年でも減少しており，情報端末が十分には対面の代替手段となっていないことがうかがえる。プレゼンテーションに関わる学習能力はコロナ禍以前よりも進展したという傾向は見られなかった。学習意欲については，小・中学生において減退傾向が見られ，コロナ禍の影響が懸念される。

学習方法について，親や先生への相談，計画をたてて勉強する，友だちとの

学び合いについて，過去5年間での大きな変化は見られなかった。得意意識について，信頼できる情報を選ぶことについて，中学生・高校生の Wave 6 において該当率が高まっており，コロナ渦に生じたフェイクニュースへの関心の高まりや，自粛期間のインターネット利用時間の増加（それによる情報リテラシーの効力感の高まり）が要因と推察される。長文読解力は Wave 7 において，高1生を除いた全学年で最低の該当率となっており，この傾向が続くことが懸念される。自分の考えを発表することについては中1生，中2生，高1生，高2生を除き4年間で最低，英会話については Wave 7 では小6生，高2生を除いて3〜4年間で最低となっていた。これらの結果は現在のところ新学習指導要領や GIGA スクール構想の成果を確認することはできないが，コロナ渦による著しい問題を示唆するものでもないと言える。

　学校用デジタル機器の利用については，現在のところ利用時間は短く，学習の中心的な役割を占めている状況ではない。また，学習用デジタル端末の持ち帰り学習は主要な学習形態とは言えない。居住都市規模別に見ると，小・中学生の場合，5万人未満の地域は政令指定都市・特別区の 1/3 程度の利用時間であった。学校用デジタル機器の学校での活用方法として，どの学年でも調べ学習の活用経験が多く，また持ち帰り機器の用途としては宿題の該当率が高かった。高校生では家での学習においても多様な活用方法が用いられているが，小学生では「計算や漢字などの問題を解く」の率が高く，中学生では「発表用の資料をまとめる」「レポートを作成する」の用途が増えることが特徴的である。

　紙媒体と比較した学校用デジタル機器の効果として，「自分の学習方法に合っている」などデジタルをポジティブに捉える項目は，低学年ほど該当率が高かった。特に「学習意欲が高まる」率は小学生で 70% を超えた。「学習した内容が身につきにくい」というネガティブな項目については，全学年で 1/3 程度であった。

　全体として，GIGA スクール構想によるデジタル機器利用の増加については大きな変化が見られたが，学習効果としての大きな変化は現在のところなく，またコロナ禍の影響による急激な悪化も見られなかった。今後はデジタル機器利用の増減に伴う，個人レベルでの変化に注目して分析を進める必要がある。

注

1） 各校の休業は新型コロナウイルスの流行に合わせて実施されており，2023年2月においても，3.6％の小学校が新型コロナウイルスの影響で特定の学年・学級の臨時休業を行っていた（内閣府，2023）。

2） サンプルはベネッセの登録モニターであり，教育関心の高い家庭にやや偏っている可能性がある。詳細は第1章を参照。

3） 学校での月あたりの利用頻度と1日あたりの利用時間の積を4で除し，週あたりの利用時間を算出した。利用頻度については，「まったく使わない」を0，「月に1回以下」を0.5，「月に2～3回」を2.5，「週に1～2回」を6，「週に3～4回」を14，「ほぼ毎日」を20として数値化した。また利用時間については「5分」を0.08，「10分」を0.17，「15分」を0.25，「30分」を0.5，「1時間」を1，「2時間」を2，「3時間」を3，「4時間」を4，「4時間より多い」を5として数値化した。

4） 学校で使うデジタル機器の月あたりの持ち帰り頻度と1日あたりの利用時間の積を4で除し，週あたりの利用時間を算出した。頻度と時間の数値化については，前述の図4-16と同様。持ち帰り回数を基準としているため，休日の利用時間は含まれていない。

5） 「1～4にあてはまるものはない」には，高校生では6.0％（高2生）～7.5％（高1生），中学生で15.8％（中1生）～17.8％（中2生），小学生では14.1％（小4生）～16.8％（小6生）が該当した。

6） 分析対象は，学校用デジタル機器の持ち帰りをしている（「まったくしていない」を除く）回答者のみ。

参考文献

国立教育政策研究所，2019，「OECD 生徒の学習到達度調査 2018 年調査（PISA 2018）のポイント」，https://www.nier.go.jp/kokusai/pisa/（参照日 2023 年 2 月 28 日）

国立教育政策研究所，2023，「OECD 生徒の学習到達度調査 2022 年調査（PISA 2022）のポイント」，https://www.nier.go.jp/kokusai/pisa/（参照日 2023 年 12 月 22 日）

文部科学省，2018，「学校における ICT 環境の整備について（教育の ICT 化に向けた環境整備 5 か年計画（2018（平成 30）～ 2022 年度））」，https://www.mext.go.jp/a_menu/shotou/zyouhou/detail/1402835.htm（参照日 2023 年 2 月 28 日）

文部科学省，2019，「GIGA スクール構想の実現へ」，https://www.mext.go.jp/content/20200625-mxt_syoto01-000003278_1.pdfhttps://www.mext.go.jp/a_menu/shotou/zyouhou/detail/1402835.htm（参照日 2023 年 2 月 28 日）

文部科学省，2020a，「GIGA スクール構想による 1 人 1 台端末環境の実現等について」，https://www.mext.go.jp/a_menu/other/index_00001.htm（参照日

2023 年 2 月 28 日）

文部科学省, 2020b,「令和 2 年度補正予算案への対応について」, https://www.
　　mext.go.jp/content/20200408-mxt_jogai02-000003278_412.pdf（参照日 2023
　　年 2 月 28 日）

文部科学省, 2020c,「新型コロナウイルス感染症の影響を踏まえた公立学校にお
　　ける学習指導等に関する状況について」, https://www.mext.go.jp/content/
　　20200717-mxt_kouhou01-000004520_1.pdf（参照日 2023 年 2 月 28 日）

文部科学省, 2021,「学習者用デジタル教科書の効果的な活用の在り方等に関す
　　るガイドライン（令和 3 年 3 月改訂）」https://www.mext.go.jp/content/
　　20210325-mxt_kyokasyo01-000013738_01.pdf（参照日 2023 年 2 月 28 日）

文部科学省, 2022,「令和 3 年度学校における教育の情報化の実態等に関する調
　　査結果（概要）（令和 4 年 3 月 1 日現在）〔確定値〕」, https://www.mext.
　　go.jp/content/20210325-mxt_kyokasyo01-000013738_01.pdf（参照日 2023 年
　　2 月 28 日）

内閣府, 2019,「2020 年度, 子供の学びが進化します！　新しい学習指導要領,
　　スタート！」, https://www.gov-online. go.jp/useful/article/201903/2.html
　　（参照日 2023 年 2 月 28 日）

内閣府, 2023,「新型コロナウイルス感染症の影響による公立学校臨時休業状況
　　調査の結果について（令和 5 年 2 月 17 日）」, https://www.mext.go.jp/
　　content/20230217-mxt_kouhou01-000004520_01.pdf（参照日 2023 年 2 月 28
　　日）

日本財団・三菱 UFJ リサーチ＆コンサルティング, 2021,「コロナ禍が子ども
　　の教育格差と非認知能力にもたらす影響を調査」, https://www.murc.jp/
　　wp-content/uploads/2021/06/news_release_210629.pdf（参照日 2023 年 2
　　月 28 日）

Pintrich, P. R., & De groot, E.V., 1990, Motivational and self-regulated learning
　　components of classroom academic performance. Journal of Educational
　　Psychology, 82, pp. 33–40.

第5章

保護者の子育て環境，意識・行動の変化
——2015 年度から 21 年度の経年変化を追う

松本 留奈・木村 治生

1. 本章の目的

　本章では，「子どもの生活と学びに関する親子調査」（ベースサーベイ）の内容のうち，保護者にたずねている項目に関して 2015 年度調査（Wave 1）から 2021 年度調査（Wave 7）までの結果を紹介する。保護者の子育てや教育にかかわる環境や意識・行動について，7 年間の変化を明らかにすることが目的である。

　保護者の子育てや教育にかかわる意識・実態の把握については，これまでも多くの研究の蓄積がある。第 1 章でも述べたように，本調査は保護者と子どもがペアで回答するダイアド・データであることが特徴の一つであるが，そのような調査はこれまで多く行われてきた。木村（2022）は，そうした先行調査の実施状況と主な論文・書籍についてまとめているが，本調査以外に現在も継続しているのは，厚生労働省と文部科学省による「21 世紀出生児縦断調査」，慶應義塾大学パネルデータ設計・解析センターによる「日本子どもパネル調査（JCPS）」，東京大学社会科学研究所による「学校生活と将来に関する親子継続調査（JLPS-J）」などである。ただし，これらは特定のコーホートを追跡するものであり，「21 世紀出生児縦断調査」のみ 2 つのコーホートを追跡しているものの，コーホート間の比較は容易ではない。

　わが国の保護者を対象とした調査研究を俯瞰してとらえると，特定の課題意識をもって実施される調査は多いが，異なるコーホートの比較によって時代の変化を明らかにしようという研究は数少ない。文部科学省も「全国学力・学習

状況調査」のように子どもを対象とした継続調査は実施しているが，一定の信頼性を検証したうえで継続的に実施されている保護者調査は行っていない。マルチコーホートで小学１年生から高校３年生の保護者のデータを取得している調査は，わが国では本調査の他にはなく，本章ではその希少性を生かして，保護者の意識・行動の経年での変化を記述する。

2.「ベースサーベイ（保護者調査）」の主な項目

「ベースサーベイ（保護者調査）」は，保護者自身の属性や子育ての環境をたずねる項目，子どもの学習や生活にどのような関わりをしているのかをたずねる項目，保護者の社会観や価値観をたずねる項目で構成されている。なお，子どもの学習や生活への関わりに関する項目のいくつかは，親子の認識の差異や相互作用を分析する目的で，子ども調査と内容を揃えている。たずねている主な項目を，表５-１にまとめる。なお下線の項目を本章では取り上げる内容である。

3. 調査対象者の属性

(1) 子どもとの関係

分析の対象とするのは，第１章の表１-２に示した各年度約 15,000 ～ 16,000 前後の保護者票である。なお，本調査では，保護者票の回答者を限定せずに依頼している。そのため毎回の調査で，保護者票の冒頭に調査対象との関係をたずねる設問を設けているが，2015 年度調査（Wave 1）から 2021 年度調査（Wave 7）まで一貫して，回答の約９割が母親，１割弱が父親である（表５-２）。父親と母親をわけずに「保護者」として扱っている分析は，この構成比に基づく。

(2) 保護者の生年（年齢）

次に，保護者の生年と年齢がどのようなものであるかを確認する（表５-３）。2015 年度調査（Wave 1）の時点における生年の中央値は，小１～３生の保護者で 1975 年，小４～６生の保護者で 1973 年，中学生の保護者で 1971 年，高

表 5-1　ベースサーベイ（保護者調査）の項目一覧

1）保護者の属性・子育て環境
- 生年月（○,◎），最終学歴（○,◎），世帯年収
- 就労状況（◎），帰宅時間（◎）
- 子どもとすごす時間（◎），家事・育児分担，ふだんの生活や人との関わり

2）子育て・教育に関する意識
- 教育観，子どもの進学への意識
- 悩みや気がかり

3）子育て・教育に関する行動・行動
- 大切さを伝えていること（★）
- 子育てや教育情報源（★）
- 学校外教育（習い事，学習塾など），教育費
- 受験（中学受験の予定と有無，高校受験の方法）※該当学年のみ
- 養育態度，子どもの学習（学習方法など）への関わり（●）
- 学校教育に対する評価（▽）
- 親子の会話，家庭でのルール（★）
- おこづかい（□）

4）子どもの学力に対する評価
- 資質・能力に対する評価（得意・苦手）
- 成績に対する評価

5）保護者の社会的価値観や意識
- 今後の社会に対する意識（■）

※（○）は小1生の保護者にのみたずねている。
※（◎）は回答者自身と配偶者についてたずねている。
※（★）は2015年度調査（Wave 1），2018年度調査（Wave 4），2021年度調査（Wave 7）でたずねている項目。
※（●）は2016年度調査（Wave 2），2019年度調査（Wave 5），2020年度調査（Wave 6），2021年度調査（Wave 7）でたずねている項目。
※（▽）は2019年度調査（Wave 5），2020年度調査（Wave 6），2021年度調査（Wave 7）でたずねている項目。
※（□）は2017年度調査（Wave 3），2018年度調査（Wave 4），2020年度調査（Wave 6），2021年度調査（Wave 7）でたずねている項目。
※（■）は2018年度調査（Wave 4），2019年度調査（Wave 5），2020年度調査（Wave 6），2021年度調査（Wave 7）でたずねている項目。

表5-2　調査回答者と子どもとの関係

(%)

	2015 年	2016 年	2017 年	2018 年	2019 年	2020 年	2021 年
母親	90.8	91.7	91.7	91.9	92.0	92.1	92.0
父親	8.8	7.7	7.9	7.5	7.5	7.4	7.4
祖母・祖父・その他	0.1	0.2	0.1	0.2	0.2	0.2	0.3
無回答・不明	0.3	0.4	0.3	0.4	0.4	0.3	0.3

表5-3　保護者の生年の中央値と年齢

子どもの学校段階	2015 年	2018 年	2021 年
小1～3生	1975 年（40 歳）	1979 年（39 歳）	1981 年（40 歳）
小4～6生	1973 年（42 歳）	1975 年（43 歳）	1979 年（42 歳）
中学生	1971 年（44 歳）	1973 年（45 歳）	1975 年（46 歳）
高校生	1968 年（47 歳）	1971 年（47 歳）	1973 年（48 歳）

※ 2015 年度調査（Wave 1）ではすべての保護者に生年をたずねたが，2016 年度調査（Wave 2）以降は，初めて本調査に回答する小1生の保護者にのみ生年をたずねている。各年度の生年は，最初に把握した生年をスライドさせている。

※「無回答・不明」は分析から除外している。

校生の保護者で 1968 年の生まれである。2015 年度調査で小1～3生の保護者だった者は，2018 年度調査では小4～6生の保護者（+3歳）に，2021 年度調査では中学生の保護者（さらに+3歳）になる。調査年度によって多少の違いはあるが，小1～3生の保護者は 39～40 歳，小4～6生の保護者は 42～43 歳，中学生の保護者は 44～46 歳，高校生の保護者は 47～48 歳が中央値となる。

(3) 最終学歴

続いて，回答者の最終学歴を確認しよう。表5-4は，①父親と②母親に分けて，四年制大学以上の卒業の比率を示した。

まず，①父親についてであるが，2015 年度調査の結果をみると，子どもの学校段階を問わず4割強であり，子どもの学校段階が進んでも（父親の年齢が上がっても）比率は大きく変わらないことがわかる。これは，2018 年度，21 年度の結果も同様である。矢印で示した斜めのラインは同じコーホートであるが，2021 年度の結果は少し高くなっている。これは，7年の間，調査を継続し

表5-4　保護者の最終学歴（大卒の比率）

①父親

子どもの学校段階	2015年	2018年	2021年
小1～3生	41.4	41.2	42.3
小4～6生	41.7	40.0	42.6
中学生	40.7	39.8	43.7
高校生	42.8	38.8	43.3

②母親

2015年	2018年	2021年
30.8	32.5	37.1
26.1	30.2	34.3
22.8	25.0	32.3
21.8	22.0	27.8

※数値は，四年制大学卒業と大学院卒業の合計（％）。
※最終学歴は毎年たずねているが，2015年度調査，18年度調査，21年度調査の結果を
　示した。

て，高学歴層の親子が残存しやすいことを表している。

　次に，②母親であるが，父親とは異なる点がある。2015年度調査の結果を
みると，子どもの学校段階が低い（母親の年齢が低い）ほど，大卒比率が高い。
これは，2018年度，21年度も同様である。また，横のラインを確認すると，
小1～3生の保護者の大卒比率は2015年度30.8％だったものが，2021年度は
37.1％になる。これは，小4～6生，中学生，高校生の母親も同様である。母
親はこの7年間に高学歴化が進んだことが示されている。

　ちなみに，これらの大卒比率を図5-1に示した「学校基本調査」（文部科学
省）の結果と比較すると，本調査のサンプルには次のような特徴がある。①父
親と同じ年代の男子の大学進学率は1968年生まれで34.2％，1999年生まれで
46.5％であり，進学率は上昇している。これに対して，回収サンプルの父親の
大卒比率は，2015年度調査の高校生の父親（中央値が1968年生まれ）が42.8％，
2021度調査の小1～3生の父親（中央値が1981年生まれ）が42.3％で，大卒比
率は横ばいである。このことから，サンプルの中で高齢（生年が早い）の父親
は実際よりも大卒比率が高いが，年齢が低い（生年が遅い）父親は大卒比率が
低めの傾向があるといえる。

　一方で，②母親と同じ年代の女子の大学進学率は，1968年生まれで12.5％，
1999年生まれで29.4％である。回収サンプルの母親の大卒比率は，2015年度
調査の高校生の母親が21.8％，2021度調査の小1～3生の母親が37.1％であ
るから，実際と同様に進学率は上昇しているが，どの年齢層でも実際より7～

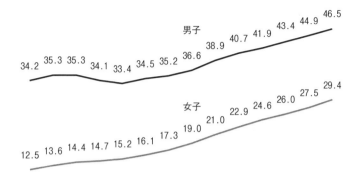

男子

34.2　35.3　35.3　34.1　33.4　34.5　35.2　36.6　38.9　40.7　41.9　43.4　44.9　46.5

女子

12.5　13.6　14.4　14.7　15.2　16.1　17.3　19.0　21.0　22.9　24.6　26.0　27.5　29.4

※「学校基本調査」（文部科学省）年次統計をもとに筆者が作成。
※過年度高卒者等を含む。

図5-1　大学（学部）への進学率

8ポイントほど大卒比率が高いことがわかる。次節以降に示す経年比較の結果には，時代の変化とともに，こうした母親の高学歴化の影響や実際よりも高学歴の母親のサンプルが多いことが反映されている可能性がある。

4．主な項目の結果

では，ここからは，主な項目の結果について，(1) 保護者の子育てを取り巻く環境変化と(2) 子育てにかかわる意識・行動の変化をみていこう。

(1) 子育てを取り巻く環境変化
①母親の就労状況の変化
表5-5は，母親の就労状況の変化（2015年度調査と21年度調査の比較）につ

表5-5　母親の就労状況（子どもの学校段階別）

	小1〜3生			小4〜6生			中学生			高校生		
	2015年	2021年	変化	2015年	2021年	変化	2015年	2021年	変化	2015年	2021年	変化
フルタイム	25.0	33.8	8.7	26.6	33.8	7.2	30.3	35.1	4.8	32.9	38.3	5.4
（正社員・職員）	(17.8)	(25.5)	(7.6)	(16.6)	(24.4)	(7.8)	(18.0)	(23.4)	(5.4)	(18.9)	(23.0)	(4.1)
（非正社員・職員）	(7.2)	(8.3)	(1.1)	(10.0)	(9.4)	(−0.6)	(12.3)	(11.7)	(−0.6)	(14.1)	(15.3)	(1.3)
パートタイム	37.5	38.6	1.1	44.3	44.7	0.4	47.2	48.6	1.4	45.7	44.6	−1.1
無職（専業主婦など）	37.4	27.6	−9.8	29.0	21.5	−7.5	22.5	16.3	−6.2	21.3	17.1	−4.3

※現在の仕事に関する質問のうち，就業形態に関する質問（1. 正社員・正職員，2. パート，アルバイト，3. 契約社員・嘱託，4. 派遣社員，5. 自営業（家族従事者を含む），6. その他，7. 無職（専業主婦など））と，就業時間（1. フルタイムの仕事，2. パートタイムの仕事）を掛け合わせ，無回答を除外して集計した。
※（　）内数値は，フルタイムの内訳。小数点2位以下の四捨五入により，合計が一致しないところがある。
※変化は，2015年度調査と21年度調査の差。

いて，子どもの学段階別にみたものである。厚生労働省「2021年（令和3年）国民生活基礎調査」によると，0歳〜18歳未満の子どもがいる世帯における無職の母親の割合は24.1％となり，過去最低を記録した。これは学齢が低い子どもの母親も含んでいる数値であり，末子が小学生以上の年齢で計算すると約20％となる。子育て中の母親の約5人に4人は就労していることとなるが，本調査においてもおおよそ類似した結果が得られた。

　ここからは，次のようなことがわかる。第一に，就労する母親が多いとはいえ，いずれの年度，いずれの学校段階でも「パートタイム」がもっとも多く，母親の就労状況はフルタイムではない働き方が主流である。「パートタイム」の比率は，経年で変化がみられない。第二に，学校段階による違いに着目すると，子どもの学校段階が上がるにつれて「無職（専業主婦など）」が減少し，「パートタイム」や「フルタイム」が増加する。ただし，「フルタイム」のうち「正社員・職員」の比率は学校段階による差がみられず，子どもの成長につれて母親が仕事に復帰するとはいえ，「非正社員・職員」や「パートタイム」などの不安定な職に就くことが多い。第三に，2015年度と21年度の変化をみると，いずれの学校段階でも「無職（専業主婦など）」が減り，「フルタイム」が増えている。「フルタイム」の内訳をみると，「正社員・職員」の比率が上昇しており，経年では正規にフルタイムで働く母親が増えていることがわかる。

②家事・育児分担の変化

　正規にフルタイムで働く母親が増加しているが，それでは，家事・育児分担はそれに連動して変化しているだろうか。松田（2006）は，夫婦の家事・育児分担の規定要因について，先行研究を整理して，1）家事・育児の量仮説（家事・育児の量が多いほど夫の分担が増える），2）時間的余裕仮説（夫の労働時間が少ない／妻の労働時間が多いほど夫の分担が増える），3）相対的資源仮説（相対的に夫の収入，教育等の資源が少ないほど夫の分担が増える），4）ジェンダー・イデオロギー仮説（進歩的な考えを持つ夫ほど夫の分担が増える）の4つを挙げている。本稿では，そのそれぞれについての検討はしないが，これらの仮説に従えば，正規のフルタイムで働く母親の増加は，夫の家事・育児分担の量を増加させるはずである。

　家事・育児の分担（母親が担う割合）を，表5-6に示した。これをみると，子どもの学校段階を問わず，母親が家事と育児の両面で重い負担を担っていることがわかる。2021年度の結果で母親が8割以上負担している割合（「8～9割」「10割」の合計）は，「家事」については学校段階を問わず7～8割，「育児」については6割である。経年でみると，「家事」は「10割」という回答が減り，「5割」「6～7割」「8～9割」が増えていて，多少なりとも夫が負担す

表5-6　家事・育児の分担（母親が担う割合）（子どもの学校段階別）

		小1～3生			小4～6生			中学生			高校生		
		2015年	2021年	変化	2015年	2021年	変化	2015年	2021年	変化	2015年	2021年	変化
家事	0～4割	1.9	2.4	-0.5	2.0	2.0	0.0	2.2	2.4	0.2	2.0	1.9	-0.1
	5割	4.0	8.2	4.2	3.9	6.7	2.8	4.0	6.1	2.1	3.8	6.3	2.5
	6～7割	9.8	16.2	6.4	9.8	15.1	5.3	10.4	14.3	3.9	9.6	12.6	3.0
	8～9割	31.5	34.8	3.3	31.8	34.5	2.7	32.3	35.8	3.5	29.7	34.2	4.5
	10割	51.7	37.4	-14.3	51.1	39.3	-11.8	49.9	39.0	-10.9	53.3	41.7	-11.6
育児	0～4割	4.6	5.1	0.5	7.0	5.4	-1.6	5.9	5.3	-0.6	5.5	5.3	-0.2
	5割	8.0	12.4	4.4	7.5	10.2	2.7	8.5	9.5	1.0	9.5	10.5	1.0
	6～7割	18.1	21.2	3.1	18.9	20.5	1.6	17.3	19.0	1.7	14.8	16.2	1.4
	8～9割	40.1	36.2	-3.9	38.3	35.4	-2.9	36.0	35.4	-0.6	33.6	34.5	0.9
	10割	27.5	23.7	-3.8	25.8	25.6	-0.2	30.3	28.1	-2.2	34.2	29.9	-4.3

※あなたと配偶者の子育て・家事分担のうち「あなたの分担」をたずね，「自分はほとんどしていない（0割）」「1～2割」「3～4割」「半分くらい（5割）」「6～7割」「8～9割」「自分がほとんどしている（10割など）」の7つの選択肢で回答してもらった。回答者が父親の場合は回答を反転させた結果を回答者が母親の結果と合算し集計した。
※「自分はほとんどしていない（0割）」「1～2割」「3～4割」は，まとめて「0～4割」とした。
※変化は，2015年度調査と21年度調査の差。

るようになっている。しかし，「育児」はほとんど変化が見られなかった。全体的にみると，子どもの学校段階を問わず，家事・育児の両面で母親の負担が重い状況は，大きくは変わっていない。

③帰宅時間の変化

　前項で示した家事・育児の分担は，帰宅時間とも関連があると考えられる。厚生労働省「国民生活基礎調査」をもとにした分析によると，父親の育児参加の促進には，職場での時間外労働や通勤時間といった「仕事関連時間」の削減が不可欠であると指摘されている（可知，2020）。そこで，家事・育児に充てられる時間を確認するための指標として，本調査における帰宅時間の変化を示す。

　表5-7は，母親，父親それぞれの帰宅時間の変化を示している。母親は「17時よりも前」「17～19時くらい」という回答が多いのに対して，父親は「17～19時くらい」「19～21時くらい」「21時よりもあと」が多く，帰宅時間が遅い。子どもの学校段階による違いでは，母親は子どもが中学生，高校生になるとともに「17時よりも前」が減り，「17～19時くらい」「19～21時くらい」が増えて，帰宅時間が遅くなる。これに対して，父親は子どもの学校段階による違いがほとんど見られない。経年での違いについては，母親は大きな変化がないが，父親は「21時よりもあと」が減って，「17～19時くらい」が

表5-7　仕事がある日の平均帰宅時間（子どもの学校段階別）

		小1～3生			小4～6生			中学生			高校生		
		2015年	2021年	変化	2015年	2021年	変化	2015年	2021年	変化	2015年	2021年	変化
母親	17時よりも前	56.3	52.8	-3.5	57.1	54.5	-2.6	48.6	50.9	2.4	40.0	42.9	2.9
	17～19時くらい	35.0	40.4	5.4	33.1	36.3	3.2	37.7	37.1	-0.6	41.6	42.4	0.8
	19～21時くらい	6.9	5.8	-1.1	7.9	7.5	-0.4	11.4	10.2	-1.3	15.7	12.2	-3.4
	21時よりもあと	1.8	1.0	-0.8	1.9	1.7	-0.2	2.3	1.8	-0.5	2.8	2.5	-0.3
父親	17時よりも前	3.1	4.4	1.3	3.7	4.5	0.9	2.7	3.9	1.2	3.6	4.6	1.0
	17～19時くらい	21.7	30.7	9.0	22.9	30.1	7.2	22.4	29.5	7.1	23.7	30.2	6.5
	19～21時くらい	36.4	40.7	4.4	38.2	39.1	0.9	40.0	40.8	0.8	39.5	40.8	1.2
	21時よりもあと	38.9	24.2	-14.7	35.3	26.3	-9.0	34.8	25.8	-9.1	33.2	24.5	-8.7

※「仕事がある日の帰宅時間」の質問に対する回答。「17時よりも前」は「15時よりも前」「15～17時くらい」，「21時よりもあと」は「21～23時くらい」「23時よりもあと」の合計。比率は，仕事をしていない者（非該当），「わからない」と回答した者，無回答を除外して算出した。
※回答者が母親の場合は配偶者の帰宅時間を父親の帰宅時間に，回答者が父親の場合は配偶者の帰宅時間を母親の帰宅時間にした。
※変化は，2015年度調査と21年度調査の差。

増えている。多少なりとも早く帰れる父親が増えてはいるようだ。図表は省略するが，その変化は2019年から20年にかけて起きていて，コロナ禍を契機に働く時間が短くなった可能性がうかがえる。

　ここまで，母親の就労状況の変化，家事・育児分担の変化，帰宅時間の変化をみてきたが，これらは相互に関連し，それぞれの家族の子育てや教育のあり方を規定すると考える。また，こうした仕事の状況や家事・育児分担の変化の背景にある社会経済状況やコロナ禍などの環境も，子育てや教育のあり方に影響すると考えられる。続いて，2015年度調査から21年度調査にかけて，保護者の子育てにかかわる意識や行動がどのように変化しているのかを確認しよう。

(2) 子育てにかかわる意識・行動の変化

①子育ての情報源

　最初に，保護者がどのような人やメディアから子育てに関する情報を得ているのかを検討する。子育てに関する情報は，かつては親族や近所の人々から得ていたが，1960年以降はマス・メディアが，1980年ごろからは育児雑誌が重要な情報源となり，2000年ごろからはインターネットが大きな役割を果たすようになってきた（外山ほか，2010）。どのような媒体からどのような情報を得ているかは，子育ての心理的な側面（例えば，子育て満足感や育児不安など）（河田ほか，2013）や育児戦略（しつけや教育選択など）（天童，2013）に一定の影響を及ぼすと考えられる。また，近年では，保護者の情報格差や社会関係資本などのパーソナルネットワークが子どもの教育達成に影響することが指摘（志水，2014; 荒牧，2019）されており，さまざまな格差の形成プロセスを検討するうえでも，子育ての情報源を検討することは重要だろう。

　表5-8は，日ごろ子育てや教育に関する情報を誰から・何から得ているのかについてたずねた結果である。2015年度から2021年度の7年間の変化をみると，誰からという点では「配偶者」や「自分の子ども」からと回答する割合が増加した一方で，「子どもの友だちの親」と回答する割合が減少している。「自分の親」「配偶者の親」「親戚」などの同居しているケースが少ないと思われる血縁や，「友人」「職場の知人」，「学校の先生」「学習塾の先生」などはほぼ横ばいである。この間，パーソナルネットワークという点では，同居する家族の情報がより重視されるようになっているようだ。この質問は，2015年度，

表 5-8　子育ての情報源（子どもの学校段階別）

		小1〜3生			小4〜6生			中学生			高校生		
		2015年	2021年	変化	2015年	2021年	変化	2015年	2021年	変化	2015年	2021年	変化
家族・親族	配偶者	28.2	36.8	8.6	27.3	35.8	8.5	23.2	28.1	4.9	22.4	24.9	2.5
	自分の子ども	31.7	32.4	0.6	34.2	40.5	6.3	41.9	46.2	4.3	47.6	55.9	8.3
	自分の親	25.1	27.6	2.6	20.1	22.6	2.5	12.5	12.5	0.0	10.5	9.6	−0.9
	配偶者の親	8.8	8.7	0.0	6.0	6.3	0.3	3.3	3.0	−0.4	2.4	1.8	−0.7
	親戚（自分のきょうだい，おじ，おばなど）	14.4	15.2	0.8	12.7	13.6	0.8	10.1	9.9	−0.2	9.7	9.5	−0.2
友人・知人	子どもの友だちの親（ママ友・パパ友）	70.5	56.4	−14.1	63.4	55.2	−8.2	56.6	50.2	−6.4	40.7	31.8	−8.9
	友人	42.6	40.1	−2.6	38.0	36.9	−1.1	36.1	35.3	−0.8	32.1	28.4	−3.8
	職場の知人	20.2	22.6	2.4	22.0	23.7	1.7	23.3	25.3	1.9	20.0	22.5	2.5
先生	学校の先生	31.3	34.1	2.8	33.6	35.6	1.9	37.5	38.3	0.9	39.5	39.9	0.4
	学習塾の先生	8.5	8.6	0.1	15.5	15.8	0.3	26.5	27.4	0.9	15.3	14.8	−0.5
メディア	テレビ	58.2	43.2	−15.0	58.1	45.3	−12.8	53.0	39.4	−13.6	48.3	34.5	−13.8
	新聞	27.4	10.3	−17.0	34.0	16.0	−18.0	38.5	20.2	−18.4	38.5	23.9	−14.7
	書籍（専門書など）	23.4	21.1	−2.3	21.8	21.4	−0.3	19.3	16.5	−2.8	17.7	12.4	−5.3
	雑誌（専門誌など）	19.3	8.4	−11.0	16.3	9.3	−7.0	13.7	6.1	−7.6	15.9	6.3	−9.6
	インターネットの情報サイト	53.0	69.2	16.2	47.2	68.4	21.2	43.8	68.2	24.4	43.7	63.9	20.2
	インターネットの掲示板・ブログ・SNS	17.9	30.9	13.0	15.9	25.5	9.6	12.2	20.9	8.7	10.3	18.2	7.9

※複数回答。
※変化は，2015年度調査と21年度調査の差。

18年度，21年度に行っているが，減少している「子どもの友だちの親」は18年度から21年度にかけての落ち込みが大きく，コロナ禍で人との接触が減っていることが影響しているのかもしれない。

　メディアに関しては，「テレビ」「新聞」といった従来からあるマス・メディアが子どもの学校段階を問わず10ポイント以上減らしているのに対して，「インターネットの情報サイト」が20ポイント前後，「インターネットの掲示板・ブログ・SNS」が10ポイント前後増加した。2015年度は「テレビ」がメディアの中でもっとも利用される情報源だったが，21年度は「インターネットの情報サイト」にトップの座を譲っている。この間，情報収集の仕方にも大きな変化があったようで，一般に広く供される情報よりも，自分に必要な情報を検索して調べられるメディアを多く利用するようになっている。

②社会観
　それでは，こうした情報源の変化に伴って，子育てにかかわる意識・行動は変化しているのだろうか。まずは，社会観について，1）人材観（就職で求められる人材は変わるかどうか），2）学歴観（学歴が今以上に重視されるようになるか

1) 人材観　【A】社会の変化によって「就職で求められる人材」は大きく変わる
　　　　　　【B】社会が変化しても「就職で求められる人材」は大きくは変わらない

2) 学歴観　【A】「学歴」は今以上に重視される
　　　　　　【B】「学歴」は今より重視されなくなる

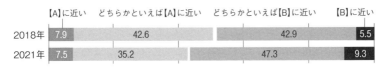

3) 努力観　【A】「経済的な格差」は努力すれば乗り越えられる
　　　　　　【B】「経済的な格差」は努力しても乗り越えにくい

※学校段階によるサンプル数の偏りを補正するため，小1～3生，小4～6生，中学生，高校生
　のそれぞれの保護者が，1:1:1:1になるように重みづけを行った。
※「無回答・不明」があるため，合計が100%にならない。

図5-2　社会観（全体）

どうか），3) 努力観（「経済格差」は努力すれば乗り越えられるかどうか）の3点
を確認する。この質問は，2018年度調査以降でたずねているため，18年度と
21年度を比較する形で図5-2に推移を示した。なお，ここでは，子どもの学
校段階による差が小さく，同じ傾向だったため，全体の数値のみを示す。

　これをみると，1) 人材観については，もともと「【A】社会の変化によって
「就職で求められる人材」は大きく変わる」が多かったが，足かけ4年を経て
さらに増加し，8割以上が選択するようになった。社会で求められる人材は変
化していると認識する保護者が多数を占める。2) 学歴観については，2018年
度調査では，「【A】「学歴」は今以上に重視される」と「【B】「学歴」は今より
重視されなくなる」が半々に分かれていたが，21年度調査では【B】が増加し

て6:4になった。今後，学歴の価値は下がると予想する保護者が増えた。3) 努力観では，18年度調査の時点から「【A】「経済的な格差」は努力すれば乗り越えられる」よりも「【B】「経済的な格差」は努力しても乗り越えにくい」のほうが多かったが，さらに【B】が増加した。努力の効果に対する信念が，薄らいでいる。

　こうした社会観の変化が，今後，どのように推移するかとともに，これらの意識が子どもへの働きかけや教育選択にどのような影響を与えるかを，注視していく必要がある。

③教育意識

　次に，保護者の教育意識である。保護者の教育意識は，子育てやしつけ，教育投資・選択などの教育行動を左右し，子どもの価値観の形成や進路，学業達成などにも影響していると考えられる。それは，保護者自身の社会経済的な地位（SES）とも密接に関連しており，結果として子どもに保護者のSESに特有の価値観や志向を伝達することにつながる（卯月，2004；髙橋，2017；後藤・石橋，2020）。その意味でも，どのような保護者がどのような価値観をもつのかを明らかにしていくことが重要であるが，ここでは大きな趨勢として保護者の教育意識がどのように変化しているのかをみていこう。

　表5-9は教育意識について，学校段階別に経年変化をまとめたものである。無印のものは2015年度と21年度を比較しているが，★印は17年度と21年度，▲印は18年度と21年度の比較である。「知識以外の多様な力（思考力・判断力・表現力など）を身につけさせたい」と「子どもには今のうちにいろいろな体験をさせたい」の2項目は9割超，「実際の場面で使える英語力を身につけさせたい」も8割前後の肯定率で，経年でも変化がない。「子どもには厳しいしつけや教育も必要だ」は，いずれの学校段階でも10ポイント以上減少した。また，「多少無理をしても子どもの教育にはお金をかけたい」と「できるだけいい大学に入れるように成績を上げてほしい」の2項目も減少傾向である。ベースとなる資質・能力やそれを支える体験などの重視は変わっていないようだが，厳しいしつけや教育を重視する意識は緩和され，無理な教育投資や高学歴志向などもわずかに弱まっているようだ。社会の変化に伴い，保護者の社会観も変わり，それに影響されて子育てや教育で重視することも変わってきている

表 5-9 教育意識（子どもの学校段階別）

	小1〜3生			小4〜6生			中学生			高校生		
	2015年	2021年	変化	2015年	2021年	変化	2015年	2021年	変化	2015年	2021年	変化
知識以外の多様な力（思考力・判断力・表現力など）を身につけさせたい（▲）	95.1	97.1	2.0	95.5	96.1	0.6	93.9	95.3	1.4	94.3	94.7	0.4
子どもには今のうちにいろいろな体験をさせたい	95.4	96.6	1.2	93.4	94.5	1.1	91.9	93.0	1.1	90.2	92.5	2.3
実際の場面で使える英語力を身につけさせたい（▲）	80.1	81.9	1.8	80.7	81.4	0.7	81.0	82.0	1.0	78.3	78.5	0.2
子どもには厳しいしつけや教育も必要だ（★）	70.3	57.5	-12.8	68.9	56.5	-12.4	65.6	54.0	-11.6	61.9	45.4	-16.5
多少無理をしても子どもの教育にはお金をかけたい	62.3	54.8	-7.5	63.2	58.7	-4.5	70.2	65.0	-5.2	74.4	68.2	-6.2
できるだけいい大学に入れるように成績を上げてほしい	58.4	53.8	-4.6	60.9	57.6	-3.3	65.3	61.4	-3.9	69.2	60.2	-9.0
子どもの教育・進学面では世間一般の流れに乗り遅れないようにしている	50.4	53.9	3.5	49.0	49.8	0.8	53.2	52.9	-0.3	51.4	47.7	-3.7
子どもが大人になったとき自立できるか不安である	48.5	50.4	1.9	49.4	51.7	2.3	53.7	51.3	-2.4	53.4	52.7	-0.7

※数値は，「とてもあてはまる」と「まああてはまる」の合計（％）。

※★印は，「2017年度からの調査項目であるため，17年度と21年度の数値を示している。また，▲印は2018年度からの調査項目であるため，18年度と21年度の数値を示している。

※変化は，初回にたずねた年度の調査と21年度調査の差。

のかもしれない。

④子どもへのかかわり

　最後に，子どもへのかかわりの変化を確認する。表5-10では，「とてもあてはまる」と回答した比率を表示した。

　まず，しかる，ほめるといった基本的な賞罰であるが，「悪いことをしたと

表5-10 子どもへのかかわり（2015年〜2021年，学校段階別）

	小1〜3生			小4〜6生			中学生			高校生		
	2015年	2021年	変化	2015年	2021年	変化	2015年	2021年	変化	2015年	2021年	変化
悪いことをしたときにしかる	78.4	76.3	-2.1	74.3	69.5	-4.7	66.6	57.8	-8.8	55.4	47.4	-8.0
いいことをしたときにほめる	62.7	69.2	6.5	54.0	60.1	6.1	46.9	49.1	2.2	42.8	44.7	1.9
子どもがやりたいことを応援する	45.6	56.4	10.8	48.0	52.1	4.1	48.4	47.7	-0.7	51.4	49.5	-1.9
失敗したときにはげます	38.9	44.2	5.2	35.9	37.7	1.8	32.6	29.3	-3.3	32.8	28.1	-4.7
何にでもすぐに口出しをする	15.5	12.0	-3.5	18.4	13.9	-4.5	18.9	12.6	-6.3	14.2	10.3	-3.9
勉強の内容を教える	49.5	47.7	-1.7	19.9	11.7	-8.2	10.0	5.7	-4.2	3.3	2.4	-0.9
勉強の面白さを教える	31.7	36.6	4.9	10.1	9.1	-1.0	7.9	6.0	-1.9	5.0	3.9	-1.1

※「とてもあてはまる」の％。

※変化は，2015年度調査と21年度調査の差。

きにしかる」は中高生の保護者を中心に減少傾向，「いいことをしたときにほめる」は小学生の保護者を中心に増加傾向であり，前項でみたような「厳しくしつや教育も必要」といった意識の減退と連動して，全体にしかるよりもほめる教育にシフトしているようだ。「子どもがやりたいことを応援する」も，小学生の保護者で増えている。これに対して，「何でもすぐに口出しをする」は減少している。勉強に関するかかわりは，子どもの学校段階が進むにつれて減少する。経年では，「勉強の内容を教える」で小4〜6生と中学生の保護者が減少している。

5. まとめと研究上の課題

本章では，「子どもの生活と学びに関する調査」（ベースサーベイ）の内容のうち，保護者にたずねている項目に関して2015年度調査（Wave 1）から2021年度調査（Wave 7）までの結果を紹介し，保護者の子育てや教育にかかわる環境や意識・行動について7年間の変化をみてきた。最後に，調査結果からわかることをまとめ，そこから得られる示唆を述べる。

(1) 保護者の子育て環境の変化に関して

7年間の変化をみると，母親の就労状況でもっとも多いのは「パートタイム」であることは変わりないが，「無職（専業主婦など）」の割合が減少し，「フルタイム」の割合が増加していた。この傾向は，子どもの学齢が小さい（年齢が若い）保護者ほど顕著である。このことから，育児期の母親が仕事に復帰するもっともメジャーなパタンは「パートタイム」であるが，全体では早期に「フルタイム」に復帰する母親が増えているといえる。国は2023年度現在，"異次元の少子化対策"と銘打って子育て支援策を検討し，行政や企業なども子育て期にある家族の支援を進めつつある。しかし，かつてと比べて親族や近隣の人々の直接的な支援が難しくなり，さらにコロナ禍をきっかけにママ友・パパ友といった同世代の仲間との助け合いも希薄になっている今日，経済支援にとどまらず，子育て期にかかる諸々の負担を直接的に軽減する手立てを講じる必要がありそうだ。

その際に考慮すべきなのは，父親の家事・育児の分担である。調査からは，

働く母親が増加しているにもかかわらず，依然として家事・育児の多くを母親が負担していることが明らかになった。家事の負担については「母親が10割」（すべて母親が負担）が10ポイント程度減少して4割になり，わずかに父親の負担も増えていた。だが，大部分の家事は母親によって担われている大勢に変化はなく，育児の分担についてはこの7年間でほとんど変化がみられなかった。家庭内の分担は成員間で決定されることではあるとはいえ，母親の負担軽減と同時に，父親の家事・育児への参加を促す対策が求められる。もちろん，父親の長時間労働の是正や育児休暇の取得率の向上のように，父親や雇用主に働きかけることは重要である。父親の平均の帰宅時間は，「21時よりもあと」という回答がやはり10ポイント程度減少し，これもわずかに改善はされた。しかし，大勢に変化がない状況は同様である。同じ正社員・正職員であっても女性の給与水準は男性の77.6％にとどまっており（厚生労働省「賃金構造基本統計調査」2021年の数値），こうした男女間の格差の構造自体を改善していくことが必要だろう。さらには，社会には性別役割分業にかかわるアンコンシャス・バイアスが多く存在しており（中坪ほか，2019），ジェンダー平等を実現するために教育が果たす役割も大きいと考える。

(2) 子育てにかかわる意識・行動の変化に関して

　保護者がどのような情報源を頼りに子育てしているかについては，この7年間で一定の変化がみられた。パーソナルネットワークでは，同居の家族が増加する一方で，ママ友・パパ友のような同じ立場の友人の選択率が減少している。また，メディアでは，テレビや新聞などの従来メディアから，インターネットを中心とする情報収集への転換が進んだ。このような情報収集行動そのものの変化は，子育てや教育に関する情報にとどまらないと考えられるが，実際の意識や行動にどのような影響を及ぼすのかについて，今後，検討していく必要があるだろう。

　社会の変化にかかわる意識では，社会で求められる人材が変化し，学歴が重視されなくなるといった意識が強まっていた。また，教育にかかわる意識では，厳しいしつけや教育を重視する傾向が弱まり，無理な教育投資や高学歴を志向するような傾向も弱まっている。さらに，行動面では，しかるよりもほめる，口出しを控えて子どものやりたいことを応援するといった子どもの主体性を尊

重する姿勢が強まっていた。こうした変化がコロナ禍の影響による一時的なものなのか，それとも長期にわたり継続するものなのかを注視する必要がある。

(3) 研究上の課題

調査の継続とともに，今後，検討していくべき研究上の課題は，以下の3点である。

本章では，項目ごとの経年変化を単純に比較してきたが，一つは，各項目の関連を明らかにする必要がある。たとえば，子育て環境の変化が意識や行動にどのような影響を与えているのか，どのような意識のあり方が保護者の働き方に影響するのかといった変数間の構造から，状況を立体的に描き出すことが求められる。二つめは，個人の変化をとらえることである。本稿では，異なる個人の時代による変化を記述したが，保護者自身も成長とともに，また，子どもの成長に合わせて意識や行動を変えている。個人の変化が何に由来するのか，変化がどのような変化を引き起こすのかも，考察すべき重要な観点である。三つめは，子どもへの影響の分析である。親子のダイアド・データであるというこのパネル調査の特徴を生かして，保護者の意識や子育てのあり方が子どもにどのような効果を持つのか，また，その変化が子どもにどのような影響を与えるのかを検討する必要がある。さらに，親子の相互作用の観点から，子どもの状態が保護者の意識・行動を左右する可能性も考えられる。そのような親子のダイナミックな成長の営みをとらえる研究が続くことを期待したい。

参考文献

荒牧草平，2019，『教育格差のかくれた背景——親のパーソナルネットワークと学歴志向』勁草書房．

後藤崇志・石橋優也，2020，「親の学習観が子の学業達成に果たす役割についての文化的再生産論に基づく検討」『パーソナリティ研究』28(3)，187-197．

可知悠子，2020，「父親の育児参加の促進・阻害要因とストレスへの影響に関する研究」令和2年度 厚生労働科学研究費補助金（成育疾患克服等次世代育成基盤研究事業（健やか次世代育成総合研究事業））分担研究報告書．

河田承子・高橋薫・山内祐平，2013，母親の情報収集力と育児情報活用に関する研究」『日本教育工学論文誌』37（Suppl.），125-128．

木村治生，2022，「ダイアド・データを用いて親子のリアリティを把握する——『子どもの生活と学びに関する親子調査』の試みから」『社会と調査』28，

　　5-12.

松田茂樹，2006，「近年における父親の家事・育児参加の水準と規定要因の変化」
　　『季刊家計経済研究』71，45-54．

内閣府，2022，『令和 4 年版　少子化社会対策白書』．

中坪史典・木戸彩恵・加藤望・石野陽子，2019，「女性・母親に向けられるアン
　　コンシャス・バイアスという眼差し」『広島大学大学院教育学研究科紀要
　　第三部』68，19-26．

志水宏吉，2014，『「つながり格差」が学力格差を生む』亜紀書房．

髙橋均，2017，「ペアレントクラシー化と『子ども社会』の現在──保護者の子
　　育て・教育意識調査から」『子ども社会研究』23，23-39．

天童睦子，2013，「育児戦略と見えない統制──育児メディアの変遷から」『家
　　族社会学研究』25(1)，21-29．

外山紀子・小舘亮之・菊地京子，2010，「母親における育児サポートとしてのイ
　　ンターネット利用」『人間工学』46(1)，53-60．

卯月由佳，2004，「小中学生の努力と目標──社会的選抜以前の親の影響力」，
　　本田由紀（編）『女性の就業と親子関係──母親たちの階層戦略』勁草書房，
　　114-132．

第6章

卒業時サーベイ（高3生調査）にみる進路選択の変化

佐藤　昭宏

1．本章の目的

　「子どもの生活と学びに関する親子調査」では，毎年行う調査（ベースサーベイ）のほかに高校卒業時点で子どもがどのような状態にあるかを捉えるために，卒業間近の高校3年生を対象に今後の進路（進学，就職を含む）や将来意識，自立度についてたずねた「卒業時サーベイ」を実施している。この調査は2014年度（Wave 0，試行調査）から2021年度（Wave 7）にかけての生徒の進路選択行動や意識の変化を確認しており，本章ではこのデータを中心に論じていく。最初に，本調査期間の生徒の進路選択や将来展望に関わる社会変化をおさえておこう。

　1つ目は，大学入試改革の影響である。文部科学省は，これからの社会を力強く生き抜く子どもたちの育成に向けて，入試で問われる資質・能力も変化する必要があるとの判断から，知識・技能の習得状況を問う問題だけでなく，知識・技能を活用し，思考力や判断力を発揮して解く問題をより多く取り入れた「大学入学共通テスト（以下，共通テスト）」への切り替えを行った。各大学で実施される個別選抜試験についても，アドミッションポリシーに基づき，書類審査や面接を通じた丁寧な選抜を行うようになり，私立大学では推薦入試（学校推薦型選抜）やAO入試（総合型選抜）を通じて進学する学生が増加の一途をたどっている。こうした入試の変化が，高校生の学習行動や進路意識に影響を与えている可能性がある。

　2つ目は，新型コロナウイルスの感染拡大の影響である。総務省が公開した

「情報通信白書（令和3年）」によれば，2020年の実質GDP成長率は，過去の
オイルショックやリーマンショックを上回る大幅な落ち込みであったことが報
告されており，新型コロナウイルスの感染拡大は，日本経済に深刻な打撃をも
たらした。こうした経済状況の悪化が，採用市場や家計などを経由して進路選
択に大きな影響を与えた可能性がある。また学習面では2020年5月から全国
一斉で実施された臨時休校措置によって，高校生の多くが自宅から授業に参加
し，対面授業とオンライン授業のハイブリッド形式で学習を強いられることと
なった。ベネッセ教育総合研究所が実施した「中高生のコロナ禍の生活と学び
に関する実態調査」によれば，「自分の自由になる時間が増えた結果，将来や
進路を考える機会になった」など通学時間や一斉授業がなくなったことをポジ
ティブに捉え，時間を有効に活用することができたと捉えている生徒がいる一
方，自分ひとりで家庭学習を進めることの困難さに直面した生徒が存在したこ
とが報告されており（ベネッセ教育総合研究所，2022），該当期間の学習への取り
組みが，その後の進路選択に影響を与えた可能性がある。

　以上のような社会変化をふまえ，以降の節では，大きく以下の2つの問いに
対してデータを紹介しながら，読み解いていく。

問1. 高校生の進路選択行動はどのように変化したのか

　新型コロナウイルスの影響は，上述した感染拡大期間中の学習や進路指導の
あり方を変化させただけでなく，これまでの学習指導や進路指導を問い直すと
いう意味でも大きな影響をもたらした。そこで2017年度と21年度の進路選択
行動や意識を進路別に比較することで，何が変化し，何が変化していないのか
を明らかにし，今後の高校生の進路選択行動のあり方を検討していくための手
がかりの獲得を目指す。

問2. 多様な入試方法はどのような学生の確保につながっているのか
——入学者の意識や資質・能力面での特徴の確認

　もう1つは入試方法による入学者の資質・能力面での特徴の違いの確認であ
る。高卒後の進路選択について，日本の高校には高校入学時の教科学力（入試
難易度）を軸とした階層構造が存在していること（岩木・耳塚，1983）や，高校
間格差に基づく教育や進路指導が，その後の生徒の進路選択や進学に関するア

スピレーションを強く規定していること（竹内，1995）などが明らかにされてきた。2000年代になると，高校段階でどのような種類の学校（進学校等）に在学するかが，在学中の勉強時間の長さや卒業後の進路，さらにはその後の社会的地位達成などにも影響しており，ひとたびその「トラック」が決定されると，入れ替わりが困難であることなどが指摘され，大学進学に対する高校段階（特に進学校）の規定力はさらに強まった（海野・片瀬編，2008）との見方がなされてきた。

　しかしながら大学受験競争が激しかった2000年代以前の状況と比べると，大学進学を取り巻く状況は大きく変化している。2009年以降2018年まで横ばいだった18歳人口は2018年以降急速に減少し，「大学全入時代」を超えて，近年は大学の統廃合が話題となっている。このような生徒が進学先の大学を選べる時代において，資質・能力面で質的に異なる学生を大学に迎えるべく大学は多様な選抜を設定するようになってきている。しかしながら，これらの入試の変化が，実際に資質・能力面でどれだけ多様な学生の受け入れにつながっているのか，その実態は明らかにされていない。よって，本調査データを用いることで試行的に確認を試みたい。

2. 調査項目

　卒業時サーベイの主な調査項目は以下の通りである。

(1)「卒業時サーベイ」の主な調査項目
1) 高校生活に関する項目
　①さまざまな活動への取り組み状況，②勉強時間や成績（学校・模擬試験），③高校生活の振り返り
2) 進路に関する項目
　①4月からの進路先：進路先，入試方法，希望した進路の実現度，
　②進路決定プロセス：進路決定で参考にしたこと，影響した人・こと・情報，
　③進路選択プロセス：進路を意識した時期，進路選択時の悩み，進路選択に関する行動

3) 将来へのイメージ

　①大学でしたいこと，大学受験に対する考え，②将来展望

4)「自立」に関する自己評価

(2) 各年度の調査対象者の基本属性

　最初に，表6-1から各年度の調査対象者の基本属性の違いを確認しておこう。年度を通してみると，2018年度調査において，男子の比率が高い，学科別では普通科の比率が低いなどの若干の違いは確認されるが，年度間の違いは小さなものにとどまり，比較的安定したデータ取得ができていることがわかる。次に本調査対象者の基本属性の偏りを把握するために，文部科学省が毎年実施している学校基本調査や内閣府の人口推計データにおける調査対象者の基本属性との差異を確認した。2014年度調査以降，卒業時サーベイでは一貫して女子の比率が高く，男子が低い傾向にあるが，内閣府の人口推計データ（男女別人口及び割合，年齢，15〜19歳）では，2015年以降，男子51%，女子49%の

表6-1　卒業時サーベイ（各年度）の回答者の基本属性

(%)

		2014年度 (Wave 0)	2017年度 (Wave 3)	2018年度 (Wave 4)	2020年度 (Wave 6)	2021年度 (Wave 7)
	N	483	975	1014	991	894
子どもの 性別	男子	43.9	47.9	49.5	44.7	46.6
	女子	55.1	52.0	50.1	55.2	53.1
	無回答	1.0	0.1	0.4	0.1	0.2
高校の 学科	普通科	79.1	83.3	76.9	80.9	83.3
	工業科	4.3	4.4	3.8	4.8	3.6
	商業科	4.6	3.0	6.1	3.3	2.8
	総合学科	3.3	3.7	4.2	2.7	3.2
	その他	7.5	5.3	8.2	7.8	6.7
	無回答	1.2	0.3	0.7	0.4	0.3
模擬試験の 成績	下の方	—	7.2	8.0	6.4	6.5
	真ん中より下	—	19.1	18.7	17.1	17.8
	真ん中くらい	—	24.4	22.4	25.2	25.5
	真ん中より上	—	20.5	20.3	18.9	19.6
	上の方	—	7.7	8.7	7.6	7.4
	わからない/受けていない	—	20.8	20.8	24.4	22.8
	無回答	—	0.3	1.1	0.5	0.4

※2015年度は「卒業時サーベイ」を行っていない。
※2016年度と19年度は，規模を縮小しての実施だったため，本章の分析では扱わない。
※2014年度調査では，「模擬試験の成績」をたずねていない。

比率を維持しており，卒業時サーベイは実態よりも女子の回答をより強く反映している可能性がある。

　次に高校の種類（学科）と分布をみてみよう。学校基本調査（文部科学省，平成27年度）では，普通科は72.8%，工業科や商業科を含む専門学科は18.7%，総合学科は5.3%となっており，令和4年度の同調査データをみても普通科の比率は73.6%と大きな変化は見られない。それに対し，本調査の普通科の比率は，2018年度調査を除き，8割前後で推移しており，より普通科の生徒を多く含むデータであることがわかる。

　最後に，進路についても確認しておこう。図6-1は4月からの進路を示したものである。学校基本調査をみると，2014年度と21年度の大学・短期大学等への現役進学率は，それぞれ53.9%,57.5%であり，6割を下回っている。一方，本調査における大学・短期大学の現役進学率は，14年度は67.9%（4年制大学62.1% + 短大5.8%），21年度は67.5%（4年制大学63.9% + 短大3.6%）となっており，統計よりも10ポイント程度高い。また図表は省略するが，性別でみると，男子で「大学等の進学準備」が多い，女子で「短期大学」進学が多い，といった特徴がある。よって単純な「実態の縮図」とは捉えきれないが，本調査データから得られる知見の最大のメリットは，進路や将来に対する意識がどのような変数と関連しているか，変数間の関連性や時系列の変化の特徴を掴むことにある。以下の節では，これらの点を踏まえ，主に2017年度と21年度の

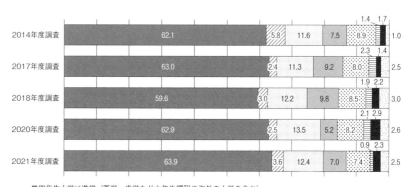

図6-1　4月からの進路

データを使用し，変化を確認していく。

3. 主な結果——2017年度・21年度「卒業時サーベイ」の経年比較

(1) 高校生の進路選択行動はどのように変化したのか

①4月からの進路の希望度

　本節では，2017年度と2021年度の4年制大学進学者と専門学校進学者別に進路選択行動の違いを確認していく。図6-2は，4月からの進路希望度について示したものである。まず4年制大学進学者の結果をみると，2017年度調査では「もっとも希望していた進学先や就職先だった」と回答した比率が54.3％であったが，21年度調査では62.9％と8.6ポイント増加している。一方，「他に行きたい進学先や就職先があった」の比率は17年度の36.8％から21年度では23.6に減少している（13.2ポイント減）。同様に，専門学校進学者の結果をみると，「もっとも希望していた進学先や就職先だった」と回答した比率が77.4％（17年度）から82.0％（21年度）に増加し，「他に行きたい進学先や就職先があった」の比率は12.9％（17年度）から3.6％（21年度）に減少している。以上の結果から，いずれの進路においても，生徒はかつてより自分が希

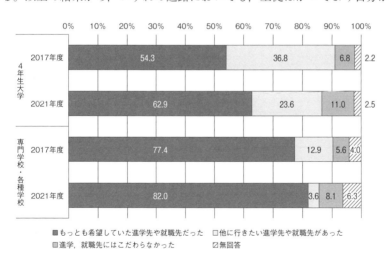

※サンプルサイズの問題から短大を除く4年制大学進学者のみで数値を算出している。

図6-2　4月からの進学先の希望度（4年制大学／専門学校・各種学校別）

望した進路を実現しやすくなっている可能性がうかがえる。

②進学先の大学・学校の入試方法

　では生徒はどのような方法で希望進路を確定させているのだろうか。ここでは入試方法の変化について，4年制大学と専門学校に進学した生徒を中心に確認してみよう（表6-2）。まず大学進学者について確認したところ，2021年調査では，一般入試（一般選抜，共通テスト利用を含む）がもっとも多く48.5％，次に指定校推薦が19.1％，AO入試（総合型選抜）が11.0％と続いている。17年度と比較すると，一般入試が14年度比で8.3ポイント減少，一般推薦が1.9ポイント減少しているのに対し，指定校推薦は3.6ポイント増加，AO入試は4.2ポイント増加している。

　次に専門学校進学者の利用した入試方法を確認してみよう。2017年度と21年度の変化をみると，指定校推薦や一般推薦が減少し，それを補う形でAO入試の利用傾向が強まっており，21年度調査ではAO入試（総合型選抜）の利用者が42.3％と4割を超えている。一般入試の利用者は14％前後で大きな変化は見られない。

　4年制大学では，半数以上を占めていた一般入試が減少し，指定校推薦やAO入試といった別の入試方法の利用者が増加していることから，相対的に入試方法は多様化していると言える。ただし，それにともなって，希望進路の絞り込みや決定の時期は全体的に早期化している可能性がある。専門学校では，一般推薦，指定校推薦の減少をAO入試が埋め合わせる形で増加しており，

表6-2　進学先の入試方法（4年制大学／専門学校・各種学校別）

	4年制大学			専門学校・各種学校		
	2017年度調査	2021年度調査	ポイント差	2017年度調査	2021年度調査	ポイント差
一般入試（大学入学共通テスト利用含む）	56.8	48.5①	-8.3	13.8	14.4③	0.6
指定校推薦	15.5	19.1②	3.6	21.1	17.1②	-4.0
AO入試（総合型選抜）	6.8	11.1③	4.2	36.7	42.3①	5.6
一般推薦	12.2	10.3	-1.9	15.6	11.7	-3.9
附属校からの進学	4.7	7.0	2.3	0.0	0.0	0.0
その他	2.3	2.7	0.4	10.1	9.0	-1.1
無回答	1.6	1.4	-0.2	2.8	5.4	2.6

※項目は4年制大学の回答の昇降順に並べ，上位5位までに①～⑤の番号を付している。

高校経由の進学というルートがやや弱まりつつあるように見える。

③進路決定にあたり参考にしたこと

　では入試方法の変化に伴い，進路決定にあたって参考にした情報や内容も変わっているのだろうか。同じく4年制大学と専門学校に進学した生徒を中心に確認してみたい。表6-3は2017年度と2021年度調査の2時点の「進路決定にあたり参考にしたこと」を示したものである。4年制大学進学者の結果をみると，17年度，21年度ともに「自分の成績」「卒業後の進学・就職の実績」「将来就きたい仕事」が上位3位となっている。一方，2時点の変化幅でみると「カリキュラムや授業の内容」（＋4.4ポイント），「部活動やサークル活動などでの経験」（＋3.3ポイント），「資格や免許が取れること」（＋3.0ポイント）が増加し，「大学・学校の偏差値が高いこと」（－4.8ポイント）が減少している。

　では専門学校・各種学校の傾向はどうだろうか。2時点とも，共通して上位にあがっているのは「将来就きたい仕事」「資格や免許が取れること」「卒業後の進学・就職の実績」「カリキュラムや授業の内容」などである。一方，2時点の変化幅が大きかった項目は，「資格や免許が取れること」（＋12.0ポイント），「自分の成績」（－14.9ポイント），「経済的な負担の少なさ」（－9.3ポイント）などであった。新型コロナウイルスの感染拡大に伴う経済状況の悪化などが，4

表6-3　4月からの進路決定にあたり参考にしたこと
（4年制大学／専門学校・各種学校別）

	4年制大学			専門学校・各種学校		
	2017年度調査	2021年度調査	ポイント差	2017年度調査	2021年度調査	ポイント差
自分の成績	88.3	89.5①	1.2	71.6	56.7	－14.9
卒業後の進学・就職の実績	81.9	82.4②	0.5	91.7	88.3③	－3.4
将来就きたい仕事	78.9	81.3③	2.4	93.6	98.2①	4.6
カリキュラムや授業の内容	76.7	81.1④	4.4	87.1	81.9④	－5.2
資格や免許が取れること	66.4	69.4⑤	3	81.7	93.7②	12.0
通学のしやすさ	61.1	63.4	2.3	70.7	74.7⑤	4.0
大学・学校の偏差値が高いこと	67.3	62.5	－4.8	26.6	20.7	－5.9
建学の理念や校風	55.2	54.1	－1.1	61.4	64.8	3.4
経済的な負担の少なさ	51.2	48.7	－2.5	61.5	52.2	－9.3
部活動やサークル活動での経験	30.3	33.6	3.3	29.4	29.7	0.3

※項目は4年制大学の回答の昇降順に並べ，上位5位までに①～⑤の番号を付している。

年制大学，専門学校進学者共に，将来就きたい仕事や資格や免許取得など，実利的な側面を重視する傾向を強めた可能性がある。

④進路決定にあたり影響を受けた人・情報

　続けて，進路決定にあたり影響を受けた人・情報に関する結果（表6-4）をみてみたい。まず4年制大学の傾向をみると，「大学・学校の情報（ホームページなど）」「母親」「高校の先生」が上位3位にあがっており，17年度から大きな変化は見られない。唯一「オープンキャンパス」を参考にする比率が69.5％（17年度）から53.9％（21年度）に減少しているが，これは新型コロナウイルスの感染拡大に伴い，オープンキャンパスが事前予約制や時間短縮になり，地域移動を伴う遠方からの参加が一時的に減少したことなどの影響が考えられる。

　一方，21年度に専門学校・各種学校の上位にあがっているのは「オープンキャンパス」「母親」「大学・学校の情報（ホームページなど）」である。2時点の変化をみると，専門学校では，「大学・学校の情報（ホームページなど）」（＋13.4ポイント）や「オープンキャンパス」（＋11.3ポイント）の比率が上昇しているが，元々地元からの進学希望者が多いことや学校規模の関係から個別対応や少人数対応がしやすいことから，新型コロナウイルスの感染拡大の影響は相

表6-4　4月からの進路決定にあたり影響を受けた人・情報
（4年制大学／専門学校・各種学校別）

	4年制大学			専門学校・各種学校		
	2017年度調査	2021年度調査	ポイント差	2017年度調査	2021年度調査	ポイント差
大学・学校の情報（ホームページなど）	75.7	77.2①	1.5	56.8	70.2③	13.4
母親	75.7	76.5②	0.8	79.8	73.8②	−6.0
高校の先生	70.0	72.7③	2.7	62.4	45.0④	−17.4
オープンキャンパス	69.5	54.1④	−15.4	68.8	80.1①	11.3
父親	51.8	53.9⑤	2.1	39.4	34.2	−5.2
友だちや先輩	51.0	47.4	−3.6	44.0	42.3⑤	−1.7
塾や予備校の先生	42.3	40.8	−1.5	11.1	10.8	−0.3
きょうだい	24.4	24.0	−0.4	21.1	24.3	3.2
就職ガイドブック	21.2	20.3	−0.9	24.7	31.5	6.8
会社説明会や職場の見学会	13.9	15.4	1.5	29.4	37.8	8.4
学校に来た求人票	9.5	10.5	1.0	15.6	16.2	0.6

※項目は4年制大学の回答の昇降順に並べ，上位5位までに①～⑤の番号を付している。

対的に小さく，一時的に影響を受けた人の比率が高まったのかもしれない。また，「高校の先生」（−17.4 ポイント）からの影響が下がっている。要因として専門学校進学にあたっての入試選抜のハードルの低さや新型コロナウイルスの感染拡大下における4年制大学進学者への対応に伴うサポートの相対的低下などが考えられるが，本結果からその要因を明らかにすることは難しい。いずれにしても4年制大学進学者と専門学校進学者とでは，進路決定にあたっての人や情報からの影響の受け方に異なりがあると言えそうだ。

⑤将来展望

　表6-5は，将来展望に関する経年比較の結果を示したものである。最新の2021年度の調査結果をみると4年制大学，専門学校進学の双方とも，「趣味を楽しむ」「家族の幸せを大切に暮らす」「経済的に自立したい」の項目が上位5位に入り，それぞれ9割前後の回答比率となっている。一方，下位3位は「出世して高い地位につきたい」「リスクがあっても高い目標にチャレンジする仕事をしたい」「世界で活躍したい」でいずれも5割を切っており，2時点の変化幅でみると，4年制大学進学者では，「出世して高い地位に就きたい」（−7.6ポイント），「世界で活躍したい」（−6.3ポイント）が減少し，専門学校進学者で

表6-5　将来展望（4年制大学／専門学校・各種学校別）

	4年制大学			専門学校・各種学校		
	2017年度調査	2021年度調査	ポイント差	2017年度調査	2021年度調査	ポイント差
自分の趣味を楽しんで暮らしたい	95.9	96.8 ①	0.9	95.1	96.4 ①	1.3
自分の家族の幸せを大切に暮らしたい	94.1	93.9 ②	−0.2	87.9	92.7 ③	4.8
親から経済的に自立したい	93.2	92.6 ③	−0.6	88.7	87.3 ⑤	−1.4
暮らしは人並みでも安定した仕事をしたい	87.9	87.2 ④	−0.7	84.7	84.7	0
お金持ちになりたい	81.9	79.0 ⑤	−2.9	82.2	74.7	−7.5
社会のために貢献したい	75.3	77.1	1.8	61.2	69.3	8.1
資格を生かした仕事をしたい	76.6	45.6	−1.0	87.9	93.7 ②	5.8
就職できるか不安だ	62.2	64.5	2.3	52.4	58.5	6.1
将来就きたい職業がはっきりしている	57.6	54.3	−3.3	82.3	91.0 ④	8.7
地元で仕事や生活をしたい	53.3	52.2	−1.1	43.5	56.7	13.2
出世して高い地位につきたい	56.8	49.2	−7.6	43.6	37.8	−5.8
リスクがあっても高い目標にチャレンジする仕事をしたい	45.8	45.0	−0.8	38.7	40.5	1.8
世界で活躍したい	41.5	35.2	−6.3	30.7	24.3	−6.4

※項目は4年制大学の回答の昇降順に並べ，上位5位までに①～⑤の番号を付している。

も，「出世して高い地位に就きたい」（−5.8ポイント），「世界で活躍したい」（−6.4ポイント）と減少している。専門学校進学者については「お金持ちになりたい」（−7.5ポイント）の低下も目立つ。またNHKの文化放送研究所（2022）が行った「中学生・高校生の生活と意識調査2022」では，「日本の将来は明るい」に対する「そう思わない」の回答比率が82.7％と高い一方，「あなたは，今，自分を幸せだと思っていますか」に対する「とても幸せだ＋まあ幸せだ」の回答比率も87.9％と高いことが明らかになっている。長引く経済停滞や自然災害など，明るい未来を描きにくい社会状況のなかで，リスクを取ったチャレンジよりも，身近な社会や人とのつながりを重視し，現実的な将来を望む傾向がより強化されている可能性がある。あるいは，上述したような身近な幸せを大切に生きる将来を実現することのハードルが相対的に高くなってきているのかもしれない。

（2）多様な入試方法はどのような学生の確保につながっているのか
──入学者の意識や資質・能力面での特徴の確認

　ここまで4年制大学，専門学校進学の進路別に進路選択行動の変化を確認してきたが，本節では，大学進学者に限定し，入試方法の多様化がどのような学生の確保につながっているのかの実態について，木村（2023a，2023b）が先行して行った分析を基に深堀りを行う。

　前節では単に希望進路の実現度が高まっているだけでなく，一般入試が減少し，指定校推薦やAO入試（総合型選抜）が増加したことで，①結果として希望進路の絞り込みや決定が早期化していることや，②選抜基準の多様化（特に増加している指定校推薦や総合型選抜）が入学してくる学生の異質化につながっている可能性について述べた。

　関連する先行研究をみると，推薦入試と入学後の学びの関連を分析し，推薦，総合型選抜を利用した入学者の優れた資質（倉元・大津，2011；楠見ほか2016など）を肯定的に評価する研究がある一方，非エリート層を入学させるマス選抜の性格を持っている（中村，1996）ことや，進路決定できない生徒が利用する方法（西丸，2015）という否定的な評価の研究もあり，現段階でその効果は明確になっていない。そこで，入試方法の多様化が，具体的に誰に，どのように生じているのかを確認してみたい。

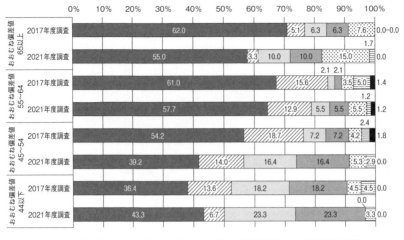

※回答者は、4年制大学進学者のみを抽出した。入試難易度は、回答者の自己評価による。

図6-3　入試方法（入試難易度別）

　まず進学先の入試難易度別に入試方法の利用に関する経年比較を行った。2017年度調査と2021年度調査の結果（図6-3）をみると、入試難易度による違いはあるが、全体傾向としては、一般入試の利用者が減少し、その減少を埋めるかたちで指定校推薦やAO入試（総合型選抜）の利用者が増加している。また入試難易度が高い「おおむね偏差値65以上」においては附属校進学が増加傾向にある。学生獲得競争が過熱する中で、一部の有名私立大学の附属校の開校や共学化、系属校化の動きが影響している可能性がうかがえる。入試方法や選抜基準が多様化したことと、より安定的に偏差値上位大学への進学を実現するルートを早期に得たい親子のニーズが組み合わさる形で、進路決定の「前倒し」が生じているのかもしれない。

　以上までに述べてきたように、大学進学に伴う入試や選抜のあり方は、その利用者をみる限り多様化しているわけだが、本章で最後に問いたいのは、多様化した入試方法は、本当に高大接続システム改革会議の「最終報告」で示されているような「筆記試験以外で主体性や協働性などの多様な資質・能力」を評価し、質的に違いのある学生を迎え入れることに成功しているのか、という点

表 6-6 分析対象

	発送数	回収数 (回収率)	大学 進学者数
2020 年度卒業時 サーベイ	1,449	991 (68.4%)	603
2021 年度卒業時 サーベイ	1,343	894 (66.6%)	648
合計	2,792	1,885 (67.5%)	1,251

※大学進学者数は，短期大学進学者（57 名）を含めている。

図 6-4 2020 年度・21 年度高卒生の類型化—— 進学先の入試難易度×入試方法

　である。以下ではその確認のため，卒業時サーベイとベースサーベイを結合させた木村（2023a, 2023b）の分析を引用する。木村は，2020 年度と 21 年度に高校を卒業した子どもの 2 ラインの「卒業時サーベイ」に，本調査が毎年 7 月から 8 月にかけて実施している「ベースサーベイ」（小 1 ～高 3 の親子約 21,000 組のダイアドデータのうち，中 1 ～高 3 データを使用）を結合させた 1,251 名の縦断データ（4 年制大学・短期大学に進学者）を作成し，この 1,251 名をさらに進学先の入試方法と入試難易度のかけ合わせにより類型化，進学者の特徴把握を試みている。その分析対象を示したものが表 6-6，高卒生の類型化が図 6-4 である。この類型と，中 1 から高 3 の進路選択に関わる意識や将来目標についての自己評価のトップボックス（4 件法のうち「とても好き」，「とてもあてはまる」のみ）の比率，および，平均学習時間（1 日当たりの「宿題」「宿題以外の家庭学習」「学習塾」の合計：分）のクロス分析を行うことで，入試難易度の群別に差（高低差で 5 ポイント以上）を確認した。その結果が表 6-7 である。

　結果をみると，入試難易度高群においては，「没頭経験」「挑戦心」「社会関心」「将来目標」「平均学習時間」等の多くの項目において，「総合・高群」と「一般・高群」「推薦・高群」の間で入学者の特徴の違いがみられ，その傾向は中 1 から高 3 まで一貫して出現していることが明らかになった。平均学習時間

表6-7　進路選択に関わる意識や資質・能力に関する自己評価【中1〜高3】
（進学先の入試難易度×入試方法の類型別）

			一般・高群	推薦・高群	総合・高群	一般・低群	推薦・低群	総合・低群
			272	110	30	181	146	68
勉強の好き嫌い	中1勉強好き	とても好き	12.2	11.5	10.3	7.2	6.6	6.3
	中2勉強好き	とても好き	8.5	3.0	10.3	5.7	2.3	6.7
	中3勉強好き	とても好き	10.4	7.1	8.7	3.2	1.6	5.1
	高1勉強好き	とても好き	8.8	9.8	13.0	2.7	2.3	3.8
	高2勉強好き	とても好き	11.1	6.5	4.0	2.1	3.2	1.8
	高3勉強好き	とても好き	11.5	15.1	8.7	2.7	1.6	5.2
没頭経験	中1：興味を持ったことに打ちこむ	とてもあてはまる	50.2	56.3	72.4	41.3	49.3	46.0
	中2：興味を持ったことに打ちこむ	とてもあてはまる	45.3	47.5	65.5	44.7	44.6	58.3
	中3：興味を持ったことに打ちこむ	とてもあてはまる	50.8	48.0	73.9	43.9	49.2	47.5
	高1：興味を持ったことに打ちこむ	とてもあてはまる	43.7	51.1	69.6	31.3	43.8	66.0
	高2：興味を持ったことに打ちこむ	とてもあてはまる	45.6	45.2	72.0	42.1	37.6	35.1
	高3：興味を持ったことに打ちこむ	とてもあてはまる	44.1	52.7	56.5	39.0	50.4	36.2
挑戦心	中1：難しいことや新しいことにいつも挑戦したい	とてもあてはまる	27.1	28.1	34.5	20.4	18.4	14.3
	中2：難しいことや新しいことにいつも挑戦したい	とてもあてはまる	24.7	21.2	31.0	17.0	22.3	18.3
	中3：難しいことや新しいことにいつも挑戦したい	とてもあてはまる	21.7	17.3	26.1	19.7	19.8	23.7
	高1：難しいことや新しいことにいつも挑戦したい	とてもあてはまる	12.6	14.1	30.4	8.8	11.5	11.3
	高2：難しいことや新しいことにいつも挑戦したい	とてもあてはまる	12.8	16.1	40.0	9.0	13.6	12.3
	高3：難しいことや新しいことにいつも挑戦したい	とてもあてはまる	15.0	21.5	21.7	9.6	11.0	13.8
社会関心	中1：社会の出来事やニュースに関心が強い	とてもあてはまる	15.3	22.9	41.4	12.0	9.6	7.9
	中2：社会の出来事やニュースに関心が強い	とてもあてはまる	15.8	12.1	20.7	12.6	13.8	13.3
	中3：社会の出来事やニュースに関心が強い	とてもあてはまる	19.6	11.2	30.4	10.8	13.5	16.9
	高1：社会の出来事やニュースに関心が強い	とてもあてはまる	17.2	18.5	30.4	11.6	8.5	13.2
	高2：社会の出来事やニュースに関心が強い	とてもあてはまる	16.4	19.4	28.0	12.4	12.8	12.3
	高3：社会の出来事やニュースに関心が強い	とてもあてはまる	18.1	22.6	26.1	15.8	15.7	17.2
将来目標	中1：将来の目標がはっきりしている	とてもあてはまる	24.7	31.3	34.5	22.8	22.1	23.8
	中2：将来の目標がはっきりしている	とてもあてはまる	15.8	19.2	27.6	18.9	15.4	23.3
	中3：将来の目標がはっきりしている	とてもあてはまる	17.1	23.5	39.1	20.4	20.6	23.7
	高1：将来の目標がはっきりしている	とてもあてはまる	16.3	21.7	34.8	17.7	13.8	24.5
	高2：将来の目標がはっきりしている	とてもあてはまる	17.3	19.4	36.0	19.3	19.2	19.3
	高3：将来の目標がはっきりしている	とてもあてはまる	19.4	35.5	30.4	28.1	26.8	34.5
平均学習時間	中1学習時間		99	104	138	109	103	116
	中2学習時間		99	100	114	108	104	112
	中3学習時間		134	142	148	137	148	141
	高1学習時間		99	104	132	96	85	97
	高2学習時間		123	111	149	106	84	77
	高3学習時間		272	225	224	210	132	121

※同じ群内の最上位かつ，高低差が5ポイント以上ある項目に網掛けをした。
※平均学習時間は，「宿題」「宿題以外の家庭学習」「学習塾」の時間の合計（分）。それ以外は選択した比率（％）。

については高3を除き「推薦・高群」が長く，これらの結果は先行研究が指摘していた「優れた特徴をもつ学生の進学ルートとしての推薦入試」の結果と整合するものである。一方，入試難易度低群をみると，将来目標などでわずかに他の入試区分との差がみられるものの，入試方法の間で学年による入学者の特徴の違いはみられず，平均学習時間についてのみ，高2から高3にかけて「一般・低群」で平均学習時間が長くなる傾向が確認された。

4. 結論

　以上，卒業時サーベイの経年比較および，ベースサーベイとの結合による縦断データから得られた知見は以下の通りである。
　①【進路先】としては　4大進学＋現役進学志向がより強まり，【入試方法】は特に4年制大学進学者において一般入試が減少する一方，指定校推薦やAO入試が増加，入試選抜の相対的な多様化が進んでいる。【進路希望度】については4年制大学進学者，専門学校進学者共に第1希望の進路決定が増加しており，進路決定の早期化が進んでいる可能性が明らかになった。【進路決定にあたり参考にしたこと】については，4年制大学進学者，専門学校進学者ともに「将来就きたい仕事」「資格や免許が取れること」「卒業後の進学・就職の実績」「カリキュラムや授業の内容」が上位にあがっており，将来就きたい仕事や資格や免許取得など，実利的な側面を重視する傾向が強まっている【将来展望】は，2017年度から大きな変化はなく，リスクを取らずに身近な幸せや自立を求める傾向がより強まっており，身近な幸せや自立を実現することのハードルが相対的に高まっている可能性がある。
　②入試選抜の多様化による，意識や資質・能力面で異なる特徴をもった学生の確保は，進学先の入試難易度によって状況が異なっている可能性がある。入試難易度・高群においては多様な入試方法が，一般入試とは異なる資質・能力や特徴をもった学生の成功しており，一定程度，機能している可能性がある。一方，入試難易度・低群においては，入試方法間で，高卒生の意識や資質・能力面で特徴に違いはみられない。先行研究で指摘されているように，各選抜が十分に機能していないことが考えられる。また入試難易度・高群については，より安定的な進路実現のルートとして小学校や中学校からの附属校進学を利用

した進学が増加する傾向が見られるなど，進路決定が前倒しされる形で，学生が均質化していく可能性がある。

　ここまで高3生の進路選択に関する意識・行動や自立度を入試方法の多様化に注目しながら実態やその特徴を確認してきた。今後の課題としては，パネル調査の特徴を生かした学年集団だけでなく，個人の変化プロセスに着目した追加分析の必要性である。最後に行った入試方法と入試難易度の変数より作成した類型別の分析は，2020年度と21年度の高3生，2ラインのコホート（ベースサーベイと卒業時サーベイ）を合算したデータセットを基に分析したが，類型毎に分けるとサンプルサイズが小さくなり，結果がサンプルの偏りや誤差によるものなのかを明確に判別できないケースがあった。今後は調査の継続に合わせて合算するコホートを増やしながら，安定した結果が得られるサイズで再分析していくことなどが必要だろう。

参考文献
古市憲寿，2011，『絶望の国の幸福な若者たち』講談社．
岩木秀夫・耳塚寛明（編），1983，『現代のエスプリ　高校生——学校格差の中で』至文堂．
木村治生，2023a，「入学者選抜と中学・高校時代の学びの関連——JLSCP（パネル調査）データを用いた分析」『日本子ども社会学会第29回大会発表要旨集録』77-78．
木村治生，2023b，「入学者選抜と中学・高校時代の学びの関連——JLSCP（パネル調査）データを用いた分析」（発表資料）（https://researchmap.jp/hrkmr/presentations/42485172，2023年6月22日閲覧）．
倉元直樹・大津起夫，2011，「追跡調査に基づく東北大学AO入試の評価」『大学入試研究ジャーナル』21．39-48．
楠見孝・南部広孝・西岡加名恵・山田剛史・斎藤有吾，2016，「パフォーマンス評価を活かした高大接続のための入試——京都大学教育学部における特色入試の取り組み」『京都大学高等教育研究』22．55-66．
文部科学省，学校基本調査（平成27年度，令和4年度）．
中村高康，1996，「推薦入学制度の後任とマス選抜の成立——公平信仰社会における大学入試多様化の位置づけをめぐって」『教育社会学研究』59．145-165．
成田絵史・森田美弥子，2015，「高校生の進路選択における親のサポートについて——進路選択に関する自己効力と行動との関連から」『キャリア教育研究』33．47-54．

西丸良一，2015，「誰が推薦入試を利用するか――高校生の進学理由に注目して」，中澤渉・藤原翔（編著）『格差社会の中の高校生』勁草書房．68-80.

総務省，2021，『令和3年版　情報通信白書　第2章コロナ禍で加速するデジタル化――コロナ禍による社会・経済への影響』（https://www.soumu.go.jp/johotsusintokei/whitepaper/ja/r03/html/nd121210.html，2023年6月22日閲覧）.

NHK文化放送研究所，2022，『第6回中学生・高校生の生活と意識調査2022』（https://www.nhk.or.jp/bunken/research/yoron/pdf/20221216_1.pdf，2023年6月22日閲覧）.

竹内洋，1995，「学校効果というトートロジー」，竹内洋・徳岡秀雄編『教育現象の社会学』世界思想社．2-18.

東京大学社会科学研究所・ベネッセ教育総合研究所，2022，『コロナ禍における学びの実態――中学生・高校生の調査にみる休校の影響』（https://berd.benesse.jp/up_images/research/manabijittai2020_all.pdf，2023年6月22日閲覧）.

海野道郎・片瀬一男（編），2008，『〈失われた時代〉の高校生の意識』有斐閣.

第7章

コロナ禍は子どもの生活と学びになにをもたらしたのか

耳塚 寛明

1. 問題

　世界保健機関（WHO）のテドロス事務局長は，2023年5月5日の記者会見で，新型コロナウイルスをめぐる世界的な状況に関して，「国際的に懸念される公衆衛生上の緊急事態」の終了を宣言した[1]。新型コロナウイルスは根絶されたわけではなく，また感染拡大のリスクはまだ残るものの，ひとまず緊急事態の終了が国際的に宣言された。「緊急事態」は，2020年以降3年間を越えたことになる。新型コロナウイルス感染症は，社会運営上の，そして個々人の生活に対する脅威以外のなにものでもなかった。

　その反面，パンデミックの拡大によって，見えてきたものや気づかされたこともある。人為的かつ意図的には作り出すことが困難な状況を，新型コロナウイルス感染症の拡大がはからずも作ってくれた。新型コロナウイルス感染症の拡大は，それがなければ見えなかったものを見せてくれる，壮大な社会実験でもあった。

　たとえば私自身の体験によれば，大学でオンライン授業を強いられて，それまで対面型授業をしながら気づくこともなかった，その長所やきめ細かさに気づかされた。新型コロナウイルスをめぐる誤った情報の氾濫が急に見えるようになり，どうしたら情報の真偽を見分けることができるのか不安を覚えた。フェイク・ニュースや偽情報に踊らされることのない社会を作るにはどうしたらよいのか，大学でできることはないのか，考えるようになった。9月入学制の導入がにわかに議論されるようになったのも，コロナ禍ゆえのことだった。国

の指導者が公に「(9月入学制の導入を) 前広に判断していきたい」と発言するに至り，データに基づく冷静かつ論理的な判断を欠いた議論がまかり通るこの社会に失望した。コロナ禍がそうした日本社会の欠点を鮮やかに浮かび上がらせた。

　だがここで注目しておかなければならないのは，コロナ禍の中で子どもたちの生活と学びになにが起こったのかという問題である[2]。とくに一時的にではあれ，休校（休業）という形で学校がなくなってしまったら，なにが起こるのかという問題である。前述の「社会実験」にひきつけていえば，学校をなくすという「実験」によって，学校がどんな役割を果たしてきたのかに気づくことができるだろう。見えてきた学校の役割は，将来的にも大切にすべきもののはずである。

　もちろん，コロナ禍がだれにより大きなダメージを与えたのか，逆にだれのダメージが小さかったのかが見えてくれば，重点的に支援すべき子どもたちや家庭も浮かび上がる。ダメージを小さくすることに首尾よく成功した教育委員会，学校や家庭の取り組みにも学ぶことができるだろう。

2. 格差への注目

　休校期間に，子どもたちの学習や生活にいったいなにが起こったのか。休校期間やその後の学校運営上の変化は，子どもたちの生活や学びにどんな変化をもたらしたのか。本章は，この問いに答える際に「格差」というキーワードを重視することにしたい。コロナ禍のような危機的状況の中で，強い部分（組織，集団）と弱い部分の状況適応力の差が大きく現れて，結果として格差が拡大するだろうからである。地域間の格差や学校の設置者間（公立―国・私立間）の格差にも注意を払う必要があるが，ここではとくに，子どもの生活と学びにおける家庭的背景（家庭の文化的・経済的・社会的環境）による格差が，どうなったかに注目しておきたい。家庭の文化的・経済的・社会的環境（以下 SES（Socio-Economic Status）と呼ぶ）によって子どもの生活や学習の成果には大きな差が生まれてしまうことが知られてきた（たとえば，耳塚ほか，2021）。学校には，家庭による文化的・経済的・社会的環境に見られる凸凹（でこぼこ）を均す（ならす）働きが期待されている。ところが，休校のように一時的に学校がな

くなってしまうことによって，家庭の影響が剥き出しになってしまった可能性がある。私が，とくに家庭的背景による格差に注目しておきたいのは，そのためにほかならない。

3. データ

　分析に用いるのは，東京大学社会科学研究所とベネッセ教育総合研究所が共同で実施している「子どもの生活と学びに関する親子調査」（「親子パネル調査」と略する）の結果である（ベネッセ教育総合研究所，2022）。具体的には，親子パネル調査のベースサーベイ（2019年度調査，2020年度調査，いずれも7～9月に実施）と，この調査の一環として2020年度に実施した「中高生のコロナ禍の生活と学びに関する実態調査」（「中高生コロナ調査」と略する）を組み合わせて用いる。前者と後者を比較することで，新型コロナウイルス感染症による休校前，休校中，休校後の時点間の変化を観察することが可能になっている。中高生コロナ調査の概要は，第1章（p. 11）を参照。

　以下の分析において，家庭の社会経済的地位（SES：Socio-Economic Status）によって4つの集団に分けて分析を行っている。SESは世帯年収，保護者の学歴，父親の職業を元に作成した合成変数である（木村治生，2022a）。最下位層を Lowest SES（L層），中の下位層を Lowest middle SES（LM層），中の上位層を Upper middle SES（UM層），最上位層を Highest SES（H層）と呼ぶ。

　この調査は，独自の設計によっていくつかのすぐれた特徴を持つ。第一に，子ども調査に加えて保護者調査も実施されており，保護者と子どもをペアにして分析可能になっていることである。保護者調査を通じて家庭環境や保護者の働きかけに関するデータが得られる。それを使えば，子どもの生活や学習上の特徴を規定する家庭環境の解明が可能になる。とくに，家庭の社会経済的地位（SES）を代表とする経済変数を含む家庭的背景については，保護者調査を実施しなければデータ蒐集が困難である。この調査の特筆すべき特徴の一つといってよい。

　第二に，このプロジェクトの最大の特徴は，縦断的な分析が可能なパネル調査を行っている点にある。パネル調査とは，同一の対象＝パネルを繰り返し調査する方法で，縦断的な調査法の一つを指す。2014年以降，パネルデータを

蓄積してきた。その結果として，同一の調査対象について，コロナ禍以前のデータとコロナ禍以降のデータをともに持っており，両者の比較が可能になった。今回の分析のように，一斉休校期間を中心に中高生になにが起こったのかを明らかにしようとしたとき，この点は非常に大きな利点となる。本章はこの利点を生かした分析である。

4. 休校と生活時間

　休校期間に，中高生の生活はどう変わったのか。まずは，生活を時間の面から把握して分析した結果を見ることにする（木村・朝永，2022）。睡眠，メディア，人と過ごす，学習，部活動の5つについて，コロナ禍以前の2019年と休校期（2020年4～5月頃），2020年（休校期間の後）を比較する。

　生活時間で見る限り，休校は中高生の生活にとても大きな影響を与えたと考えられる。休校期間に入ると，睡眠時間は1時間以上増加し，テレビゲーム，スマートフォンなどメディアとの接触時間がそれぞれ20～30分ずつ増えた（木村・朝永，2022，図2-1，表2-1）。反面，家庭学習時間の増加はさほどではなく，総家庭学習時間は中学生で約30分，高校生で約45分増えたに過ぎない（図7-1）。休校による学校での学習時間の減少を家庭学習がカバーできたわけではない。家族と過ごす時間や一人で過ごす時間は休校期間に増加したが，友人と過ごす時間や部活動の時間は大幅に減少した。友人と過ごす時間は，水平的な人間関係を学ぶ機会であり，その喪失はなにがしかの影響を与えると考えられる。ただ現時点ではその影響の大きさを知ることはできない。今後のパネルデータの蓄積を待ちたい。

　これらの生活時間の変化は，休校期間が終わるとともに，19年の水準にほぼ戻った。メディアとの接触時間などは19年の水準には戻らないのではないかなど，非可逆的な変化が起こることも予想されたけれども，結果は元に戻った。

　生活時間の変化の仕方には，何点か，SESによる差異があることが発見された。

　第一に，休校期間に全体として起床時刻は遅くなる傾向があった。同時に起床時刻のばらつきが大きくなり，SESが低い子どもほど大きなばらつきを示

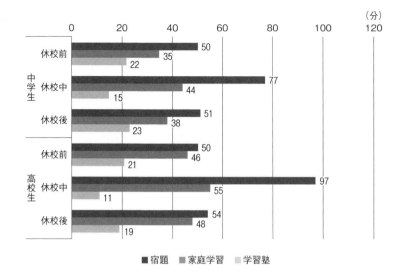

※休校前はベースサーベイ2019年度調査，休校中は中高生コロナ調査，休校後はベースサーベイ2020年度調査の結果。
※出典）木村・朝永，2022，p. 23。

図7-1　学習時間の変化（平均時間）

している。しかし休校期間が終わると，起床時刻は元に戻り，そのばらつきも小さくなった（木村・朝永2022，p.19）。このことは，休校期間になると，起床時刻をコントロールできない子どもは，全階層に均等に存在するわけではなく，とくにSES低層で多く発生したことを意味する。翻って，休校期間の前後，学校がある時期には起床時刻のばらつきは消えるので，学校は子どもたちの生活のリズムを平等に維持する役割を果たしているものと考えることができる。休校という"実験"によって，学校が果たしていた役割が見えてきたことになる。

　第二にメディアの利用時間について（表7-1）。テレビ・DVD，ゲーム，スマートフォンの利用時間は休校前の19年時点では，SES低層で長時間利用する傾向があった。休校期間にはSESによる差を維持したまま，どの層の利用時間も増加し，休校が明けると概ね19年と同様の状況に戻った。ところが，パソコンやタブレットの利用時間は，これらとは別の傾向を示している。19年時点では利用時間にSESによる差は見られなかったが，休校期間になると

表7-1 メディアの利用時間（SES別平均時間）

（分）

		中学生			高校生		
		休校前	休校中	休校後	休校前	休校中	休校後
テレビやDVDを みる	L層	88	115	84	68	88	62
	LM層	83	105	79	66	83	57
	UM層	74	107	74	56	79	53
	H層	67	96	64	48	72	44
	L層－H層	**21**	**19**	**20**	**20**	**16**	**18**
テレビゲームや携帯 ゲーム機であそぶ	L層	62	94	74	66	78	65
	LM層	56	89	65	49	67	52
	UM層	50	81	58	39	61	43
	H層	40	63	43	32	56	36
	L層－H層	**22**	**31**	**30**	**34**	**22**	**29**
携帯電話やスマート フォンを使う	L層	81	103	88	138	169	147
	LM層	68	95	80	126	155	133
	UM層	64	91	70	117	154	121
	H層	50	71	59	101	137	107
	L層－H層	**31**	**32**	**29**	**37**	**32**	**40**
パソコンやタブレット を使う	L層	32	48	35	25	40	33
	LM層	26	55	29	22	43	27
	UM層	28	49	32	24	52	26
	H層	28	69	36	22	66	32
	L層－H層	**5**	**−20**	**−1**	**2**	**−25**	**1**

※休校前はベースサーベイ2019年度調査，休校中は中高生コロナ調査，休校後はベースサーベ
　イ2020年度調査の結果。
※L層－H層は，SES最下位層（L層）と最上位層（H層）の利用時間の平均値の差。
※出典）木村・朝永，2022，p. 21。

SES上層の利用時間が増加することによって格差が広がり，休校が明けると
元の状態に戻った。このことは，SESが高い層ほど，休校期間中に，学習を
目的としてパソコンやタブレットを活用したものと推測できる。この点につい
ては後でまた触れる。

5. 休校による学びの格差

　前節で生活時間の観点から学習時間に触れた。次に，休校中の学習の状況を
とくに学びの格差に焦点づけて考察することにする（木村・朝永，2022，木村治
生，2022b）。
　休校期間中に学校から出された宿題は，中学生で1日1時間21分，高校生

で 1 時間 51 分であった（木村, 2022b, p. 31）。「ドリルやプリントの問題を解く」宿題が大勢を占めた。これについては学校の設置者別に差異が認められた。中学校については，公立よりも私立・国立で，また高校では難関大学進学者が多い進学校ほど，宿題の量は多い傾向があった。私立・国立の宿題の量は公立の約 1.5 倍，難関大進学高校は就職高校の 1.9 倍だったので，けっして小さな差ではない（木村, 2022b, p.31）。

　休校期間中の学習について，ICT をどの程度利用しているかについても，学校の設置者による違いが見られた。たとえば，「インターネットで映像授業（授業の動画）を見る」は，私立・国立の中学校と高校が 7 割を超えるのに対して，公立中学校は 2 割，公立高校は 5 割弱にとどまる。「インターネット（オンライン）で対面式の授業を受ける」も同様に，私立・国立の中学校と高校は 4 割だが，公立中学校は 1 割に満たず，公立高校でも 1 割強しか実現できていなかった（木村, 2022b, p. 33）。インターネットの映像授業やオンラインでの対面授業に比べて，紙媒体による宿題が劣っていると断言することは危険である。しかし映像授業やオンライン対面授業は，少なくとも授業という形態で学びの機会を提供できる点で，学びの保障という観点から見ると優れていることは否定できない。GIGA スクール構想の進展によって，今日では設置者間の差は小さくなっているだろうが，少なくとも休校前後の時点では格差があったことを指摘しておきたい。

　休校期間中に学習した内容の理解度はどうか。「十分に理解できた」と「だいたい理解できた」の合計は，中学生で 8 割，高校生で 7 割である（木村, 2022b, p.35）。この回答は成績によって差があり，「理解できた」と回答した比率は，中学生では上位層が 9 割であるのに対して，下位層は 6 割にとどまる。高校生も上位層は 8 割をこえるが，下位層は 5 割にすぎない。成績によって学習内容の理解度に差が生じるのは当然のことに感じられるかもしれないけれども，問題は理解度の低い生徒に対してきちんと支援することができたかどうかである。休校期間中は，通常時よりも支援が困難な状況であった可能性を見ておかねばならない。木村（2022b, p.35）は「学校の指導がなかなか行き届かない環境では，学力が低い子どもたちに対して，より細やかな配慮が必要だと考えられます」と指摘している。重要な指摘である。

　次に，休校期間中の学校外学習時間の長さ（前節）や，宿題以外に行った学

表 7 - 2　学習時間（SES 別平均時間）

（分）

		中学生			高校生		
		休校前	休校中	休校後	休校前	休校中	休校後
宿題	L 層	53	72	53	44	87	50
	LM 層	50	74	50	47	90	53
	UM 層	48	75	50	51	97	53
	H 層	48	86	50	56	114	60
	L 層 − H 層	6	−14	3	−12	−27	−10
家庭学習	L 層	29	35	30	30	37	32
	LM 層	34	40	34	42	51	41
	UM 層	38	47	43	50	50	54
	H 層	37	53	45	62	81	64
	L 層 − H 層	−8	−19	−15	−32	−45	−31
学習塾	L 層	19	11	18	9	5	7
	LM 層	21	14	22	15	10	16
	UM 層	23	18	25	25	9	26
	H 層	25	17	27	34	20	29
	L 層 − H 層	−7	−6	−9	−25	−15	−21
総学習時間	L 層	101	118	101	83	129	89
	LM 層	106	128	106	105	151	109
	UM 層	110	141	118	125	156	133
	H 層	111	157	122	153	215	152
	L 層 − H 層	−9	−38	−21	−70	−86	−63

※休校前はベースサーベイ 2019 年度調査，休校中は中高生コロナ調査，休校後はベースサーベイ 2020 年度調査の結果。

※L 層 − H 層は，SES 最下位層（L 層）と最上位層（H 層）の利用時間の平均値の差。

※出典）木村・朝永，2022，p. 24。

習の種類について，家庭の SES によってどのような格差があったのか，確認しておく。

　まずは，宿題，それ以外の家庭学習，学習塾での学習を合わせた総学習時間について（表 7 - 2）。中学生では，19 年時点では SES による総学習時間の差はわずか 9 分でしかなかった。休校期間にその差は 38 分にまで広がり（SES が高いほど長い），休校期間が終わると差が縮小した。ただし SES による総学習時間の差は半分近くにまで小さくなったものの，19 年と比較すると差は大きくなっている点が重要である。高校生については，19 年時点で SES による学習時間の差異は 70 分と大きく，休校期間にさらにその差は広がり，休校期間が終わると 19 年とほぼ同様の状況に戻った。中学生，高校生のいずれについてもいえることだが，休校期間になると SES による学習時間の格差が広がる。

表7-3 休校中の家庭学習（SES別）

(%)

中学生	L層	LM層	UM層	H層
学校の教科書の予習・復習	42.7	46.4	50.6	56.8
紙の問題集や参考書	24.6	24.5	26.8	31.0
学習塾教材	25.4	31.8	39.8	36.3
通信教育教材	25.0	30.1	31.2	32.3
ICT教材	23.5	29.2	31.7	44.1
高校生	L層	LM層	UM層	H層
学校の教科書の予習・復習	41.0	46.7	50.8	56.7
紙の問題集や参考書	22.6	24.2	28.9	42.0
学習塾教材	10.9	15.2	23.4	30.9
通信教育教材	16.2	18.4	18.6	20.6
ICT教材	38.1	40.9	40.0	46.1

※出典）木村，2022b，p. 40。

十分に学習に取り組むことのできない中高生が，SES低層で多いことに留意が必要である。逆にみると，学校が存在することによって学習時間のSESによる格差は抑制されている。

　休校中，宿題以外にどんな家庭学習をしているのかについても，SESによる差が見られた（表7-3）。概ねSES高層の生徒のほうが，さまざまな家庭学習を行ったことが分かる。中高ともに，SESが高い生徒ほど「学校の教科書の予習・復習」と「学習塾教材」を使った学習を行っていた。これに加えて中学校ではICT教材の利用率もSES高層で高い傾向がある。家庭の資源に恵まれた生徒はさまざまな学習教材をうまく活用し，不足する学習を補填していた可能性がある。

　宿題は，どんな家庭の子どもに対しても共通に課されるのに対して，宿題以外の家庭学習は，家庭のSESの影響がダイレクトに表れやすい領域である。木村2022bで指摘されているように，「休校のように学校の機能が低下したときに，SESが低い家庭の生徒の学習をどう支えるか」が非常に大きな課題である。このことは，コロナ禍による休校などの特殊な場合に当てはまるだけではなく，夏休みなどの長期休暇についてもいえるであろう。

6. 学校をプラットホームとした支援を

　家庭学習の量だけではなく，質という観点からも，コロナ禍の影響を押さえておく必要がある。小野田（2022）は，休校期間中の家庭学習で，知識を身につけたり，思考を深めたりする学びができたと評価する生徒の割合（約4～6割）に比べて，「他の人と話し合うような学びができたと評価する生徒の割合は低く，中高生ともに約2割にとどまって」いたことを指摘している（小野田，2022，pp. 46-47）。いわゆる対話的な学びを休校期間にも行うためには，1人1台端末だけでなく，家庭による通信環境や学習環境（勉強部屋の有無など）の格差を埋め，オンラインでの話し合いの支援方法を考えていく必要がある。

　また，中高生の約6割がゲームやインターネットの誘惑に負けて十分に勉強できなかったと回答し，約3割は家で集中して学習できる場所がなかったと回答していた（小野田，2022，p. 49）。この事実に基づいて小野田は，学校を開放し学校をプラットホームとした支援を提案している。具体的には「1学級のうち少なくとも3割以上の生徒が利用することを想定して，通信環境の整った教室を確保する必要がある。こうした教室開放は家庭学習でめりはりがつけられない生徒にとっても効果的な支援となる可能性」（小野田，2022，p. 50）があると指摘する。加えて，学習の場所としての意義のみならず，居場所としても機能する可能性があると考えられる。

7. おわりに——デジタル・デバイドの克服を

　経済協力開発機構（OECD）によるPISA2018調査が発見した日本の教育の弱点は，あまりにも大きいものがあった[3]。記憶されている読者も多いであろう。わが国では高校1年生が対象になったこの調査では，日本の子どもたちのいわゆる「デジタル読解力」が国際的にみて憂慮すべき状況にあることが浮き彫りになった。ここでデジタル読解力と呼んでいるのは，PISA2018から本格的に測られるようになったデジタル世界での読解力を指す。従前の読解力に加えて，ネット上の情報を探し出し，ブログやネット上の情報の質や信憑性を評価し，読み解く力である。その背景には，日本は学校の授業におけるデジタル

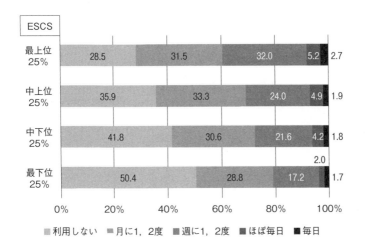

ESCS	利用しない	月に1, 2度	週に1, 2度	ほぼ毎日	毎日
最上位 25%	28.5	31.5	32.0	5.2	2.7
中上位 25%	35.9	33.3	24.0	4.9	1.9
中下位 25%	41.8	30.6	21.6	4.2	1.8
最下位 25%	50.4	28.8	17.2	2.0	1.7

※ESCSとは家庭の社会経済的地位を意味し，本章でのSESとほぼ同義。
※出典）PISA2018データベースに基づき，国立教育政策研究所が作成。

図7-2　家庭の社会経済的地位別にみたインターネットの利用

機器の利用時間が短く，OECD加盟国中最下位であること，さらに日本はネット上でチャットをしたりゲームで遊ぶ生徒は多いが，学習のためにコンピュータやネットを使う生徒は極端に少ないという事実がある（耳塚，2020）。

　今回の調査でも休校期間中の学習でICTがどの程度利用されたのかが明らかになっている（第5節で既述）。私立・国立と比して公立の中学校や高校では，インターネットで映像授業を見ることやオンラインで対面式の授業を受ける機会が乏しかった。パソコン，タブレットなどのICT機器の学習での利活用を進めたり，学校のインターネット環境を整備することは，コロナ禍のような事態に際して学習機会を保障するという点で，きわめて重要なことである。そればかりでなく，国際比較から見えてきた日本の教育の弱点——日本の子どもたちのデジタル読解力が憂慮すべき水準にある——を克服するためにも不可欠である。とくに公立の中学校，高校での格段の努力を期待したい。

　今ひとつ知っておくべきことがある。「学校の勉強のためにインターネット上のサイトを見る」生徒や，「関連資料を見つけるために授業の後にインターネットを閲覧する」生徒は，SESが高い生徒に有意に多いことが，先のPISA2018調査で明らかになった（図7-2）。本章でも，休校期間中のパソコン

やタブレットの利用時間はSESによって異なり，SESが高い生徒たちが，学習を目的としてパソコンやタブレットを活用したものと推測できた。これらの調査結果が教えているのは，日本の子どもたちのデジタル読解力不足が，デジタル・デバイド（総務省による定義は「インターネットやパソコン等の情報通信技術を利用できる者と利用できない者との間に生じる格差」総務省2004）を伴っているという事実にほかならない。デジタル・デバイドの克服は，コロナ禍の中で困難を抱えた家庭や子どもを支援することでもある。一人一台端末の整備を終え，コロナ禍後となりつつある現在でも，引き続き対処すべき課題であろう。

注
1) 朝日新聞，2023年5月6日朝刊，朝日新聞東京本社14版1面による。
2) 本稿を準備した後，コロナ禍が子どもの生活や適応にいかなる影響を及ぼしたのかに関する，国内外の調査研究を整理したレビュー論文が公表された。齊籐彩（2023）を参照されたい。
3) 本稿を脱稿後，OECDによるPISA2022の結果が公表された。日本のデジタル読解力の回復を報じたメディアもあるが，データを見る限り定かではないため，本章の記述を変更しなかった。

参考文献
木村治生・朝永昌孝，2022，「中高生の休校中の生活時間──休校になると生活はどう変わるのか」ベネッセ教育総合研究所『コロナ禍における学びの実態　中学生・高校生の調査にみる休校の影響』pp. 17-28.
木村治生，2022a，「コロナ禍が中高生に与えた影響を明らかにする── 調査の目的と概要」，ベネッセ教育総合研究所『コロナ禍における学びの実態　中学生・高校生の調査にみる休校の影響』pp. 1-15.
木村治生，2022b，「休校中の学習の実態──休校による学びの格差にどう対応するか」ベネッセ教育総合研究所，『コロナ禍における学びの実態　中学生・高校生の調査にみる休校の影響』pp. 29-42.
齊籐彩，2023，「コロナ禍における子どもの発達と適応」国立大学法人お茶の水女子大学『保護者に対する調査の結果を活用した効果的な学校等の取組やコロナ禍における児童生徒の学習環境に関する調査研究』（令和4年度文部科学省委託研究報告書）.
ベネッセ教育総合研究所，2022，『コロナ禍における学びの実態　中学生・高校生の調査にみる休校の影響』.
耳塚寛明，2020，「日本の子どもの読解力低下　デジタル社会対応できず」日本経済新聞2020年1月27日朝刊.
耳塚寛明・浜野隆・冨士原紀絵（編著），2021，『学力格差への処方箋』，勁草書房.

耳塚寛明, 2022, 「コロナ禍は子どもの生活と学びになにをもたらしたのか」, ベネッセ教育総合研究所『コロナ禍における学びの実態　中学生・高校生の調査にみる休校の影響』pp. 131-137.

小野田亮介, 2022, 「休校期間中の家庭学習に対する中高生の取り組み」, ベネッセ教育総合研究所『コロナ禍における学びの実態　中学生・高校生の調査にみる休校の影響』pp. 43-57.

総務省, 2004, 『情報通信白書平成 16 年度版』.

※本章は, すでに Web 上で公表された耳塚（2022）をもとに, 加除訂正を行ったものである。

第 8 章

コロナ禍は学校の意味をどう変えたか

松下 佳代

　コロナ禍は，グローバル化した世界で人類が同時に経験した初めての災禍である。感染拡大の状況や対応は国によって大きく異なり，グローバル化によって薄れつつあるかに見えた国境があらためてくっきりと示された。

　コロナ禍は人々の生活を大きく変えた。教育の世界に与えた影響についても，数多くの調査が行われてきた。ちなみに，学術論文データベースの CiNii を使って「コロナ　調査　教育」というキーワードで検索すると，論文・本，プロジェクト等あわせて 1,869 件がヒットする（2023 年 2 月 28 日現在）。そのような調査の多くと本調査との最も大きな違いは，コロナ前（2015 〜 19 年度），コロナ下（休校中，再開後：2020・21 年度），コロナ後（2022 年度以降）の変化をつまびらかにできる点にある。調査結果には興味深いデータがいくつもあったが，本章では，コロナ禍が学校の意味をどう変えたかに焦点をしぼって検討したい。

1. 学歴獲得の場としての意味の低下

　まずデータから垣間見えるのは，学歴獲得の場としての意味の低下である。これは，保護者，子どものいずれにも見られる傾向である。わが子に「できるだけいい大学に入れるように成績を上げてほしい」と望む保護者は，2018 年→ 2019 年はほぼ横ばいであるのに対し，2019 年→ 2020 年は，すべての学校段階ではっきりと低下傾向にある（図 8 - 1）。また，「社会の変化によって『就職で求められる人材』は大きく変わる」と答えた割合も，それ以前は横ばいだったのが，2020 年は明確に増加している（図 8 - 2）。これと呼応した変化を見

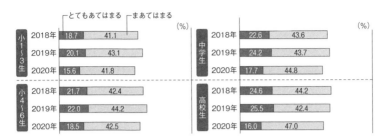

※データは「子どもの生活と学びに関する親子調査」（ベースサーベイ）の各年度，保護者調査の結果。

図8-1　できるだけいい大学に入れるように成績を上げてほしい（学校段階別）

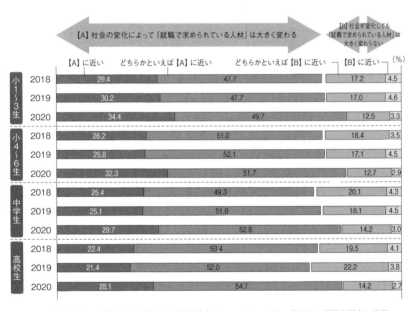

※データは「子どもの生活と学びに関する親子調査」（ベースサーベイ）の各年度，保護者調査の結果。
※図に「無回答・不明」を提示していないため，数値の和が100％にならない。

図8-2　社会の変化によって「就職で求められる人材」は大きく変わる／変わらない
　　　　（学校段階別）

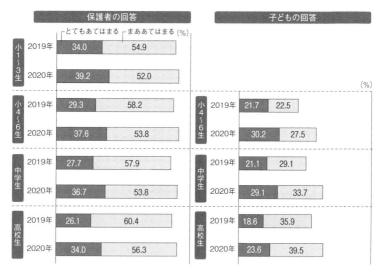

図8-3 これからの「日本」がどうなるか不安だ（学校段階別）

※データは「子どもの生活と学びに関する親子調査」（ベースサーベイ）の各年度の結果。
※小1～3生は，子どもにはたずねていない。

せているのが，「これからの『日本』がどうなるか不安だ」と答えた割合である。2019年→2020年にかけて，保護者・子どもともに，どの学校段階でも「あてはまる」という回答が増えている（図8-3）。

　もともと，「『学歴』は今より重視されなくなる」と答える保護者の割合は，年々増加しており，学校段階が下がるにつれて（つまり，総じてより若い保護者ほど）その割合が高くなっていた（図8-4）。子どもの「将来の進学・就職希望」も，小4～6生では，「大学まで」を希望する割合が2016年→2020年で46.2％→36.5％と約10ポイント減少し，ほとんど変化のない中学生や高校生とコントラストを見せている（図8-5）。

　これらからうかがわれるのは，今後の社会の変化の予測困難さがコロナ禍によってより強く意識されるようになったこと，学歴はそうした変化の激しい社会を渡っていくための通行手形的な魅力を失いつつあること，新しい保護者・子ども世代ほどそれを強く感じていることである。一方，「知識以外の多様な力を身につけさせたい」，「実際の場面で使える英語力を身につけさせたい」に対して「とてもあてはまる」と答える保護者の割合は年々増加しており，学歴

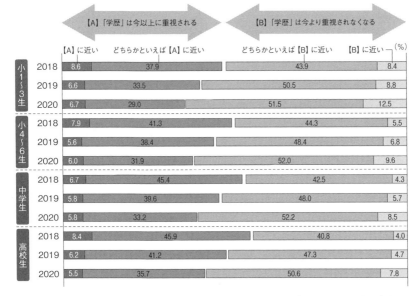

※データは「子どもの生活と学びに関する親子調査」(ベースサーベイ)の各年度, 保護者調査の結果。
※図に「無回答・不明」を提示していないため, 数値の和が100%にならない。

図8-4 「学歴」は今以上に重視される／「学歴」は今より重視されなくなる
(学校段階別)

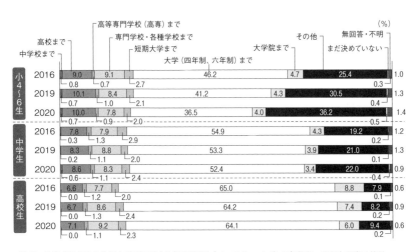

※データは「子どもの生活と学びに関する親子調査」(ベースサーベイ)の各年度, 子ども調査の結果。

図8-5 将来の進路希望(学校段階別)

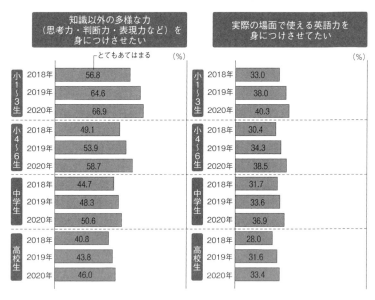

※データは「子どもの生活と学びに関する親子調査」（ベースサーベイ）の各年度，保護者調査の結果。

図8-6　身につけさせたい力（学校段階別）

という形式より，実質のある能力をつけさせることに関心が移ってきているといえる（図8-6）。

2. 学校の多様な機能

　コロナ下での休校は，学校のもつ多様な機能を浮き彫りにすることにもなった。「学び」（継続的な学びを促すこと，協働的・身体的な学びを行うこと），「つながり」（子ども同士のつながりや教師とのつながりを保つこと），「健康」（生活リズムをつくること，心と体（食）をケアすること）などである。本調査のデータもそのことを映し出している。

　まず，学校の授業の様子を見ると，グループ学習や観察・実験・調査などによる学習が，どの学校段階でも10ポイント前後減少している（図8-7）。やはり協働的・身体的な学びが困難だったことがわかる。

　他にも関連するデータがいくつかあるが，とりわけ注目されるのは，「休校

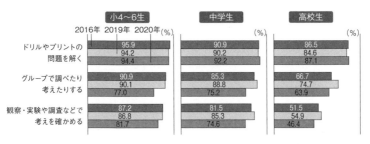

※数値は「よくあった」と「ときどきあった」の合計（%）。
※データは「子どもの生活と学びに関する親子調査」（ベースサーベイ）の各年度，子ども調査
の結果。

図8-7　学校の授業（学校段階別）

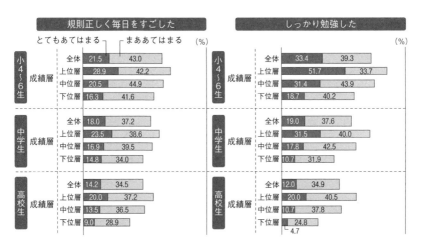

※データは「子どもの生活と学びに関する親子調査」（ベースサーベイ）の2020年度，子ども調査の結果。
※成績層は，子どもによる各教科の成績の自己評価（5段階）を合計して，3分の1ずつになるように上中
下を分けた。

図8-8　休校時の生活習慣・学習習慣（学校段階別・成績層別）

時の生活習慣・学習習慣」について，休校中に「規則正しく毎日をすごした」
「しっかり勉強した」と答えた子どもの割合が，学校段階が上がるほど，また
成績層が下がるほど，低下していることである（図8-8）。小4〜6生と高校
生を比べると，生活習慣，学習習慣が守れた子どもの割合（「とてもあてはまる」
と「まああてはまる」の合計）は，生活習慣が小4〜6生64.5％・高校生48.7％，

学習習慣が小 4 〜 6 生 72.7%・高校生 46.9% で，それぞれ 15.8 ポイント，25.8 ポイントも高校生の方が少ない。もちろん，親の監視の度合いが関係しているだろうが，自立の指標でもあるこれらの習慣が，過半数の高校生に未確立であるということを示している。

　一方，成績層別の生活習慣・学習習慣の違いは，休校中だけでなく再開後にも影響を及ぼしている。中学生の成績上位層と下位層の学習時間を休校前の 2019 年と休校後の 2020 年で比較すると，中 1 生で 19 分→ 33 分，中 3 生で 11 分→ 34 分と格差が拡大している（図 8 - 9）。このように，コロナ禍は学力格差をさらに拡大させたことをデータは物語っている。

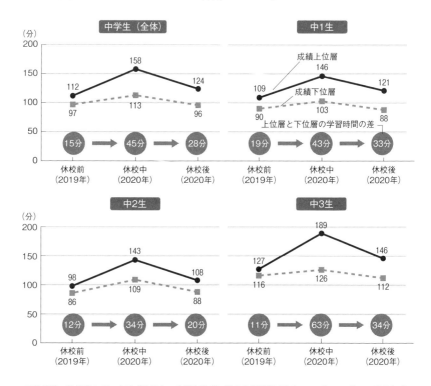

※休校前，休校後のデータは「子どもの生活と学びに関する親子調査」（ベースサーベイ）の 2019 年度，2020 年度の子ども調査の結果。
※休校中のデータは，「中高生コロナ調査」の結果。
※学習時間は 1 日あたりの「宿題の時間」「宿題以外の勉強をする時間」「学習塾の時間」を合計したもの。
※成績層の区分は，図 8 - 8 と同様。成績中位層は図から省略した。

図 8 - 9　中学生の学習時間（学年別・成績層別）

3. 教育のデジタル・トランスフォーメーション？

　コロナ禍によって生じた大きな社会の変化を表すのに使われる言葉の一つが「デジタル・トランスフォーメーション（DX）」だ。この言葉を造ったストルターマンらは，DX を「デジタル技術が人間の生活のあらゆる面で引き起こしたり影響を与えたりする変化」と定義し，それが「良い生活」の創造につながるかを研究する必要性を唱えた（Stolterman & Fors, 2004）。では，現在起きている急速なデジタル化は，子どもたちの生活や学びをより良い方向に変化させているのだろうか。

　今回の調査結果を見ると，ゲームや携帯・スマートフォンを使う時間は休校時に増加し，学校再開後も減少はしたものの過去の水準には戻っていない。また，自分専用のスマートフォンの所有率も，2018 → 2020 年で，小 4 〜 6 生が12.1％ → 19.1％，中学生が 47.9％ → 58.3％と伸びが著しい（図 8 - 10）。コロナ禍で休校中に，「オンラインで授業があった」と答えた割合は，小 4 〜 6 生が約 1 割，中学生が約 2 割だったのに対し，高校生は約 5 割と多くなっているが，前に見たように，「しっかり勉強した」と答えた子どもの割合（図 8 - 8）はそれとはちょうど逆の関係にある。

　OECD の PISA 2018 調査で明らかになったように，日本の 15 歳の学校外でのデジタル機器の利用状況は OECD 諸国と比べて特異な傾向を示している（国立教育政策研究所, 2019）。「コンピュータを使って宿題をする」（毎日，ほぼ毎日）と答えた子どもは，わずか 3.0％（OECD 平均 22.2％），「学校の勉強のために，インターネット上のサイトを見る」は 6.0％（同 23.0％）だったのに対し，「ネット上でチャットをする」は 87.4％（同 67.3％），「1 人用ゲームで遊ぶ」は47.7％（同 26.7％）に上った。この結果は，"PISA 2018 ショック" といえるほどの内容だったが，今回の調査データにおけるゲーム時間，携帯・スマホ時間の伸びとその持続的影響を見ると，上の特異な傾向にさらに拍車がかかったのではないかと気になる。

　コロナ禍による GIGA スクール構想の前倒しにより，2021 年度末には，小・中学校での 1 人 1 台端末の整備がほぼ完了した。実際，2022 年の調査結果を見ると，小学生・中学生ともに，学校での使用頻度が「ほぼ毎日」がこの 1 年

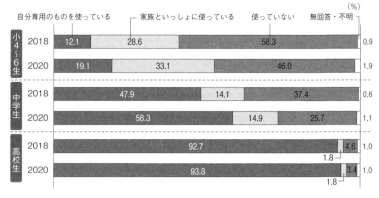

図8-10　スマートフォンの所有（学校段階別）

で10ポイント程度増え，「週に3～4回」を加えると約半数になる（ベネッセ教育総合研究所，2023，p. 7）。学校でのデジタル機器活用が着実に広がっている様子がうかがえる。ただし，学校での活用では地域格差がないのに，学校外での活用を示す「持ち帰り頻度」や「持ち帰り用途」については地域格差がある（同，p. 8）。これはインフラ整備の差を表しているのだろうか，それとも使用ルールや親の関与の違いなど別の要因によるのだろうか。今後，インフラが整備されていくなかでどう変化していくのか見ていきたい。

　もう一つ気になるのは，デジタル学習が広がるにつれて，ポジティブな意見が減少する一方，ネガティブな意見が軒並み上昇し，理解・定着の不足，深い思考の不足を感じている小・中学生が増えていることである（同，p. 18）。デジタル機器活用の導入初期でまだ十分活用できていないためなのか，デジタル機器活用の本質的な問題なのか，今後も変化を見ながら検討していく必要がある。もし前者であれば，今後改善していくだろうが，後者であればあまり変化がないかもしれない。ただ後者であるとしても，大学生や大人ではあまりそうした声が聞かれないことを考えると，学校段階・発達段階と関連した問題であることも考えられる。「上手な勉強の仕方がわからない」という子どもが特に小学生で増加している（同，p. 9）ことを見ると，導入初期の問題，学校段階・発達段階の問題の両方が関連している可能性もある。

4. 子どもたちのレジリエンス

　最後にパンドラの箱に残った「希望」を語ろう。コロナ禍による休校は，子どもたちから授業だけでなく，卒業式・入学式などの学校行事や部活動なども奪った。2020年の4～5月に大きな議論になった「9月入学」が，奪われた学校生活を取り戻したいという高校生の声から始まったことは記憶に新しい。「中高生コロナ調査」（2020年8～9月実施）でも，新型コロナの影響は自分にとって「マイナス」と評価した中高生は，どの学年でも5割強で，2割強の「プラス」派を大きく上回っていた（佐藤，2022）。だが，2021年3～4月に高3生を対象に行われた「高校生活と進路に関する調査」（卒業時サーベイ）の結果を見ると，新型コロナが進路選択に与えた影響については，「プラスでもマイナスでもない」が6割に増え，マイナスは2割強にまで減っている（岡部，2022）。自由記述には「なりたい夢をウイルスなどなんかで折れたり，あきらめたりなんてしないから」という声もあった。また，高校生活について尋ねた質問では，驚いたことに，成長実感，目標達成など5項目すべてで2017・2018年度を上回り，とりわけ「社会問題について真剣に考えた」では39%前後から約53%へと14ポイント近くも上昇している（岡部，2022）。

　「トラウマ」や「PTSD」という用語は日常的に使われているが，トラウマ的な出来事は，ネガティブな結果だけでなく，ポジティブな心理的変容をもたらすこともあることが知られている。「心的外傷後成長（posttraumatic growth：PTG）」と呼ばれ，レジリエンスとも近い概念だ（リーブリッヒ，2015）。どんな生徒や彼らを取り巻く人々・環境がコロナ禍の経験をPTGに変えていくのだろうか。この調査を続けていく中で，さらに知見が深められることを願っている。

参考文献

ベネッセ教育総合研究所，2023，『子どもの生活と学びに関する親子調査2022（ダイジェスト版）』https://berd.benesse.jp/up_images/research/oyako_tyosa_2022.pdf（2023年6月30日）

国立教育政策研究所，2019，「OECD 生徒の学習到達度調査（PISA）2018 年調査補足資料——生徒の学校・学校外における ICT 利用」.

岡部悟志, 2022,「コロナ禍での高3生の進路選択――「高校生活と進路に関する調査」（卒業時サーベイ）より」, ベネッセ教育総合研究所編『コロナ禍における学びの実態――中学生・高校生の調査にみる休校の影響』109-122.

松下佳代, 2022,「column：コロナ禍は学校の意味をどう変えたか」, ベネッセ教育総合研究所編『コロナ禍における学びの実態――中学生・高校生の調査にみる休校の影響』123-130.

リーブリッヒ, A., 2015,「心的外傷後成長（PTG）研究におけるナラティブ・アプローチ――苦労体験学（Suffering Experience Research）に向けて」和光大学総合文化研究所年報『東西南北 2015』88-103.

佐藤昭宏, 2022,「コロナ禍を中高生はどのように受けとめたのか――自由記述の回答に着目して」, ベネッセ教育総合研究所編『コロナ禍における学びの実態――中学生・高校生の調査にみる休校の影響』97-108.

Stolterman, E., & Fors, A. C., 2004, Information technology and the good life. Umeo University.

※本章は, 松下（2022）に加筆修正を行ったものである。

第 II 部

子どもの成長（変化）に影響を与える要因の分析

第9章

小中高校生の読書行動の7年間の縦断的変化と
コロナ禍による影響の検討

秋田 喜代美・濵田 秀行

本章は，子どもの生活と学びに関する親子調査（Wave 1-Wave 7）のうち，読書時間にかかわるデータをもとに，子どもの読書時間についての学年における変化と，コロナ禍による影響を主に分析報告する。

1. 本章の問題意識と目的

小中高校生の読書活動は，短期的には読書量と学力間に関連があることが国内外で学力テストとの関連性により示されるとともに（例えば静岡大学 2009；国立教育政策研究所，2019；EC2023），学校生活スキルとも関連があること（邑上・安藤，2022）等も指摘されている。また子どもの頃の読書活動の量やジャンルの多様性がその後成人になってから後の仕事への意欲や論理力，将来展望，社会的貢献活動など，認知・非認知能力にも関連していることも大規模サンプル調査等で明らかにされてきている（国立青少年教育振興機構，2013, 2021；秋田，2014；濵田他，2016）。またコミュニケーションだけではなく，思考力などものを考えるための言語的機能を育むという点でもその重要性が指摘されてきている（サンダース，1998；ウルフ，2020）。

しかしながら，子どもの不読の問題が指摘されて久しい。平成13（2001）年に制定された「子どもの読書活動の推進に関する法律」（推進法）では，「子ども（おおむね18歳以下の者をいう。以下同じ）の読書活動は，子どもが，言葉を学び，感性を磨き，表現力を高め，創造力を豊かなものにし，人生をより深く生きる力を身に付けていく上で欠くことのできないものであることにかんがみ，すべての子どもがあらゆる機会とあらゆる場所において自主的に読書活動を行

うことができるよう，積極的にそのための環境の整備が推進されなければならない」と定められ，読書推進が国や自治体等で進められてきている。

　推進法が制定された2001年度と2022年度を比較すると，平均読書冊数は「小学生6.2冊から13.2冊，中学生2.1冊から4.7冊，高校生1.1冊から1.6冊」（全国SLA研究調査部，2021；全国学校図書館協議会，2022）と，いずれの学校段階においても読書量では2022年度の方が多い。現行計画の初年度に当たる2018年度（小学生9.8冊，中学生4.3冊，高校生1.3冊）と比較しても，2022年度の平均読書冊数の方が多い。また第三次基本計画において，1か月に本を1冊も読まない子供の割合（以下「不読率」という）について，2019年度に，小学生3%以下，中学生12%以下，高校生40%以下とし，2022年度に，小学生2%以下，中学生8%以下，高校生26%以下とするという数値目標を掲げた（小学4年生から高校3年生を対象）。これに対し，2022年度は，小学生6.4%，中学生18.6%，高校生51.1%であり，いずれの学校段階でも，数値目標までの改善は図られていないことが報告されている（文部科学省，2023）。

　また，令和3年度全国学力・学習状況調査の学習質問紙調査結果（国立教育政策研究所，2021）によれば，平成22年度（2010）から令和3年度（2021）まで「学校の授業時間以外に読書する生徒の比率」をみると「全くしない」「10分より少ない」「10分以上30分未満」の比率も，「30分以上読む」ものの比率も，小学校6年生・中学生とも比率には大きな変化は見られない。「10分未満」と「全くしない」をあわせると，小学校6年生でおよそ40%，中学校3年生では50%近くがほとんど本を読んでいないことになる。この違いは学校図書館協議会の調査では，学校での読書時間を入れていること，小学校の対象学年が4～6年生，中学校では1～3年生を含んでいるという違いからとも言える。読む層と読まない層の二分化は言われて久しいがこの状況は変わっておらず明確になってきている。では，この読む層，読まない層の分化は，発達的にみていつからどのように生じているのだろうか。

　令和3（2021）年度に初めて収集された家庭での蔵書量調査結果（国立教育政策研究所，2021）によると，家庭の蔵書量が「0～10冊」が小学校106万人のうちの11%，中学校108万人のうちの14.4%，「11～25冊」の回答が小学校18.8%，中学校19.6%であり，いずれも約3割の児童生徒は家に本がないと認識する回答を行っている。

またPISA2018では，15歳時点では「学校の勉強のためにどれぐらいの長さの文章を読む必要があるか」という設問に対して，日本では10頁未満の回答が全体の9割を占め100頁以上との回答がほとんどなく，学校で読むテキスト量が参加国中最下位から3番目の少なさとなっている（国立教育政策研究所，2019）。また筆者らは2013年に実施した読書調査において（国立青少年教育振興機構，2013），成人の読書行動は小中学校の段階での読書経験と関連があることを示してきている。

　このような状況に鑑みると，読書習慣の形成を小中高校生のどの時点でどのように行っていくのが重要であるのか，本を読む層と読まない層の二分化はいつ頃からどのようにして起こっていくのかを明らかにしていくことが重要であると考えられる。

　このためには，同時点で異なる学年集団間を比較する横断的調査だけではなく，同一の子どもたちの読書行動を追跡する縦断調査によって，子どもの読書経験がどのように変化するのかを明らかにすることが有効であると考えられる。

　この点について，猪原（2022）は，学校図書館協議会によって行われてきている学校読書調査の価値を認めながらもこの調査は「横断調査であること」「小学校1-3年生が含まれないこと」，「質問が読書領域に限られること」を指摘している。そして，この子どもの生活と学びに関する親子調査ベースサーベイの第2次分析報告書において，Wave 1（2015年）からWave 4（2018）の4年間3時点での縦断調査データを解析している。その分析結果を通して，小学校においては学年が進むにつれて「しない（不読）」の割合は急速に増えていくが，一方で，1日平均30分程度は学校外でも読書をする層も一定数は消えずに存続し続けるという，二峰性が見えてくることを明らかにしている。そして，その二峰性の傾向は小学校2年生においてすでに兆候が見られており，小学校3年生において明確に現れてくることを指摘している。これらの結果は，児童の読書活動について何らかの働きかけを行う際には，小学校低学年あるいは入学前時点での働きかけが重要であることを示唆している。また不読率の分析によって，学年間の不読率の違いは，集団コホートの違いというよりも，発達段階の変化や学年間での児童を取り巻く環境の変化（例えば，保護者の児童への要求の変化，学校の指導の変化，可能な活動の幅の拡がり）によるものであること，また学年の影響に加えて「校種」の影響が大きいことを明らかにしてい

る。そのうえで，この縦断データ分析の今後の課題として，読書活動を規定する要因について「元々，不読になりやすい要因は何か」「早期には読んでいた児童・生徒を，その後に不読にしやすくする要因は何か」の2点の解明が必要であると指摘している。

そこで本章では，この猪原（2022）の分析結果を踏まえ，親子パネルの縦断研究のデータWave 1からWave 7まで，すなわち2015年から2021年までの7年間の読書時間等に関するデータを用いて，以下の3点の問いについて検討をする。

まず第1の問いは，読書時間が小中高校においてどのように変化するのか，また7年間のデータを用いることによって，小1入学者のその後の読書時の変化，小6時点から高校3年までの読書時間はどのように変化関連しているのかを明らかにすることである。

そして第2には，この7年間の間に，Wave 5からWave 7の間にコロナ禍が生じ，Wave 6の年には全国一斉の休校が発生した。そこで学年による長期的な発達的変化に加えて，コロナ禍という急激な社会変化は，子どもたちの読書にどのような影響を及ぼしたのかという点を明らかにすることである。

さらに第3には，猪原（2022）が指摘するように，不読が小学校低学年から生じているとすれば，小学校入学前の家庭での読み聞かせ行為は，その後の小学校入学後の読書行動にどのような影響をもつのかを検討することである。小学校低学年のうちに2分化が生じているとするならば，その要因は何に起因するのかを探索的に解明することである。

以上の3点について，本章では分析結果をもとに解説を行う。

2. 研究の方法

①分析対象
- 子どもの生活と学びに関する親子パネル調査Wave 1からWave 7の回答者

②分析項目
- 読書時間：「あなたはふだん（学校がある日），次のことを，1日にどれくらいの時間やっていますか。本を読む（電子書籍を含む）」について，「しない」

「5分」「10分」「15分」「30分」「1時間」「2時間」「3時間」「4時間」「4時間より多い」の選択肢を時間（分）に換算。

※小1〜3生までは保護者に，小4以上は子どもにたずねている

- 小学校入学前の読み聞かせ：「あなたのご家庭では，次の時期に，調査の対象となっているお子様に対してどれくらい絵本や本（図鑑を含む）の読み聞かせをしたり，一緒に本を読んだりしていましたか（いますか）」の「お子様が入学する前」と「現在」のそれぞれについて，「ほとんど毎日」「週に4〜5日」「週に2〜3日」「週に1日」「月に1〜3日」「ほとんどしていなかった（していない）」から選択。
- 世帯年収：「400万円未満」「400〜600万円未満」「600〜800万円未満」「800万円以上」に分類。

3. 子どもの読書時間の縦断的変化

(1) コホート別読書時間の変化

図9-1は，14の各コホートの平均読書時間を記したものである。

ここからは，小学校低学年から中・高学年にかけて全体としての平均の読書時間は増加していることがわかる。しかし，小学校高学年をピークにあとはまた中1から中3にかけては減少し，高校でも高1から高2，高3へと減少傾向

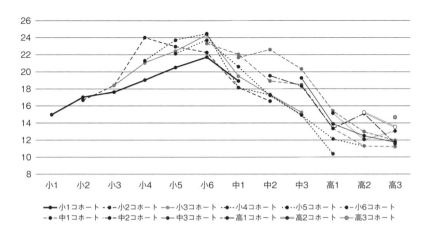

図9-1 7年間のコホート別平均読書時間

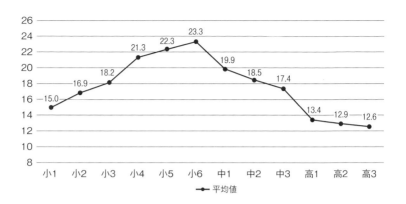

図9-2　コホート平均での学年による平均読書時間の変化

にあることも示されている。そして猪原（2022）が指摘しているように，学校種が変化する小6から中1，中3から高1にかけて急激に減るという変化を，いずれのコホートでもみることができる。

そして図9-2は，図9-1の7年間でのコホート平均で学年ごとの推移を示した図である。

ここからは図9-1で示した特徴をより明確にみることができる。

(2) 7年間の読書時間の学年間での関連性

小1コホートならびに小6コホートについて，2コホートでの7年間での学年間の相関関係を示したのが，図9-3である。

図9-3から見えてくるのは，小1と小2，小2と小3のように次年度との相関係数は高いが，1年目と7年目の相関は0.1～0.2と低いことである。小1の場合には小3，4年まで，また，中1の場合にも中3までは関係をみることができる。学校種をまたがるところでは相関が低くなるということもみえてくる。

では，この中でよく読む層と読まない層とではどうなのだろうか。小1コホートでは小1の時の，小6コホートでは小6の時の読書時間群別で各コホートでの読書時間を捉えたのが，図9-4である。この図を見る限り，小1の時に30分以上読んでいた者は全般に読書時間が長く，0～15分の者も学年と共に増加するが中学入学と共に減っていくことを示している。また小6コホートを

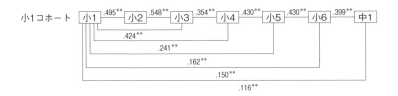

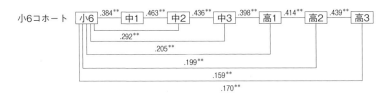

** p<0.05 ***p<0.01 を示す

図9-3　小1，小6コホートでの7年間での学年間の読書時間の相関係数

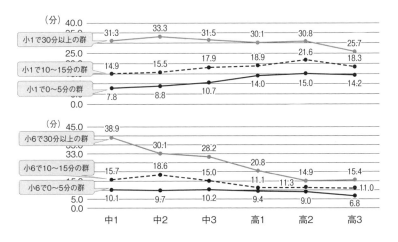

図9-4　読書時間群別の読書時間の推移

　みると，中1をピークに中学生，高校生では30分以上読む層も高2，高3に
かけて15分以下の層との違いなく減少していくことが示された。この点は高
校生の不読の中に，もともと不読の層と受験勉強等で読めなくなっている層が
いるという（株式会社浜銀総合研究所，2015）結果を支持するものとも言える。
　また，この図を見る限りすでに小2〜3年の段階でもよく読む層と読まない
層に分かれており，それがその後，高校1年あたりまで続くことが示唆される。

表9-1　学年別読書時間の度数分布

	しない(不読率)	5分	10分	15分	30分	1時間	2時間	3時間	4時間	4時間より多い	合計
小学校1年生	957(15.5%)	1056(17.1%)	1509(24.4%)	1190(19.3%)	1128(18.3%)	302(4.9%)	30(0.5%)	6(0.1%)	0(0.0%)	2(0.0%)	6180(100.0%)
小学校2年生	1001(19.2%)	729(13.9%)	1057(20.2%)	946(18.1%)	1106(21.2%)	320(6.1%)	56(1.1%)	7(0.1%)	0(0.0%)	5(0.1%)	5227(100.0%)
小学校3年生	960(21.8%)	522(11.9%)	746(17.0%)	766(17.4%)	1031(23.5%)	323(7.3%)	39(0.9%)	6(0.1%)	0(0.0%)	3(0.1%)	4396(100.0%)
小学校4年生	883(24.5%)	442(12.3%)	588(16.3%)	570(15.8%)	712(19.8%)	281(7.8%)	76(2.1%)	20(0.6%)	4(0.1%)	24(0.7%)	3600(100.0%)
小学校5年生	848(26.4%)	322(10.0%)	468(14.6%)	488(15.2%)	658(20.5%)	308(9.6%)	63(2.0%)	34(1.1%)	6(0.2%)	14(0.4%)	3209(100.0%)
小学校6年生	889(28.7%)	296(9.6%)	420(13.6%)	417(13.5%)	623(20.1%)	327(10.6%)	82(2.6%)	21(0.7%)	5(0.2%)	18(0.6%)	3098(100.0%)
中学校1年生	1109(36.5%)	199(6.6%)	393(12.9%)	409(13.5%)	550(18.1%)	257(8.5%)	74(2.4%)	23(0.8%)	4(0.1%)	19(0.6%)	3037(100.0%)
中学校2年生	1227(41.0%)	151(5.0%)	359(12.0%)	390(13.0%)	487(16.3%)	263(8.8%)	70(2.3%)	21(0.7%)	8(0.3%)	20(0.7%)	2996(100.0%)
中学校3年生	1309(43.7%)	151(5.0%)	336(11.2%)	321(10.7%)	517(17.3%)	241(8.1%)	72(2.4%)	21(0.7%)	8(0.3%)	17(0.6%)	2993(100.0%)
高校1年生	1634(54.4%)	133(4.4%)	287(9.6%)	257(8.6%)	447(14.9%)	179(6.0%)	40(1.3%)	11(0.4%)	5(0.2%)	9(0.3%)	3002(100.0%)
高校2年生	1857(57.2%)	134(4.1%)	302(9.3%)	257(7.9%)	418(12.9%)	208(6.4%)	53(1.6%)	10(0.3%)	0(0.0%)	8(0.2%)	3247(100.0%)
高校3年生	2315(59.8%)	148(3.8%)	270(7.0%)	298(7.7%)	519(13.4%)	234(6.0%)	51(1.3%)	24(0.6%)	4(0.1%)	9(0.2%)	3872(100.0%)

※猪原（2022），報告書 P147 より引用

表9-2　Wave 5（2019年度）の小学生における読書時間の度数分布

2019年度　時間別人数（%）

	しない	5分	10分	15分	30分	60分以上
小学校1年生	254（14.9）	280（16.5）	421（24.8）	330（24.8）	315（18.5）	100
小学校2年生	290（17.2）	230（13.6）	317（18.8）	306（16.1）	399（23.7）	144
小学校3年生	368（22.3）	159（9.6）	291（17.6）	290（17.6）	368（22.3）	176
小学校4年生	368（25.1）	162（11.0）	232（15.8）	235（15.3）	312（21.2）	170
小学校5年生	416（30.7）	140（10.3）	191（14.1）	188（13.9）	250（18.5）	168
小学校6年生	373（31.9）	102（8.7）	168（14.4）	168（14.4）	212（18.2）	145

　この点について，猪原（2022）は同じ親子データの Wave 1～4 のデータを用いて，詳細な時間区分ごとにとらえることで，小学校1年生では「10分」回答が最多であり，小2と小3では「30分」が最多となり，その後の小4以降はすべて「しない（不読）」回答が最多になるという変化を指している（表9-1）。

　これはその後の時期にもあてはまるだろうか。Wave 5 のデータを示したのが表9-2である。

Wave 5でも猪原（2022）が指摘するように，小1では10分が最も多く，小2，3では15〜30分が最も多い。しかし小4からは不読，読書時間0分が次第に増えていくことがわかる。30分以上読み続ける層としない層への2峰性の分化は小3，4年からより明確になると言える。これは，猪原が指摘しているように，小1〜3は保護者回答，4年以上が児童自身の回答という回答方法も影響している可能性もあるかもしれない。読書時間全体平均値を見ると図9-2に示すように，学年によって高学年まで伸びていくようにみえるが，実際にはよく読む層の読書時間が伸びていても次第に不読層が増えていくという現実がみえてくる。

(3) コロナ禍はどのように子どもたちの読書時間に影響を及ぼしたのか？

(1)ではコホートによらず，読書時間に関しては，学年による変化傾向を示すこと，学校種間移行で変化がみられることが示され，またより細かなデータでみることで，30分未満では不読層が小学4年生あたりから最も度数として多くなっていく一方で，継続的に30分以上読む層も一定数はいるという二峰性分化が明らかになった。では，こうした通常時の動きと，コロナ禍による休校が生じたWave 6，そしてその後Wave 7でどのような変化が読書時間において生じたのだろうか。

表9-2と表9-3を比べると，表9-3のコロナ禍においては小学1〜3年生でも不読層の度数が最も多い。それに対して表9-4に示した翌年Wave 7では，また小1では10分の層が最も多くなっているが，Wave 6で1年，2年であった児童たちの場合には，1年経ってもやはり不読層の度数が最も大きいことがみえてくる。また不読者の比率もWave 5までと比べて高くなっている

表9-3　Wave 6（2020年度）の小学生における読書時間の度数分布

2020年度　時間別人数（％）

	しない	5分	10分	15分	30分	60分以上
小学校1年生	416（22.4）	340（18.3）	378（20.3）	336（18.1）	313（16.8）	75
小学校2年生	400（25.3）	214（13.5）	237（15.0）	283（17.9）	350（22.1）	99
小学校3年生	481（29.5）	155（ 9.5）	264（16.2）	264（16.2）	343（21.0）	125
小学校4年生	445（29.0）	183（11.9）	193（12.6）	232（15.1）	296（19.3）	132
小学校5年生	455（31.4）	114（ 7.9）	192（13.2）	200（13.8）	286（19.7）	204
小学校6年生	494（36.4）	98（ 7.2）	163（12.9）	174（12.8）	246（18.1）	184

表 9 - 4　Wave 7（2021 年度）の小学生における読書時間の度数分布

2021 年度　時間別人数（%）

	しない	5 分	10 分	15 分	30 分	60 分以上
小学校 1 年生	341 （20.4）	256 （15.3）	389 （22.7）	309 （18.5）	294 （17.6）	92
小学校 2 年生	417 （29.0）	206 （11.7）	333 （18.9）	289 （16.4）	378 （21.5）	138
小学校 3 年生	454 （29.05）	134 （8.6）	220 （14.9）	236 （15.1）	376 （24.）	147
小学校 4 年生	472 （32.0）	142 （9.6）	197 （13.3）	207 （14.0）	291 （19.7）	158
小学校 5 年生	527 （35.2）	115 （7.7）	174 （11.6）	177 （11.8）	298 （19.9）	205
小学校 6 年生	512 （36.6）	96 （6.9）	172 （12.3）	147 （10.5）	260 （18.6）	212

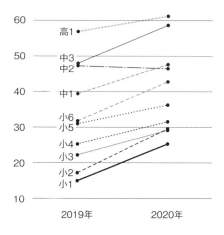

図 9 - 5　Wave 5（2019 年度）と Wave 6
（2020 年度）の不読率比較

ことがわかる。

　図 9 - 5 をみると，不読率が 2019 年よりも 2020 年に高くなっている学年は，小 1，小 2，小 3，中 1，高 3 である。本調査データは同一児童生徒の縦断調査研究データであることから，2019 年の学年集団毎の不読率が，全国的な一斉臨時休校の中での学年進行を経て 2020 年にどのように変化したかをみると，10 ポイント以上不読率が高まったのが，2019 年度の小 1，小 2，小 6，中 3 である。2020 年から 2021 年の間の不読率の増加をそれぞれ確認すると，小 1：1.3 ポイント，小 2：3.7 ポイント，小 6：3.5 ポイント，中 3：15.9 ポイントであった。小 1，小 2，小 6 については 2019 年から 2020 年の学年進行に伴う不読率の増加より小さい。

　また，2020 年調査（Wave 6）に回答している者を対象に，2019 年（Wave 5），2021 年（Wave 7）とそれぞれ比較し，読書活動への取り組みにどのような変化があったかを検討する。読書時間の解答について，「0 分」（不読）を不読群，「5 分」「10 分」「15 分」を短時間読書群，「30 分」以上を読書群とした 3 群に分け，年度進行によってどのような変化があったのかを示したのが，表 9 - 5，表 9 - 6 である。

　表 9 - 5 をみると，2019 年から 2020 年になって群が変わらなかった児童生

表 9-5　2019 年 - 2020 年への
読書時間の変化

			2020			
			不読	短時間	読書	合計
2019	不読	度数	2780	699	401	3880
		%	71.6%	18.0%	10.3%	100.0%
	短時間	度数	1529	2282	1029	4840
		%	31.6%	47.1%	21.3%	100.0%
	読書	度数	550	996	1927	3473
		%	15.8%	28.7%	55.5%	100.0%
合計		度数	4859	3977	3357	12193
		%	39.9%	32.6%	27.5%	100.0%

表 9-6　2020 年 - 2021 年への
読書時間の変化

			2021			
			不読	短時間	読書	合計
2019	不読	度数	3086	944	429	4459
		%	69.2%	21.2%	9.6%	100.0%
	短時間	度数	1369	2171	1130	4670
		%	29.3%	46.5%	24.2%	100.0%
	読書	度数	580	861	1954	3395
		%	17.1%	25.4%	57.6%	100.0%
合計		度数	5035	3976	3513	12524
		%	40.2%	31.7%	28.1%	100.0%

徒の割合は，不読群で 71.6%，短時間読書群で 47.1%，読書群で 55.5% である。
新型コロナウイルス感染症による全国的な一斉休校を含むこの期間において，
5 分から 15 分読書をしていた児童生徒のうち，1529 人（31.6%）が不読となり，
30 分以上読書を行っていた児童生徒のうち 550 人（15.8%）が不読となり，
996 人（28.7%）が読書に取り組む時間を減らしたことが捉えられる。全体で
みると 12193 人中 3075 人，つまり，25.2% の児童生徒が学年進行に伴って読
書する時間を減らしたことがわかる。

　読書時間を増やした児童生徒については，2019 年から 2020 年では，不読だ
った児童生徒のうち 1100 人（28.3%）が読書を行うようになっていること，5
分から 15 分の読書を行っていた児童生徒のうち 1029 人（21.3%）が 30 分以上
の読書を行うようになっていることが確認できる。12193 人中 2129 人，つまり，
全体の 17.5% の児童生徒が学年進行において，より長い時間の読書に取り組む
ようになっていることが捉えられる。

　2020 年から 2021 年における児童生徒の読書活動の変化が表 9-6 である。
2020 年から 2021 年になって，群が変わらなかった児童生徒の割合は不読群で
69.2%，短時間読書群で 46.5%，読書群で 57.6% であった。2020 年に 5 分から
15 分読書をしていた児童生徒のうち 1369 人（29.3%）が不読となり，30 分以
上読書を行っていた児童生徒のうち 580 人（17.1%）が不読となり，861 人
（25.4%）が読書に取り組む時間を減らしたことが捉えられる。12524 人中 2810
人，つまり，全体の 22.4% の児童生徒が学年進行に伴って読書する時間を減ら
したことが示唆される。また一方で 2020 年から 2021 年について読書時間を増

やした児童生徒については，不読だった児童生徒のうち 1373 人（30.8%）が読書を行うようになっていること，5 分から 15 分の読書を行っていた児童生徒のうち 1130 人（24.2%）が 30 分以上の読書を行うようになっていることも確認できた。12524 人中 2503 人，つまり，全体の 20%の児童生徒が学年進行に伴ってより長い時間の読書に取り組むようになっていることが捉えられる。

　つまり，ここからは学年進行に伴って読書しなくなる児童生徒がいる一方で，読書をするようになる児童生徒も 2 割程度存在することが明らかとなった。2020 年から 2021 年への年度進行に比べ，新型コロナウイルス感染症による全国的な一斉休校を含む 2019 年から 2020 年における年度進行では，読書活動に取り組む時間を減らした児童生徒が通常年よりも多く，読書活動に取り組む時間を増やした児童生徒は通常年よりも少ないことが示された。ただし，この群間の移動が，なぜどのような要因で生じたのかは今回の調査項目データだけでは明らかではない。読書活動が変わらない生徒が最も多く，次に減少する生徒が増える中で増やす生徒が一定数いることが明らかとなった。

4. 読書時間に小学校入学前の読み聞かせはどのような効果を もつのか？

　前節(1)と(2)からは，小学校 1，2 年という低学年段階から一定の不読層が存在することが明らかになった。では，就学前の読み聞かせは，その後の読書時間にどのような影響を与えるのだろうか。この点に関して荒牧ほか（2022）は幼児期の読み聞かせが児童期低学年中学年の一人読みと関連があり，一人読みの頻度が小学校 6 年生の言語スキルと関連があることを図 9-6 のように示している。

　図 9-6 からは読み聞かせが小学校低学年での一人読みの頻度に影響を与えること，またひとり読みの頻度は中学校での言葉スキルや，論理性に関連があること，また就学前に読み聞かせを行う時間は，小学校低中高学年でも親子で本の内容について質問したり，子どもの質問に答えたりするという双方向のやり取りに影響を与えることを明らかにしている。ただしこちらは，1 コホートでの長期縦断研究であり，サンプル数も 300 名ほどである。では，このような結果は親子パネルでのデータでも見られるだろうか。

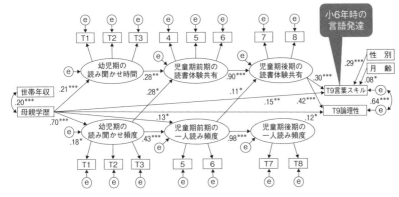

***p<.001, **p<.01, *p<.05, CFI=.963 TLI=.952 RMSEA=.040 90% CI for the RMSEA. 031-.049

（荒牧他,2022，ベネッセ教育総合研究所報告書より簡略化したものを引用）

図9-6　幼児期の読み聞かせが中学校1年生までの読書行動や言葉の力に与える影響

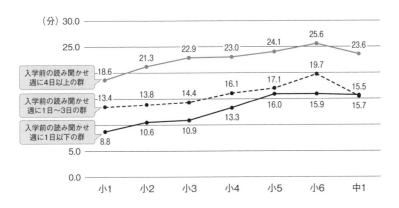

図9-7　入学時の読み聞かせ頻度群別の小学校での読書時間

　まず図9-7は就学前の読み聞かせの頻度で3群にわけたその後の子どもの読書時間である。

　ここは入学時点での読み聞かせ頻度がその後にも続いていることが見えてくる。

　また入学前の読み聞かせ頻度がその後小3までの読み聞かせ頻度と読書時間の関係を分析したパス解析のモデル図が図9-8である。ここからは幼児期に読み聞かせを行っている頻度が高いとその後の小1，小2，小3とその後も読

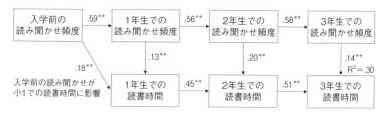

X2 = 229.127（df = 12, p = .000），CFI = .936，RMSEA = .099

図 9-8　入学前・小学校での読み聞かせ頻度と読書時間の関連性

み聞かせには影響を及ぼしていることがわかる。また前の図 9-7 と同様に 1
年生で読書時間が長いと，その後の小 2，小 3 でも長いことが見える。

　次に，読み聞かせの頻度から 2020 年の小学校 1 年生のデータ（N=1855）を
2020 年に読み聞かせを全く行わなかった群と月に数回は行った群，週に複数
回の頻度で読み聞かせを行った高頻度群でわけ，分析を行った。「本（分）」の
解答について，「0 分」（不読）の不読群，「5 分」「10 分」「15 分」の短時間読
書群，「30 分」以上と答えた読書群の 3 群に分けた結果である。

　まず読み聞かせしていないという親が全体の 11％，月に数回が 28.5％であ
り 60％の親は週に数回は読み聞かせをしている。しかしその中での小 1 で読
書時間 0 分の不読者率をみると，読み聞かせをしてもらっていない子どもでは
その約半数である。ここからは，幼児期の読み聞かせは一定の影響を与えてい
ることがわかる。しかし一方で読み聞かせをしてもらっている子どもの中にも
小 1 段階で既に不読の子どもが存在することも見えてくる。

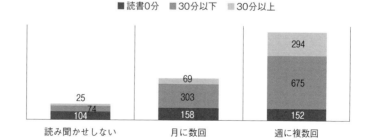

図 9-9　就学前の読み聞かせ頻度群別の小 1 の読書時間

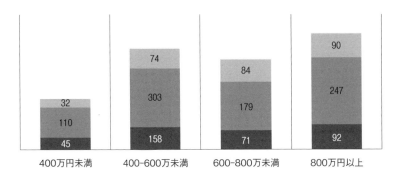

■読書0分　■30分以下　■30分以上

図9-10　世帯年収別の小1読書時間

　そこで，さらに詳細に読書量時間や不読と世帯年収との関係をみてみたのが図9-10である。

　人数比の偏りを検討するためにχ2検定を行ったところ，世代年収による読書時間には有意な人数比率の偏りはみられなかった（χ2=5.66, df=6, n.s.）。ここからは世帯年収は直接，小学校1年生の不読には関係がないことが明らかになった。ただし読み聞かせ頻度や，家庭の経済状況によらず，不読者が小学校1年時点ですでに22%ほどいることが，保護者回答からは示されている。

　そこでつぎに読書時間や不読とジェンダーの相違を調べたのが，図9-11である。

　図9-11からは，不読者は男子が26.9%であるのに対し，女子では17.9%であり，ジェンダーによる人数の偏りが有意である（χ2=22.63, df=2, P<.001）。残

■読書0分　■30分以内　■30分以上

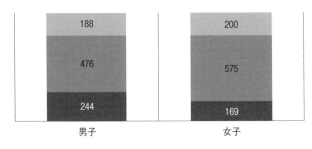

図9-11　ジェンダー別読書時間

差分析の結果，不読者の割合の違いが有意であった。

　PISA2018 や PIRL（Progress in International Reading Literacy）を行った European Commission（2023）等では 15 歳でのジェンダーによる読書量の違いを指摘している。これに対しフィンランドの Troppa ほか（2023）は幼稚園から 18 歳までの縦断研究を通して，読みの能力や読書の違いは小学校になってから生じるのではなくすでに，幼児教育の段階で違いが生まれていることを明らかにし，しかし小学校の教育と親の教育水準によってそれが補われることがある一方で父親の低い教育水準が初期の男子の読みのリスクに影響を及ぼすことを示している。ジェンダー差がすでに小 1 で生じているという本結果もまたこの結果を支持するものであると言える。

　この結果からは，就学前の読み聞かせを行うことが不読を防ぐ一つの方法であることを指摘することができる。と同時にコロナ禍の影響のデータが示すのは，小 1 に入った時の学校での読書への導入が 4，5 月に行われることもまた小学校低学年では影響を与えるのではないかということが示唆される。

5. 全体考察と今後の課題

　以上，本章では冒頭に述べたように，子どもの生活と学びに関する親子調査（Wave 1 ～ Wave 7）の読書時間に関するデータをもとに，子どもの読書時間に関する学年変化の分析を行ってきた。それによって，第一に，すでに猪原（2022）も示しているように，学校図書館協議会のデータでは小 4 以降しか捉えられていなかった読書の実態を小 1 ～小 3 までを含めてとえることで，小 1，2 年生からの不読層の存在を明らかにし，小 2，3 年からその不読層が増えること，学校種が変わる移行での不読率の増加が，Wave 5 でも生じていることを明らかにした。また第二に Wave 6 の時期にコロナが生じたことの影響を検討し，コロナの影響は特に小 1，2，3 と小 6 から中 1，中 3 から高 1 で増加することから均質に影響をおよぼすのではないことを明らかにした。このことは，4，5 月の入学当初の図書館使用等のガイダンスが十分になされなかったことや，この時期に図書の貸し出しが不可能であったことの影響が推察される。しかし，この点はあくまでも推測の域を得ない。またコロナ禍の読書については，紙の読書は増えなくてもデジタル読書が低学年で増えたといった報告（ベネッ

セホールディングス，2021）や高校生では休校時間に読書をすることができた等の報告もある。今回の調査では，紙の読書と電子書籍の区別をした調査は行っておらず，今後この点の確認も必要と考えられる。

　第三に，小学校1年生での不読層との関連から入学前の家庭での読み聞かせの影響を検討した。この結果として，読み聞かせが不読層低減に影響を与える可能性が支持された。そしてそこには，世帯年収は影響しないが，性差がみられることも明らかになった。ただし，読み聞かせ頻度と子どもの読書時間との相関は必ずしも大きくはなかった。

　これ以上の分析は本データのみからは明らかにされないが，現在では幼児教育の無償化等もあり，多くの子どもたちは園に通園しており，そこでの絵本経験にも園間で大きな格差があることも明らかになっている。今後はこれらの点との関係の検討も必要である。

　また本章では読書の経験を読書時間という点でしかとらえていないが，猪原ほか（2015）がしめすように，読書に関しても多様な指標があること，また上田ほか（2017）が示唆する読書ジャンルの問題もある。この点で調査の指標のより詳細な検討が必要だろう。

　また理論的な課題として，不読に関して，小学校低学年での不読対応，小3，4年生からの読書時間減少に対応する不読対応，学校種間をまたいでの不読率増加への対応はそれぞれに対応が必要な課題である。しかしこれまでは，中高生への不読対応はいわれてきたが必ずしも小学校時点での効果は，活動事例はみられるものの，エビデンスに基づく検討は十分ではない。電子書籍への対応やオンラインを活用した読書推進等，今後いっそうの検討が必要であると考えられる。

付記

本章第2節3節の一部分は，濱田秀行・秋田喜代美（2023）「小中高校生の読書活動に対する新型コロナウイルス感染の影響―― 一斉臨時休校時期の不読率の変化に着目して」『全国学校図書館学会誌』に発表済みの内容を解説したものとなっている。1節の分析においては，ベネッセ教育総合研究所の木村治生氏に分析協力を得て実施している。

引用文献

秋田喜代美，2014，「『格差・落差・段差』のない学校読書環境の実現を」子安増生・仲真紀子（編）『こころが育つ環境を創る――発達心理学からの提言』新曜社，47-64.

荒牧美佐子・高岡純子・秋田喜代美・無藤隆，2022，「幼児期からの読書活動が児童期の言語発達に及ぼす影響 その2」『日本発達心理学会大会発表論文集』.

ベネッセホールデイング，2021，「コロナ禍で子どもたちにも『デジタル読書』広がる」. https://blog.benesse.ne.jp/bh/ja/news/20210420release.pdf

バリー・サンダース（著），杉本卓（翻訳），1998，『本が死ぬところ暴力が生まれる――電子メディア時代における人間性の崩壊』新曜社.

European Commission, 2023, Children's reading competence and well-being in the EU: An EU comparative analysis of the PIRLS results.

濵田秀行・秋田喜代美・藤森裕治・八木雄一郎，2016，「子どもの頃の読書が成人の意識・意欲・行動に与える影響」『読書科学』58，29-39.

濵田秀行・秋田喜代美，2020，「小中高校生の読書に対する学校や家庭，友人間における行動の影響――学校図書館の魅力に注目して」『読書科学』61，143-153.

猪原敬介，2022，「小・中・高校生の学校外の読書時間についての横断的・縦断的分析――4時点3年間の大規模追跡調査に基づく検討」，東京大学社会科学研究所 附属社会調査・データアーカイブ研究センター『「子どもの生活と学びに関する親子調査」（パネル調査）を用いた親子の成長にかかわる要因の二次分析研究成果報告書」140-152. https://csrda.iss.u-tokyo.ac.jp/pdf/RPS080.pdf（参照 2022-8-20）

猪原敬介・上田紋佳・塩谷京子・小山内秀和，2015，「複数の読書量推定指標と語彙力・文章理解力との関係――日本人小学校児童への横断的趨あによる検討」『教育心理学研究』63，254-266.

株式会社浜銀総合研究，2015，『高校生の読書に関する意識等調査報告書 文部科学省委託研究』.

国立教育政策研究所，2019，『生きるための知識と技能7 OECD生徒の学習到達度調査（PISA）――2018年調査国際結果報告書』明石書店.

国立教育政策研究所，2021，『令和3年度 全国学力・学習状況調査 報告書（質問紙調査）』. https://www.nier.go.jp/21chousakekkahoukoku/report/question.html

国立青少年教育振興機構，2013，『子どもの読書活動の実態とその影響・効果に関する調査研究』.

国立青少年教育振興機構，2021，『子どもの頃の読書活動の効果に関する調査研究報告書』. https://www.niye.go.jp/about/report_list/52449381061131aadbb53220210811093245.html

文部科学省，2023，「子供の読書活動推進に関する有識者会議論点まとめ――全

ての子供たちの読む喜びを育む読書活動の推進」,

メアリアン・ウルフ（著）, 大田直子（翻訳）, 2020, 『デジタルで読む脳 X 紙の本で読む脳──「深い読み」ができるバイリテラシー脳を育てる』インターシフト 合同出版.

邑上夏美・安藤美華代, 2020, 「小学生の読書活動と学校生活スキルとの関連」『岡山大学教師教育開発センター紀要』10, 17-26.

静岡大学. 2009, 『学力調査を活用した専門的な課題分析に関する調査研究──C．読書活動と学力・学習状況の関係に関する調査研究分析報告書』平成21 年度 文部科学省 委託調査研究.

上田紋佳・猪原敬介・塩谷京子・小山内秀和, 2017, 「語彙力・文章理解力の発達に及ぼす読書のジャンルの影響──小学生 3 年生を対象とした縦断研究」『読書科学』59(3), 121-132.

Torooam, Mari Mmanyu, Vasalampi, K. Poikkenys,M.L.M. & Niemi,P., 2023, Reading Development from Kindergartern to Age 18: The role of Gender and Prental Education. Reding Reesrch Quarterly,.0(0), 1-34. Doi. 10.1002/rrq.518.

全国 SLA 研究調査部, 2021, 「子どもの読書の現状（第 66 回学校読書調査報告）」『学校図書館』85.

全国学校図書館協議会, 2022, 『第 67 回学校読書調査結果報告』. https://www.j-sla.or.jp/news/sn/56-1.html。

第 10 章

小学校から中学校への移行にともなう学校適応の変化
——中1ギャップ／中1ジャンプの規定要因

須藤 康介

1. 本章の目的

　本章の目的は，小学6年生から中学1年生への学校段階の移行にともなう学校適応の変化をパネルデータから明らかにするとともに，その変化の規定要因を分析することである。

　小中移行にともなう中1ギャップは長らく教育問題の1つとされている。中1ギャップという言葉に厳密な定義は存在しないが，児島（2006）によれば，「小学校から中学校に入学した1年生が，大きな段差，壁を感じとり，中学校生活にスムーズに溶け込めないといった状況」（p.11）とされている。小学校と中学校にはさまざまな違いが存在する。1小学校1中学校である地域を除いて同級生が入れ替わることに加え，授業が定期試験や受験を意識したものになること，部活動が始まること，学級担任制から教科担任制に移行すること，校則が厳しくなることなど，さまざまである。これらの環境の変化によって中1で学校不適応が生じることが，中1ギャップと呼ばれる。

　その要因について，たとえば，新潟県教育委員会（2008）は，「社会的スキルの定着が不十分等の個人的な要因，家庭的な要因等を抱えた生徒」が「小学校から中学校への大きな環境の変化」を受けることで，中1ギャップが生じると図示している。酒井（2010）はより理論的に，各学校段階で学校による方法的社会化がなされる中で，学校段階を移行したときの再社会化に対して生じる反作用が，中1ギャップであると論じている。その他にもさまざまな言説があり，「中1ギャップを乗り越える」と銘打った保護者向けの書籍が刊行されて

いることから，中1ギャップは保護者の間でも少なからず子どもの「危機」として認識されていることがうかがえる。

しかし，言説としては多く語られながら，中1ギャップの実態やその規定要因が大規模なパネルデータに基づいて検証されていることはきわめて少ない。中1ギャップの実態や規定要因を分析するためには，同一個人を小6から中1にかけて追跡したパネルデータが必要となる。特定の学校の事例研究ではなく，ある程度広範囲を対象としたパネル調査によって生徒の変化を捉えた貴重な研究としては，酒井（2007）と都筑（2008）が挙げられる。しかし，前者は東京都内の1つの自治体のみを対象としている点，後者は生徒の時間的展望（将来への希望や計画性）の変化に焦点を当てており，学校適応の変化を直接は分析していないという点で限界があった。

そもそも中1ギャップについては，その存在自体に疑問を呈する研究も存在する。たとえば国立教育政策研究所（2015）や都筑（2021）は，学校適応の低下は小学校内部や中学校内部の学年進行でも観察されることから，中1ギャップという学校段階の移行に特有のギャップの存在に疑問を投げかけている。前掲の酒井（2007）の調査でも，小6から中1にかけて学習意欲・対教師関係・級友関係の悪化はほとんど見られなかった[1]。全国規模で見た場合，中1ギャップ（小6から中1で学校不適応になる現象）に類する事態が生じている生徒はどれくらいいて，いるとしたらどのような生徒が中1ギャップを起こしやすいのか。

また，これまで中1ギャップは注目される一方，一定数いるはずの小6から中1で学校適応が高まる生徒の存在はまったくと言っていいほど注目されてこなかった。確かに，一般に語られているように，小学校から中学校に上がると，勉強が定期試験や受験を意識したものになったり，部活動が始まったりで，これらの環境の変化に順応できない生徒はいるだろう。しかし逆に，定期試験や受験といった目標がはっきりした勉強のほうが適応しやすい生徒や，部活動にこれまでになかったやりがいを感じる生徒がいることも十分に想定できる。学校段階の移行の否定的側面ばかりを見ることは一面的だろう。本章では，小学生のときは学校に不適応だった生徒が中学生になり学校適応的になる現象のことを中1ジャンプと呼称する。中1ジャンプに類する生徒はどれくらいいて，いるとしたらどのような生徒が中1ジャンプを起こしやすいのか。

近年，小中の円滑な移行を目的の1つとして，公立の義務教育学校（小中一貫校）が増設されている。2023年時点で，日本全国に義務教育学校は207校設置されている（通常の中学校は9,944校）。しかし，山本（2019）のように，義務教育学校の増設は，小学校と中学校の分離が子どもに負の影響を与えていることを前提に，それを口実として財政的事情から学校統廃合を進めるものであるという批判も存在する。小中の学校段階の移行の実態を明らかにすることは，小中一貫校の是非をめぐる議論にも示唆を与えるだろう。

以上の問題関心から，本章では，同一個人を追跡した全国規模のパネルデータの分析を通して，中1ギャップ／中1ジャンプの割合の実態把握と規定要因分析を行う。

2. 学年別の学校適応

まずは，しばしば中1ギャップの根拠とされる文部科学省の統計を見てみる。不登校・中退の統計をまとめた結果が図10-1である。

図10-1を見ると，確かに小6から中1にかけて不登校は急増している。ちなみに，いじめ認知件数ではこのような急増は見られない（図は省略）が，少なくとも学校不適応を表すと考えられる不登校については，小6と中1の間に

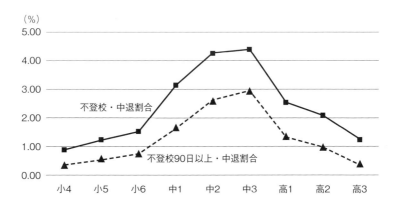

※1　文部科学省「児童生徒の問題行動・不登校等生徒指導上の諸課題に関する調査2019」より。
※2　義務教育学校・中等教育学校の児童・生徒を含む。通信制高校を除く。
※3　不登校は病気や経済的理由を除く年間30日以上の欠席。中退は高校のみ。

図10-1　学年別の不登校・中退割合

段差が存在している。

　次に，今回の「子どもの生活と学びに関する親子調査」の2019年度データから，学年と学校適応の関係を見てみる。学校適応は，ポジティブな指標として「学校が好き」，ネガティブな指標として「学校に行きたくない」に着目する。「学校が好き」は「自分の学校が好きだ」という質問項目に「とてもあてはまる」「まああてはまる」と回答したこと，「学校に行きたくない」は「学校に行きたくないことがある」という質問項目に「とてもあてはまる」と回答したことを表す。「学校に行きたくないことがある」は特段の学校不適応でなくてもありえることから，正味の学校不適応を捉えるため「とてもあてはまる」の回答に限定した。その結果が図10‐2である。

　図10‐2を見ると，図10‐1とは対照的に，小6と中1の間にとくに大きな段差は観察されない。2つの図がともに現実の一側面を捉えているとしたら，次のような解釈が成立する。すなわち，小6から中1にかけて不登校になるような学校不適応層は増加するが，同時に学校適応層も増加するため，両者が打ち消し合って図10‐2のような結果になっていると考えられる。この解釈は後の分析でも確認する。第1節で述べたように，中1ギャップと同時に中1ジャンプも分析することで，小中の学校段階移行の全体像が見えてくると考えられる。

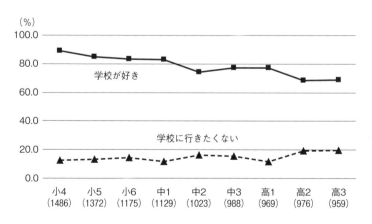

※ 両方の質問に回答した児童・生徒の値。括弧内は有効度数。

図10‐2　学年別の「学校が好き」と「学校に行きたくない」の割合

3. 分析に用いるサンプル

本章の以後の分析で用いるサンプルは，「子どもの生活と学びに関する親子調査」において 2016 → 2017 年度，2017 → 2018 年度，2018 → 2019 年度で公立小学校の小 6 から中 1 に移行したサンプルである。3 つのコーホート（世代）を統合して分析に使用する。国立・私立小学校に在学していた者は一般的な小中移行とは異なる経路をたどることから，対象としない。当該調査は本稿執筆時点で 2015 〜 2021 年度のデータが分析可能であるが，2015 年度調査は「学校に行きたくない」に該当する変数が存在しないため，使用しない。また，2020・2021 年度調査は COVID-19 の感染拡大の影響で「学校に行きたくない」の変数の意味が平時と異なっていると考えられるため，使用しない。以上の結果，サンプルサイズは 2,792 名となる。

本データに課題があるとしたら，それは，ベネッセ教育総合研究所のモニターが対象であるため，学習への関心がある程度高い層に偏っていることである。しかし，それを差し引いても，全国規模で小 6 から中 1 の変化が捉えられる稀有なデータであることは間違いないだろう。また，学校を通した調査ではないため，学校を休みがちな生徒からも回答が得られていることは特長である。

以下，まずは第 4 節において，小 6 から中 1 にかけての学校適応の変化を示し，中 1 ギャップ／中 1 ジャンプに該当する生徒の割合を把握する。次に第 5 節で，中 1 ギャップ／中 1 ジャンプの規定要因を分析する。第 6 節では補足の分析として，中 1 ギャップ／中 1 ジャンプと成績変化の関連を示す。

4. 中 1 ギャップ／中 1 ジャンプの割合

前述の「学校が好き」「学校に行きたくない」という 2 つの指標に着目し，小 6 から中 1 にかけての学校適応の変化を示した結果が表 10 - 1，表 10 - 2 である。

「学校が好き」というポジティブな指標の変化に着目するか，「学校に行きたくない」というネガティブな指標の変化に着目するかで若干異なるが，基本的に 7 〜 8 割という多数派の生徒は小 6 から中 1 にかけて学校に適応を続けてい

表 10 - 1 「学校が好き」の小6→中1変化

中1ギャップ

			中1		合計
			あてはまる	あてはまらない	
小6	あてはまる	度数	1989	328	2317
		パーセント	73.0%	12.0%	85.0%
	あてはまらない	度数	228	181	409
		パーセント	8.4%	6.6%	15.0%
合計		度数	2217	509	2726
		パーセント	81.3%	18.7%	100.0%
マクネマー検定				p=0.000	

中1ジャンプ

表 10 - 2 「学校に行きたくない」の小6→中1変化

中1ジャンプ

			中1		合計
			あてはまる	あてはまらない	
小6	あてはまる	度数	76	213	289
		パーセント	2.8%	7.8%	10.6%
	あてはまらない	度数	183	2250	2433
		パーセント	6.7%	82.7%	89.4%
合計		度数	259	2463	2722
		パーセント	9.5%	90.5%	100.0%
マクネマー検定				p=0.145	

中1ギャップ

る。中1ギャップと中1ジャンプに類する生徒はそれぞれ約1割ずつである。両者がほぼ同数であることによって打ち消し合い，図10-2のように小6から中1で変化がないような推移になっていたことがわかる。

　なお，「学校が好き」と「学校に行きたくない」は相関が高く，ガンマ係数で見ると小6時点で0.608，中1時点で0.658の相関を示す。しかし，両者でねじれた回答をしている者も一定数いることから，以後も両者を区別して分析を進める。ちなみに，中1時点で「学校が好き」だが「学校に行きたくない」という生徒は全体の中で5.0%，「学校が好き」ではないが「学校に行きたくない」ということはない生徒は全体の中で14.2%である。少数派ではあるものの，それぞれある側面では学校に適応しており，別の側面では不適応な状況と言えるだろう。

5. 中1ギャップ／中1ジャンプの規定要因

　それでは，どのような生徒が中1ギャップ／中1ジャンプを起こしやすいのか。このことを明らかにするため，適応継続／中1ギャップ／中1ジャンプ／不適応継続の4類型を従属変数とする多項プロビット回帰分析を行い，中1ギャップと中1ジャンプについての結果にとくに注目する[2]。

　多項プロビット回帰分析の独立変数は，時系列を考慮し，原則として小6時点のものを扱う。ただし，国私立・中等教育学校進学ダミー，運動部加入ダミー，文化部加入ダミーは，小6から中1の間で起こったイベントと見なし，中1時点のものを使用する。性別と自治体規模は小6時点の回答を用いるが，無回答の場合は中1時点の回答を使用する。また，父学歴と母学歴は教育年数に換算（中学校は9，高校は12，短大・専門学校は14，大学は16，大学院は18）し，父母の一方が無回答の場合は，回答されている側に基づく平均値を代入する。小6成績平均は，国語・算数・理科・社会の校内成績（5段階）の平均値である。使用する独立変数の一覧が表10-3である[3]。

(1)「学校が好き」変化の規定要因

　まず，「学校が好き」の変化で中1ギャップ／中1ジャンプを捉え，その規定要因を多項プロビット回帰分析で分析した結果が表10-4である。

　表10-4より，次のことが読み取れる。まず，国私立・中等教育学校進学者，小6で学習動機が「新しいことを知ることが嬉しい」「希望する高校や大学に進みたい」だった生徒，運動部に加入した生徒は中1ギャップを起こしづらい。これらの特徴がある生徒は中学校で不適応になりづらいことがわかる。また，国私立・中等教育学校進学者，小6で学習動機が「希望する高校や大学に進みたい」だった生徒は中1ジャンプを起こしやすい。これらの特徴がある生徒は小学校よりも中学校に適応しやすいことがわかる。そして，小6で学習動機が「新しいことを知ることが嬉しい」だった生徒，小6で友だちと過ごすことがとても楽しかった生徒，小6で空気を読んでいた生徒は中1ジャンプを起こしづらい。ただし，これらの特徴のある生徒はもともと学校適応が高い傾向があるので，天井効果（すでに高いことでそれ以上高くなりづらい現象）が生じてい

表 10-3　分析に使用する独立変数の記述統計量

	有効度数	最小値	最大値	平均値	標準偏差
コーホート：2016-2017〈基準〉	2792	0.000	1.000	0.346	0.476
コーホート：2017-2018 ダミー	2792	0.000	1.000	0.317	0.466
コーホート：2018-2019 ダミー	2792	0.000	1.000	0.337	0.473
女子ダミー	2791	0.000	1.000	0.524	0.500
自治体規模：東京 23 区・政令指定都市ダミー	2791	0.000	1.000	0.292	0.455
自治体規模：人口 15 万人以上〈基準〉	2791	0.000	1.000	0.311	0.463
自治体規模：人口 5 〜 15 万人ダミー	2791	0.000	1.000	0.250	0.433
自治体規模：人口 5 万人未満ダミー	2791	0.000	1.000	0.147	0.354
父教育年数	2556	9.000	18.000	14.525	2.027
母教育年数	2556	9.000	18.000	14.173	1.555
中 1 国私立・中等教育学校進学ダミー	2770	0.000	1.000	0.118	0.323
小 6 成績平均	2754	1.000	5.000	3.703	0.963
小 6 学習動機：新しいことを知ることが嬉しいダミー	2774	0.000	1.000	0.683	0.465
小 6 学習動機：友だちに負けたくないダミー	2775	0.000	1.000	0.582	0.493
小 6 学習動機：希望する高校や大学に進みたいダミー	2771	0.000	1.000	0.612	0.487
小 6 学習動機：先生や親に叱られたくないダミー	2773	0.000	1.000	0.441	0.497
小 6 友だちと過ごすとても楽しいダミー	2773	0.000	1.000	0.743	0.437
小 6 空気を読むダミー	2770	0.000	1.000	0.787	0.409
中 1 運動部加入ダミー	2725	0.000	1.000	0.684	0.465
中 1 文化部加入ダミー	2725	0.000	1.000	0.256	0.437

ると考えられる。

　なお，親学歴と自治体規模は中 1 ギャップにも中 1 ジャンプにも統計的に有意な影響を与えていない。親学歴については，単純な相関関係で見た場合（分析結果は省略），母親学歴が高いほど学校適応が高い傾向が見られるが，今回の分析では国私立・中等教育学校進学や学習動機の影響を統制しているため，親学歴による直接の効果が見いだされなかったと考えられる。自治体規模については，都市部と比べて地方のほうが，学校数が少ないことに起因して小中で人間関係が継続する傾向が強いため，ギャップもジャンプも起こりづらいことも考えられたが，実際は明確には関係していない。ただし，地域による違いは，自治体規模ではなく，1 中学校あたり何校の小学校から進学してくるか，といったよりミクロな変数を用いた分析が可能であれば，何らかの傾向性が見いだされることはありうる。この点は今後の課題としたい。

表 10 - 4 「学校が好き」変化の多項プロビット回帰分析

	適応継続		中 1 ギャップ		中 1 ジャンプ		不適応継続	
	平均限界効果	有意確率	平均限界効果	有意確率	平均限界効果	有意確率	平均限界効果	有意確率
コーホート：								
2016-2017〈基準〉								
2017-2018 ダミー	− 0.025		0.024		− 0.014		0.015	
2018-2019 ダミー	− 0.017		− 0.014		0.023		0.008	
女子ダミー	0.031		− 0.004		− 0.027	*	− 0.001	
自治体規模：								
東京 23 区・政令指定都市ダミー	0.004		− 0.009		− 0.007		0.002	
人口 15 万人以上〈基準〉								
人口 5 〜 15 万人ダミー	− 0.011		0.015		− 0.006		0.003	
人口 5 万人未満ダミー	− 0.008		0.013		0.002		− 0.007	
父教育年数	0.000		0.002		− 0.003		0.001	
母教育年数	0.006		− 0.001		0.000		− 0.005	
中 1 国私立・中等教育学校進学ダミー	0.063	*	− 0.060	*	0.052	**	− 0.055	**
小 6 成績平均	0.002		0.004		− 0.004		− 0.002	
小 6 学習動機：								
新しいことを知ることが嬉しいダミー	0.166	***	− 0.047	***	− 0.073	***	− 0.046	***
友だちに負けたくないダミー	− 0.013		0.027		0.003		− 0.017	
希望する高校や大学に進みたいダミー	− 0.014		− 0.037	**	0.043		0.008	
先生や親に叱られたくないダミー	0.043	*	− 0.004		− 0.017		− 0.023	*
小 6 友だちと過ごすとても楽しいダミー	0.169	***	− 0.011		− 0.075	***	− 0.082	***
小 6 空気を読むダミー	0.082	***	− 0.017		− 0.025	*	− 0.040	***
中 1 運動部加入ダミー	0.110	***	− 0.063	**	− 0.018		− 0.029	
中 1 文化部加入ダミー	0.063		− 0.028		0.004		− 0.039	*
Nagelkerke 擬似決定係数	0.192							
尤度比のカイ二乗検定	p=0.000							
有効度数	2384							

　*** p<0.001　** p<0.01　* p<0.05

(2)「学校に行きたくない」変化の規定要因

　次に，「学校に行きたくない」の変化で中 1 ギャップ／中 1 ジャンプを捉え，その規定要因を多項プロビット回帰分析で分析した結果が表 10 - 5 である。

　表 10 - 5 より，次のことが読み取れる。まず，小 6 で学習動機が「新しいことを知ることが嬉しい」「希望する高校や大学に進みたい」だった生徒，運動部に加入した生徒は中 1 ギャップを起こしづらい。これらの特徴がある生徒は中学校で不適応になりづらいことがわかる。また，小 6 で学習動機が「友だち

表 10-5 「学校に行きたくない」変化の多項プロビット回帰分析

	適応継続		中1ギャップ		中1ジャンプ		不適応継続	
	平均限界効果	有意確率	平均限界効果	有意確率	平均限界効果	有意確率	平均限界効果	有意確率
コーホート：								
2016-2017〈基準〉								
2017-2018 ダミー	0.006		0.009		−0.032	*	0.017	*
2018-2019 ダミー	−0.005		0.033	**	−0.031	*	0.002	
女子ダミー	−0.027		0.013		0.001		0.013	
自治体規模：								
東京23区・政令指定都市ダミー	−0.034		0.024		0.012		−0.002	
人口15万人以上〈基準〉								
人口5〜15万人ダミー	0.016		0.006		−0.019		−0.003	
人口5万人未満ダミー	−0.003		0.023		−0.004		−0.016	
父教育年数	0.003		0.003		−0.005		−0.001	
母教育年数	0.002		−0.003		0.001		−0.001	
中1国私立・中等教育学校進学ダミー	0.014		−0.024		0.029		−0.019	
小6成績平均	0.006		0.009		−0.014	*	0.000	
小6学習動機：								
新しいことを知ることが嬉しいダミー	0.074	***	−0.030	**	−0.025		−0.019	*
友だちに負けたくないダミー	−0.028		−0.001		0.028		0.001	
希望する高校や大学に進みたいダミー	0.044	**	−0.028	*	−0.019		0.003	
先生や親に叱られたくないダミー	−0.057	***	0.018		0.019		0.019	**
小6友だちと過ごすとても楽しいダミー	0.075	***	−0.016		−0.037	***	−0.022	**
小6空気を読むダミー	0.028		0.004		−0.014		−0.018	*
中1運動部加入ダミー	0.091	***	−0.038	*	−0.037		−0.017	
中1文化部加入ダミー	0.059		0.016		−0.032		−0.011	
Nagelkerke 擬似決定係数	0.100							
尤度比のカイ二乗検定	p=0.000							
有効度数	2382							

*** p<0.001　** p<0.01　* p<0.05

に負けたくない」だった生徒は中1ジャンプを起こしやすい。そのような生徒は小学校よりも中学校に適応しやすいことがわかる。そして，小6で成績が高かった生徒，小6で学習動機が「新しいことを知ることが嬉しい」だった生徒，小6で友だちと過ごすことがとても楽しかった生徒は中1ジャンプを起こしづらい。先の分析結果と同じく，これらの特徴のある生徒はもともと学校適応が高い傾向があるので，天井効果でジャンプしづらいと考えられる。親学歴と自治体規模はやはり中1ギャップにも中1ジャンプにも直接は影響していない。

なお，本章の主眼は中1ギャップ／中1ジャンプの規定要因を明らかにすることであるため，積極的な読み取りはしてこなかったが，適応継続と不適応継続に着目すると，小6の学習動機が「先生や親に叱られたくない」であることは，「学校が好き」と「学校に行きたくない」に対して一見矛盾する効果を示している。すなわち，小6で「先生や親に叱られたくない」という学習動機を持っていた生徒は，「学校が好き」が継続しやすいが，「学校に行きたくない」も継続しやすい。学習面で教師や保護者に叱られたくないという動機は，向学校的な意識の表れである場合もあるが，同時にプレッシャーとして継続的な登校忌避にもつながりうると考えられる。

6. 中1ギャップ／中1ジャンプと成績変化の関連

　ここまでの分析で，どのような生徒が中1ギャップ／中1ジャンプを起こしやすいのかが明らかになった。本節では補足として，中1ギャップ／中1ジャンプと，小6から中1にかけての成績変化の関連を分析する。これをあくまで補足として位置づけるのは，仮に両者の間に関連が見いだされたとしても，たとえば中1ギャップを起こしたから成績が低下したのか，成績が低下したから中1ギャップを起こしたのかという因果の向きはわからないためである。パネルデータを分析すれば因果関係がすべて明らかになるわけではないことには注意を要する。

　成績の変化は，中1時点での国語・数学・理科・社会・英語の校内成績（5段階）の平均値を求め，そこから小6成績平均を減算することで算出する。ただし，小学生は自身の成績を高く評価し，中学生は低く評価する傾向があるため，その影響を取り除くため，小6成績平均と中1成績平均をそれぞれZ得点化（平均値0，標準偏差1に調整）してから減算する。したがって，成績変化は平均値が0で，正の値であれば小6から中1で相対的に成績が上昇したことになり，負の値であれば低下したことになる。このように算出した成績変化について，適応継続／中1ギャップ／中1ジャンプ／不適応継続の4類型ごとの平均値を示した結果が表10-6である。

　表10-6より，学校適応の変化と成績変化の間に，統計的に有意な関連は見いだされなかった。これは，テューキーの多重比較によって4類型の平均値の

表 10-6 「学校が好き」「学校に行きたくない」変化と成績変化の関連

	学校が好き				学校に行きたくない			
	適応継続	中1ギャップ	中1ジャンプ	不適応継続	適応継続	中1ギャップ	中1ジャンプ	不適応継続
成績変化の平均値	0.002	−0.080	0.041	0.084	0.007	−0.124	0.050	−0.048
有効度数	1935	322	220	175	2194	177	205	71
分散分析のF検定	p=0.232				p=0.248			

差をそれぞれ検定しても同様である。前述のように，仮に学校適応の変化と成績変化の間に関連が見られたとしても，因果の向きは不明であるが，そもそも関連が見いだされなかった。「学校が好き」「学校に行きたくない」の変化によって捉えられる中1ギャップ／中1ジャンプは，成績の変化とは独立に生じていることがうかがえる。したがって，たとえば小6から中1になって「学校に行きたくない」という状況になった生徒がいたとしても，それを一概に成績低下と関連づけて解釈することには慎重になる必要がある。

7. 結論——小中移行から見えてくるもの

以上，パネルデータの分析を通して，中1ギャップ／中1ジャンプの実態把握と規定要因分析を行ってきた。得られた主な知見およびインプリケーション（含意）は次の4点である。

第一に，中1ギャップと同じくらい，中1ジャンプの生徒も存在している。全体として見れば，小中の移行にともなって学校不適応者が増加するということはない。平易に言い換えれば，中学校進学とともに今まで学校適応的だったものが意気消沈してしまう生徒がいる一方，それと同じくらい，小学校では学校不適応だったが中学校に入り生き生きとする生徒がいるということである。これは，小中移行が子どもに負の影響を与えるという言説に疑問を呈する都筑（2021）の指摘を裏づけるものである。この知見のみから小中一貫校の是非を判断することはできないが，仮に小中一貫化によって小中移行がゆるやかになった場合，中1ギャップが減少したとしても，中1ジャンプも減少し，学校適応層はずっと適応を続け，不適応層はずっと不適応を続ける傾向が強まるかも

しれない。

第二に，小6で学習動機が「希望する高校や大学に進みたい」だった生徒は，中1ギャップを起こしづらく，中1ジャンプを起こしやすい。このような入試を意識した動機づけは望ましくないとされることもあるが，むしろ小学校のうちからそのような意識を持っている生徒は，中学校にスムーズに適応できる傾向がある。志水（2002）が述べるように，日本は中学校と高校の間に高校入試という大きな選抜があり，中学校は能力による生徒の分化を担う学校段階となる。良し悪しは別として，そこへの適応には小学生のうちから進学に関する意識を持っているかどうかが関係することになる[4]。

第三に，運動部加入は中1ギャップを抑制する効果がある。しかしこれは見方を変えれば，運動部に入らないことが中1ギャップのリスクを高めるということでもある。林川（2015）は，学級の影響と部活動の影響の同時分析から，運動部加入が中学生の学校適応を高めることを明らかにしている。そのような在学中の学校適応だけでなく，中1ギャップも運動部に入るかどうかに左右されることが今回示された。誰もが運動部に入りたいわけではないことを考えると，運動部がマジョリティとして大きな存在感を示す中学校文化の功罪と捉えられる。部活動に依存しない中1ギャップの抑制方法が検討されてもよいだろう。

第四に，親学歴や自治体規模は中1ギャップにも中1ジャンプにも明確には影響していない。その点では，中1ギャップも中1ジャンプも階層普遍的・地域普遍的に起こりうる。ただし，よく知られているように，高階層かつ都市部の生徒は中学受験をしやすいため，国私立・中等教育学校に進学し，中1ギャップを抑制して中1ジャンプを獲得している側面がある[5]。中1ギャップおよび中1ジャンプに関する格差は，階層要因から直接生じているのではなく，国私立・中等教育学校進学を通じて生じている。藤田（2006）の指摘する「リッチフライト」（質の高い教育を求める富裕層の動き）の一形態と捉えられる。

本章の限界は，「学校が好き」「学校に行きたくない」という学校適応の全体を捉える指標を分析しているため，「学校の勉強が楽しい」「友人関係に満足している」「教師との関係に満足している」などの学校生活の個別の側面にまで分析が及んでいないことである。まずは中1ジャンプというこれまで見逃されていた存在を示し，全体像としての中1ギャップ／中1ジャンプの規定要因を

明らかにしたことが本章の意義である。また，本章で分析したのはあくまで，「どのような生徒が中1ギャップ／中1ジャンプを起こしやすいのか」という「生徒側」の要因であり，出身小学校での指導の在り方，進学先の中学校の雰囲気などの「学校側」の要因は扱っていない。生徒要因と学校要因を同時に分析することも，今後の重要な課題である。

注

1) 当該調査では，学習意欲は小6の2月から中1の7月に上昇した後，11月に低下し，小6の2月と同じ水準となる。対教師関係は小6の2月から中1の7月にかけてはほとんど変化せず，11月にやや低下する。級友関係は悪化と言えるような変化は見られない。酒井（2007）はこれらを「小中移行の難しさ」として「生徒の学習意欲や対教師関係は驚くほど変化する」（p. 95）と述べているが，学習意欲は結局変化しておらず，対教師関係は2学期になってからわずかに（1〜4点の範囲で0.2点）低下しているだけであることを考えると，その解釈が妥当であるかは留保が必要だろう。

2) このような4類型を従属変数とする分析では，多項ロジスティック回帰分析が用いられることが多いが，多項ロジスティック回帰分析は無関係な選択肢からの独立（IIA）の仮定が必要となる。IIAの仮定とは具体的には，従属変数のどれかの選択肢が消えても，他の選択肢が選ばれる確率の比が変わらないという仮定である。今回の分析では，従属変数の4類型がIIAの仮定を満たさないと考えられるため，多項プロビット回帰分析を採用した。また，プロビット回帰分析の回帰係数は解釈しづらいため，平均限界効果を算出して解釈する。平均限界効果は，独立変数が1増加したときに，従属変数の確率がいくら変化するかの平均値である。

3) 学習動機の4つの変数は，「新しいことを知るのがうれしいから」「友だちに負けたくないから」「自分の希望する高校や大学に進みたいから」「先生や親にしかられたくないから」という質問項目で，「とてもあてはまる」「まああてはまる」を1，「あまりあてはまらない」「まったくあてはまらない」を0とした。友だちと過ごすとても楽しいダミーは，「友だちとすごすのが楽しい」という質問項目で，「とてもあてはまる」を1，「まああてはまる」「あまりあてはまらない」「まったくあてはまらない」を0とした。空気を読むダミーは，「その場の空気を読んで行動する」という質問項目で，「とてもあてはまる」「まああてはまる」を1，「あまりあてはまらない」「まったくあてはまらない」を0とした。

4) 小野田（2020）は，中学校段階では「希望する高校や大学に進みたい」という学習動機がさまざまな学習方略の使用を高めるが，小学校段階ではその影響は見られないことを明らかにしている。これも小中の学校文化の違いを

示唆しており，本章の知見と整合的である。

5) 今回のデータで確認しても，両親とも大卒以上，かつ東京 23 区・政令指定
都市の生徒は，国私立・中等教育学校進学の割合が 32.7% であるのに対して，
それ以外の生徒は同割合が 10.0% である。

参考文献

藤田英典，2006，『教育改革のゆくえ——格差社会か共生社会か』岩波ブックレット．

林川友貴，2015，「中学生の学校適応メカニズムの実証的検討——学級と部活動に着目して」『教育社会学研究』第 97 集，pp. 5-24.

児島邦宏，2006，「小・中の接続・連携にどんな問題があるか」児島邦宏・佐野金吾編『中 1 ギャップ克服のプログラム』明治図書，pp. 11-15.

国立教育政策研究所，2015，「生徒指導リーフ 15——『中 1 ギャップ』の真実」（http://www.nier.go.jp/shido/leaf/leaf15.pdf）.

新潟県教育委員会，2008，「きょういく eye——中 1 ギャップ解消プログラム」（http://www.kairyudo.co.jp/general/data/contents/05-data/magazine/kyoiku-eye/vol02-3.pdf）.

小野田亮介，2020，「学習方略の使用は勉強への動機づけにどのような影響を与えるか」東京大学社会科学研究所・ベネッセ教育総合研究所編『子どもの学びと成長を追う——2 万組の親子パネル調査から』勁草書房，pp. 220-240.

酒井朗，2007，「首都圏における中学進学問題と学校不適応——小中移行の追跡パネル調査をもとに」酒井朗・青木紀久代・菅原ますみ編『子どもの発達危機の理解と支援——漂流する子ども』金子書房，pp. 81-97.

酒井朗，2010，「移行期の危機と校種間連携の課題に関する教育臨床社会学——『なめらかな接続』再考」『教育学研究』第 77 巻，pp. 132-143.

志水宏吉，2002，『学校文化の比較社会学——日本とイギリスの中等教育』東京大学出版会．

都筑学，2008，『小学校から中学校への学校移行と時間的展望——縦断的調査にもとづく検討』ナカニシヤ出版．

都筑学，2021，「小中一貫教育科研の調査研究は何を明らかにしたのか」梅原利夫・都筑学・山本由美編『小中一貫教育の実証的検証——心理学による子ども意識調査と教育学による一貫校分析』花伝社，pp. 10-17.

山本由美，2019，『小中一貫・学校統廃合を止める——市民が学校を守った』新日本出版社．

第 11 章

家庭学習の問題再考
——親子の会話頻度・動機づけ・学習方略の関連に着目して

小野田 亮介

1. 問題意識

　コロナ禍による休校措置は，家庭における自律的学習の難しさを顕在化させたといえる。家庭学習の質に差を生じさせる要因として，オンライン学習環境や家庭学習プランの提供に地域間差，学校間差があることが指摘され，それは社会的問題として語られることもあった。もちろん，これらの問題の解消は必要であるが，家庭学習の充実を語る上で本質的に重要になるのは，子どもが学習に対する自律的な動機づけを有し，質の高い学習を進めるための方略を獲得していることであろう。これらが欠けた学習者に対して，整備された学習環境や質の良い教材，家庭学習プランを提供したとしても，家庭学習の充実は困難だと考えられる。それは，コロナ禍前の教育や学習においても同様であったはずである。その意味で，コロナ禍で顕在化した家庭学習の問題とは，それ以前から存在していた自律的学習の問題が見えやすい形で浮かび上がってきたものとして捉えることができる。

　本章では，まず，コロナ禍の家庭学習において実際に何が問題として生起していたのかを考えるため，2020 年 8 月から 9 月にかけて実施された「中高生のコロナ禍の生活と学びに関する実態調査」（以降，「中高生コロナ調査」と略記）の結果を振り返る。その上で，「子どもの生活と学びに関する親子調査」のベースサーベイ（以下，「親子調査」と略記）のデータのうち，子どもの自律的学習を支える要因として親子の会話頻度，動機づけ，学習方略に焦点を当て，変数間の関連を縦断データ解析により検証する。これらの検討を通して，コロナ

禍で顕在化した家庭学習の諸問題について考察し，今後の研究や実践の方向性について考えることが本章の主たる目的となる。

2. コロナ禍で浮かび上がった家庭学習の諸問題

(1) 親子の関わり

ここでは，「中高生コロナ調査」の結果からコロナ禍における家庭学習の諸問題について検討する。なお，「中高生コロナ調査」の結果の概要については報告書にまとめられている（e.g., 小野田，2022）。以下では，そこで報告している結果のうち，特に本章の内容と関連する結果について紹介する。

休校期間中，子どもが家で過ごす時間が増加したことから，親が子どもの学習に働きかける機会は増加したように思われる。まず，この予想が当たっているかどうかを「中高生コロナ調査」とその前年に実施した「2019年度親子調査」の結果をもとに考えてみたい。両調査の結果の一部を図11-1に示す。

「2019年度親子調査」と「中高生コロナ調査」の類似項目との間で「あてはまる」と回答した生徒（以下，当該の項目に「まああてはまる」「とてもあてはまる」と回答した生徒を示す）の割合に顕著な差はないことが見てとれる。すなわち，休校によって自然発生的に親子の関わりが増加するわけではなく，学習内容を教えたり学習計画を立てたりするような，ふだんの親子の関わり方がそのまま休校期間中も再現された可能性が高いと考えられる。

また，親の関わりに対する子どもの評価に成績層間で顕著な差が認められない点も興味深い特徴だといえる。一見すると，子どもの学習に対する親の関わりは，成績に結びつくような実質的な影響を有していないようにも見えるが，その解釈は正しいのだろうか。この問題にアプローチするため，本章では親子関係を構成する要素の一つである会話頻度に着目する。親の関わりは子どもの動機づけに影響を及ぼしうる要因となる（cf., Gottfried et al., 1994）ため，親子の会話頻度も動機づけや学習方略の使用傾向と関連する可能性がある。また，親の目線から見ても自分と子どもとの会話頻度が学習にどのような影響を与えているかは実生活に関わる興味深い問いだといえるだろう。

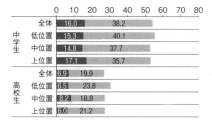

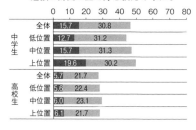

親子調査2019

中高生コロナ調査

（お父さんやお母さんが）
勉強の内容を教えてくれる

家族から勉強を教えてもらった

（お父さんやお母さんが）
勉強の計画の立て方を教えてくれる

どう勉強すればよいかを
家族が考えてくれた

■とてもあてはまる　■まああてはまる

※成績は，教科の成績（国語，数学，理科，社会，英語）の自己評価を合算し，上位，中位，低位が3分の1ずつになるように分けた。

図11-1　コロナ禍の前後における親の学習に対する関わり（成績別）

(2) 学習への動機づけ

次に，「中高生コロナ調査」のうち，動機づけに関連する結果を振り返る。家庭学習時の動機づけについて，休校期間中に「ふだんよりも勉強のやる気が高まらなかった」と感じる生徒は中学生で74.9％，高校生で75.4％認められた。このたずね方の場合，ふだんとやる気が変わらなかった生徒も「あてはまる」と回答する可能性があるため，この結果をもって，家庭学習では中高生の動機づけが低下すると結論づけることはできない。しかしながら，そうした点に留意してもなお，この結果は家庭学習において生徒の動機づけが高まりにくかったことを示唆している。学校という，半ば強制的な学習環境を離れて自律的に学習を進めることは，多くの生徒にとって難しかったのだと推察される。

(3) 学習方略

　学習方略に関連する項目については，成績層間で顕著な差が認められたため，図11-2に成績層別の結果を示す。「自分にあった勉強のやり方を工夫することができた」「計画通りに勉強が進まないときは見直して調整した」と回答した生徒は，中高生ともに半数以下であった。家庭学習では自分に合った計画を立てたり，それを守るために行動を調整したりすることが必要であるが，半数以上の生徒はそのような方略を用いずに学習に取り組んでいたといえる。教育界ではコロナ禍前から自律的な学習者の育成を目標としてきたが，依然として目標の達成率は低いといえるだろう。また，成績層間の違いに目を向けると，両項目において，中高生ともに低位層と上位層の間に20ポイント以上のひらきがあることが見てとれる。

　以上の結果は，（1）家庭学習において自分の状況に合わせて勉強の仕方を工夫したり，計画を調整したりする自己調整的な学習は十分には行われておらず，（2）その傾向は成績低位層で顕著になるという2つの問題を示している。学習方略に関する成績層間の差は「2019年度親子調査」においても認められている（小野田，2022）ことから，ふだんの学習に存在していた差が家庭学習でも同様に現れたと解釈することができる。学校と家庭のいずれの学習場面においても，自律的に学習を進めるための方略は重要な要因であり続けたといえるだろう。

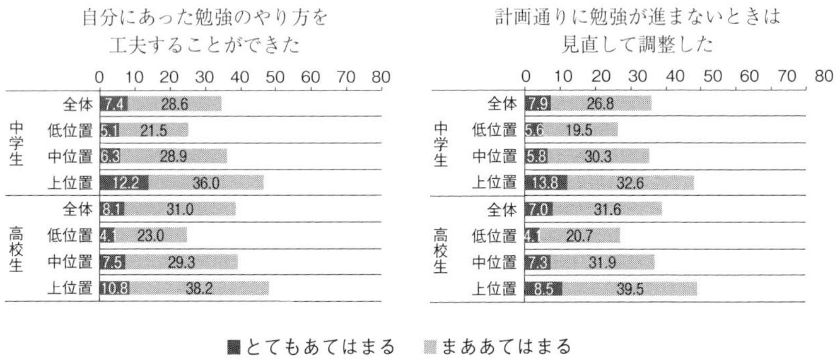

	自分にあった勉強のやり方を 工夫することができた		計画通りに勉強が進まないときは 見直して調整した	
	とてもあてはまる	まああてはまる	とてもあてはまる	まああてはまる
中学生 全体	7.4	28.6	7.9	26.8
中学生 低位置	5.1	21.5	5.6	19.5
中学生 中位置	6.3	28.9	5.8	30.3
中学生 上位置	12.2	36.0	13.8	32.6
高校生 全体	8.1	31.0	7.0	31.6
高校生 低位置	4.1	23.0	4.1	20.7
高校生 中位置	7.5	29.3	7.3	31.9
高校生 上位置	10.8	38.2	8.5	39.5

■とてもあてはまる　■まああてはまる

※成績の分類は，図11-1と同様。

図11-2　コロナ禍の家庭学習における学習方略の調整と工夫（成績別）

⑷ 家庭学習の充実感

　家庭学習に対する充実感について，「休校期間中の家庭での学習は，あなたにとって充実したものでしたか」とたずねた結果，「まあ充実していた」「とても充実していた」と回答した生徒の割合は，中学生で54.1％，高校生で49.6％であった。また，中高生のいずれにおいても成績低位層と上位層間に20ポイント以上の差が認められたことから，特に成績低位層の生徒にとって，家庭学習を充実させることは難しい課題になっていたと推察される。

　家庭学習の充実感と関連する要因を探るため，親子の関わりや学習方略に関連する変数との相関係数を表11-1に示す。中高生のいずれにおいても親子の関わりと充実感との間に弱い正の相関関係が認められたが，サンプルサイズを考慮すると変数間の関連は弱いといえるだろう。一方，学習方略については，中学生と高校生の両方で充実感との間に中程度の正の相関関係が認められた。自分で学習方法を工夫したり，計画を立てて行動を調整したりする生徒ほど家庭学習の充実感を高く評価していたといえる。従来，教育心理学では質の良い学習方略を用いることの重要性が指摘されており（e. g., Pintrich et. al., 1993），その重要性は，ふだんの学校教育のみならず，コロナ禍の家庭学習においても同様に認められるものだったといえる。それだけに，ふだんの学習時から存在していた学習方略の使用傾向の個人差がどのような要因によってもたらされるのかを明らかにすることは重要な検討課題だといえるだろう。

表11-1　家庭学習への充実感と各変数の相関係数

	家族_ 勉強内容	家族_ 勉強方法	勉強方法の 工夫	勉強計画の 調整
中学生	.17	.12	.48	.36
高校生	.17	.16	.51	.40

※1：各変数の名称と質問項目の対応は以下の通り。「家族_勉強内容：家族から勉強を教えてもらった」，「家族_勉強方法：どう勉強すれば良いかを家族が考えてくれた」，「勉強方法の工夫：自分にあった勉強方法を工夫することができた」，「勉強計画の調整：計画通りに勉強が進まないときは見直して調整した」
※2：相関係数はいずれも1％水準で有意。

3. 本章の焦点

　本章では，親子の関わりについて，親との会話頻度（に対する子どもの認知）の観点から捉え，動機づけ，学習方略との相互的な関係を縦断データ解析により検討する。具体的には，「親子調査」のベース項目のうち，子どもにたずねた「親との会話頻度」と「勉強への動機づけ」および「学習方略」の項目を対象とし，2016年度調査（Wave 2）の時点で小学校4年生だった子どもが中学校3年生になる2021年度調査（Wave 7）までの6年分のデータを追跡し，RI-CLPM（random intercept cross-lagged panel model）による検証を行う。「中高生コロナ調査」の結果からも示唆されるように，家庭学習における問題の一部は，ふだんから存在していた自律的学習の問題が家庭で顕在化したものと捉えられる。したがって，6年分の長期縦断データに対する分析により，自律的学習を支える諸要因の相互関係を明らかにすることは，学校や家庭における自律的学習の支援方法を考えるための基礎的な知見を提供すると考えられる。

　また，前書（小野田，2020）の結果の再現性を確認することも本章の目的となる。前書では，動機づけと学習方略の関連について3時点（Wave 2 〜 Wave 4）の縦断データ解析を行った。本書では，これらに親子の会話頻度を加えた検討を行うため厳密な追試とはいえないものの，3時点間のデータで得られた結果が6時点間のデータで再現されるかどうかを確認することは，知見の頑健性を検証する上で重要な意味を有するだろう。

(1) 対象とするデータ

　動機づけや学習方略は教育心理学の領域で長く扱われてきたテーマの一つであるが，日本では小中移行期を含む長期縦断データを対象とした研究は少ない現状にある（小野田ほか，2023）。そこで本章では，動機づけや学習方略に関する測定を開始した2016年度調査（Wave 2）の時点で小学校4年生であった子どもを対象者として，中学校3年生までの6時点分のデータを分析対象とした。

(2) 親との会話頻度

　多様なテーマに対する親子の会話頻度が学習に与える影響を検討するため，

後述する5テーマに関する会話頻度の「子ども側の認知」に着目した。「親子調査」では親（父母）と子の両方に会話頻度をたずねているが，親からみた会話頻度の認知よりも，子どもからみた親との会話頻度の認知の方が子どもにとっての妥当性が高いと考えられる。そこで，親との会話頻度に対する子どもの認知を分析対象として動機づけや学習方略との関連を検証することとした。

(3) 学習への動機づけ

　「親子調査」では，デシとライアン（Deci & Ryan, 2002）によって提唱された自己決定理論（self-determination theory）の枠組みで子どもの学習への動機づけを捉えている。この理論では，学習に対する価値の内在化の程度を連続的に捉えることが可能であり，「親子調査」ではベース項目として「外的調整」「取り入れ的調整」「同一化的調整」「内的調整」の4変数を測定している。「外的調整」の段階では活動に対する価値の内在化が進んでおらず外発的動機づけの様相が強いが，段階を経て価値の内在化が進むと「内的調整」の段階に近づき，より自律的な外発的動機づけになると想定されている。従来，動機づけは学習方略の使用傾向を説明する有力な要因と見なされており，学習内容に対する価値づけが高く，内発的動機づけの状態に近い学習者ほど，効果的な学習方略を用いる傾向が示されている（e.g., 堀野・市川 1997）。前書においても，自律的な動機づけが学習方略の使用傾向を説明することが確認されている（小野田, 2020）ことから，本章の分析においても動機づけの自律性と学習方略の使用傾向の間には正の関連があると予想される。

(4) 学習方略

　学習方略（learning strategy）とは，学習の効果を高めることを目指して意図的に行う心的操作あるいは活動（辰野, 1997）のことであり，一般的に用いられる「学習方法」とほぼ同義である。「親子調査」ではMSLQ（motivated strategies for learning questionnaire）（Pintrich et al. 1993）などを参照して項目を作成しており，本章ではその中でも動機づけや学業成績と正の関連にあるとされる(1)意味理解方略，(2)メタ認知的方略，(3)社会的方略の3つの学習方略，および家庭学習において重要性が増したと考えられる(4)援助要請方略に焦点を当てる。以下に各方略の概要を示す。

(1) 意味理解方略とは，学習において知識のつながりを理解するための方略である。問題を解いた後にさらに別の解き方を考えてみたり，新しく学んだ内容と既習内容との共通性を考えたりする方略がこれにあたる。意味理解方略は学習内容の理解を定着させるための「深い処理の方略」として位置づけることができ，こうした方略は学業成績とも正の関連にあることが示されている（e. g., Green & Miller, 1996）。(2) メタ認知的方略とは，自分の認知的活動を俯瞰的にモニタリングし，コントロールする方略である。自分が何を分かっていないのかを把握し，それをふまえて学習状況を調整するといった方略が含まれており，これらも学業成績と正の関連にあることが指摘されている（e. g., Muis & Franco, 2009）。(3) 社会的方略とは，友人と一緒に勉強するなど人的リソースを活用して勉強に取り組む方略である。他者と質の高い相互作用が生起する場合，学習効果は高まると考えられるが，そうでない場合には十分な学習効果を得にくいことも指摘されている（Webb & Mastergeorge, 2003）。(4) 援助要請方略とは，分からない部分を他者に聞いたり，教えてもらったりする方略である。援助要請は独力での学習が困難な場合に有効な対処方略だといえるが，他者への質問を通して理解を深めようとする自律的な援助要請がある一方で，すべて友人に教えてもらおうとするなどの依存的な援助要請もある（瀬尾, 2007）。なお，「親子調査」では社会的方略における相互作用の質や，援助要請の自律性についてはたずねていない点に留意が必要である。

　上述したように，先行研究の多くは動機づけを学習方略の先行要因とみなしており，「動機づけが高いほど，効果的な学習方略を用いる」という関係性を想定してきた。一方，岡田（2007）が指摘するように，「効果的な学習方略を用いるほど，動機づけが高まる」という従来とは逆の関係性も存在している可能性があり，実際に前書では意味理解方略やメタ認知的方略が自律的な動機づけを向上させる可能性が示された（小野田, 2020）。本章では，これらの関係性が6時点分のデータで再確認されるかどうかを検証することもねらいとしている。

4. 方法

(1) 対象者

2016 年度調査（Wave 2）を分析上の初年度とし，この時点で小学校 4 年生だった 1,621 名の 6 時点分のデータ（～ Wave 7）を分析した。

(2) 分析対象とする変数

親との会話頻度

「ふだん，お父さんやお母さんと，次のことについてどれくらい話をしますか。（お父さんやお母さんがいない人は，その部分をとばしてください）」と問い，「学校での出来事」「友だちのこと」「勉強や成績のこと」「将来や進路のこと」「社会のニュース」の 5 テーマについて，父母それぞれとの会話頻度を「1：よく話す～ 4：まったく話さない」の 4 件法で回答するように求めた。分析には逆転処理後の値を用いることとした。

学習への動機づけ

「あなたが勉強する理由について，次のことはどれくらいあてはまりますか。」と問い，「新しいことを知るのがうれしいから」（内的調整），「自分の希望する高校や大学に進みたいから」（同一化的調整），「友だちに負けたくないから」（取り入れ的調整），「先生や親にしかられたくないから」（外的調整）の各項目について「1：とてもあてはまる～ 4：まったくあてはまらない」の 4 件法で回答を求めた。各得点について逆転処理を行った上で，Relative Autonomy Index（以降，「RAI」と略記）を算出して分析に用いることとした。これは，以下に示す 4 項目について「（－2 ×外的）＋（－1 ×取り入れ）＋（1 ×同一化）＋（2 ×内発）」という式で算出される値であり，動機づけの自律性の程度を表現した指標だといえる（岡田，2008）。

学習方略

「あなたは，勉強するときに，次のことをどれくらいしますか。」と問い，「問題を解いた後，ほかの解き方がないかを考える」（意味理解方略），「何が分かっていないか確かめながら勉強する」（メタ認知的方略・モニタリング），「テストで間違えた問題をやり直す」（メタ認知的方略・コントロール），「友だちと

勉強を教えあう」（社会的方略），「考えても分からないことは親や先生に聞く」
（援助要請方略）の各項目について「1：よくする〜4：まったくしない」の4
件法で回答を求めた。分析には逆転処理後の値を用いることとした。

統制変数

　ある程度の時間不変性を有する変数の影響について考慮するため，Wave 2
で測定した以下の変数を統制変数として分析に組み込むこととした。

〈性別〉

　子どもの性別に対する回答を「男性：0，女性：1」として変数化して用いた。

〈両親の学歴〉

　親に対して，父親と母親がそれぞれ最後に卒業した学校を「中学校，高校，
専門学校・各種学校，短期大学，大学（四年制，六年制），大学院，その他，わ
からない」のうちから選択するように求め，学歴を教育年数に変換して（例：
中学校＝9）分析に用いた。「その他・わからない」は欠測値として扱った。

〈世帯収入〉

　親に対して，「世帯全体の収入（共働きの場合は夫婦の合計）はどれくらいで
すか。ボーナスなどを含めて，昨年1年間のだいたいの収入を税込みで教えて
ください。」と問い，「1：200万円未満，2：200〜300万円未満，3：300〜
400万円未満，4：400〜500万円未満，5：500〜600万円未満，6：600〜
800万円未満，7：800〜1000万円未満，8：1000〜1500万円未満，9：
1500〜2000万円未満，10：2000万円以上，11：答えたくない」のうちから選
択するように求めた。「答えたくない」は欠測値として扱った。

〈蔵書数〉

　親に対して，「ご自宅にある本の冊数はどれくらいですか。マンガ，雑誌，
教科書，学習参考書は除いて，だいたいの冊数を教えてください。」と問い，
「1：9冊以下，2：10〜29冊，3：30〜49冊，4：50〜99冊，5：100〜199
冊，6：200〜499冊，7：500冊以上」のうちから選択するように求めた。

〈教育費〉

　親に対して，「ご家庭の教育費はどれくらいですか。（習い事や学習塾の費用，
教材費などの合計。学校の授業料は除きます。）」と問い，「調査の対象となってい
るお子様1人の金額を，月平均でお答えください。」とした上で「1：1,000円
未満，2：1,000〜2,500円未満，3：2,500〜5,000円未満，4：5,000〜10,000

円未満，5：10,000 〜 15,000 円未満，6：15,000 〜 20,000 円未満，7：20,000 〜 30,000 円未満，8：30,000 〜 40,000 円未満，9：40,000 〜 50,000 円未満，10：50,000 円以上」のうちから選択するように求めた。

(3) 分析に用いるモデル

時間的に安定した（time-invariant）個人差を特性因子（trait factor）によって統制した交差遅延効果モデルである，RI-CLPM（Hamaker et al., 2015）を採用した。交差遅延効果モデルにおいて，親との会話頻度，動機づけ（RAI），学習方略の時点間での関連を検証する場合，現在の 3 変数間の関連には，過去の 3 変数の情報だけでは説明できない部分が残されている。そこで，RI-CLPM では時間的に安定した個人差を，因子負荷を 1 に固定した特性因子によって統制し，個人内関係としての交差遅延係数を推定することを目的とする（Usami et al., 2019）。本章の分析では，上述した統制変数を時間不変的な特性因子として扱うこととした。

5. 結果

(1) 予備的分析

以降のすべての分析は，オープンソースのソフトウェア環境である R 4.2.1（R Core Team, 2022）を用いて行った。

まず，メタ認知的方略についてモニタリングとコントロールの 2 項目の加算平均値を尺度得点として用いることが妥当であるか判断するため，項目間の相関係数を算出した。その結果，相関係数は Wave 2 から順に，.36，.43，.49，.53，.50，.53 であり，いずれの時点でも中程度の相関関係が認められたことから，加算平均値をメタ認知方略得点として用いることとした。

親との会話頻度について，本調査では両親それぞれについて 5 テーマの会話頻度をたずねている。そこで，親（2）×テーマ（5）の 10 項目の信頼性について α 係数と ω 係数により検討した結果，両係数（α/ω）は Wave 2 から順に，.83/.83，.85/.85，.86/.86，.86/.86，.87/.87，.88/.88 であり，いずれも十分な値であったことから，加算平均値を親との会話頻度得点として用いることとした。

(2) 記述統計量

時点ごとにみた各変数の平均値，標準偏差を表11-2に，親との会話頻度，動機づけ（RAI），学習方略の時点ごとの相関係数を表11-3に示す。

(3) 交差遅延効果モデル（RI-CLPM）による分析

モデルの概要

Wave 2 ～ Wave 7における親との会話頻度，動機づけ（RAI），学習方略使用の相互関係を検討するため，構造方程式モデリングの枠組みで RI-CLPM のモデルを構成して分析を行った。母数の推定には lavaan パッケージの関数 cfa

表11-2　測定時点ごとにみた各変数の平均値と標準偏差

	2016 年度	2017 年度	2018 年度	2019 年度	2020 年度	2021 年度
親との会話頻度	2.84 (0.56)	2.79 (0.60)	2.71 (0.62)	2.83 (0.59)	2.77 (0.60)	2.77 (0.64)
学習への動機づけ						
内的調整	3.01 (0.80)	2.88 (0.85)	2.80 (0.88)	2.73 (0.87)	2.61 (0.86)	2.59 (0.89)
同一化的調整	2.63 (1.04)	2.74 (1.04)	2.81 (0.99)	3.12 (0.90)	3.08 (0.88)	3.23 (0.82)
取り入れ的調整	2.73 (1.03)	2.67 (1.02)	2.66 (0.99)	2.85 (0.95)	2.72 (0.96)	2.73 (0.97)
外的調整	2.50 (1.02)	2.41 (0.98)	2.41 (0.96)	2.52 (0.94)	2.54 (0.94)	2.43 (0.96)
RAI	0.93 (3.00)	1.01 (3.05)	0.94 (2.98)	0.70 (2.74)	0.50 (2.68)	0.83 (2.63)
学習方略						
意味理解方略	2.25 (0.89)	2.31 (0.94)	2.34 (0.93)	2.31 (0.88)	2.17 (0.84)	2.22 (0.86)
メタ認知的方略	2.83 (0.75)	2.81 (0.79)	2.77 (0.82)	2.91 (0.78)	2.82 (0.77)	2.84 (0.77)
社会的方略	2.64 (1.00)	2.70 (1.02)	2.76 (1.01)	2.71 (0.95)	2.76 (0.93)	2.68 (0.94)
援助要請方略	3.33 (0.73)	3.20 (0.77)	3.23 (0.81)	3.16 (0.80)	3.01 (0.80)	2.96 (0.84)

※（　）内は標準偏差。

表11-3　測定時点ごとにみた変数間の相関係数

	2016 年度	2017 年度	2018 年度	2019 年度	2020 年度	2021 年度
会話頻度・RAI	.19	.24	.23	.21	.16	.19
会話頻度・意味理解方略	.26	.26	.27	.25	.22	.24
会話頻度・メタ認知的方略	.29	.35	.33	.30	.31	.36
会話頻度・社会的方略	.23	.26	.24	.20	.24	.22
会話頻度・援助要請方略	.27	.29	.32	.31	.33	.36
RAI・意味理解方略	.24	.25	.26	.25	.21	.24
RAI・メタ認知的方略	.28	.36	.34	.34	.22	.25
RAI・社会的方略	.08	.14	.14	.13	.07	.07
RAI・援助要請方略	.09	.10	.21	.24	.15	.16

※すべて 5％水準で有意。

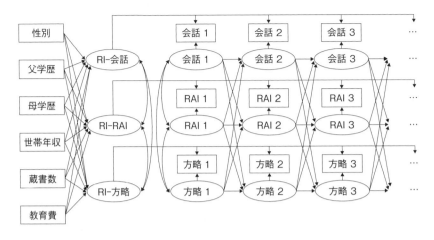

※1：RIは「Random Intercept」を示す。会話は「会話頻度」を，RAIは動機づけの「Relative Autonomy Index」を，方略は「学習方略」を示し，変数名の最後の値は測定時点を示す。なお，1時点目は2016年度調査（Wave 2）である。

※2：統制変数間の相関，誤差変数は省略している。

※3：紙幅の都合から省略しているが，変数は6時点目（2021年度調査：Wave 7）まで続く。

図11-3　RI-LPMによる分析モデル

（　）を用いた。分析モデルの概要を図11-3に示す。

　このモデルでは，各時点で各変数に回帰する潜在変数を仮定し，そのパスを1に固定している。また，前の測定時点の潜在変数によって，後の潜在変数を説明する自己回帰と，3変数それぞれの潜在変数間に交差するパスを仮定し，Wave 2の潜在変数間と以降の潜在変数の残差間に共分散を仮定した。さらに，性別，両親の学歴，世帯年収，蔵書数，教育費により測定される潜在変数（RI-会話・RI-RAI・RI-学習方略）を仮定し，各時点の測定値に対する因子負荷を1に固定したパスをひいた。この潜在変数がランダム切片（RI：Random Intercept）として個人差を説明する変数となり，交差遅延係数を個人内の関係（within-person）として推定することができる。

　分析には最尤法を用い，欠測値の推定には完全情報最尤推定法（full information maximum likelihood method; FIML）を用いた。また，時点間の自己回帰のパス係数や交差遅延係数，残差分散，残差間共分散が等値であると仮定したモデル（等値制約ありモデル）による分析を行うこととした。紙幅の都合から省略しているが，全てを自由推定するモデル（等値制約なしモデル）と，等値制

約ありモデルのデータに対する当てはまりの良さを比較した結果，情報量規準である AIC と BIC に顕著な差はなく，AIC は等値制約なしモデルの方が低く，BIC は等値制約ありモデルの方が低いことが示された。時点間の等値制約を仮定することで変数間の関係を単純化して解釈できること，および前書との知見の比較しやすさを考慮し，本章では等値制約ありモデルで分析を行うこととした。

3 変数の相互関係

　分析の結果を表 11 - 4 に示す。分析の結果，いずれのモデルにおいても自己回帰（例：会話頻度 → 会話頻度）では有意な正の推定値が認められた。また，交差遅延係数に目を向けると，「会話頻度 → RAI」ではいずれのモデルでも有意な推定値は認められず，「会話頻度 → 学習方略」については，意味理解方略，メタ認知的方略，援助要請方略に対する有意な正の推定値が認められた。次に，「RAI → 学習方略」では意味理解方略に対して有意な正の推定値が認められ，「RAI → 会話頻度」についてはいずれのモデルでも有意な推定値は認められなかった。最後に，「学習方略 → 会話頻度」では意味理解方略，メタ認知的方略，援助要請方略からの有意な正の推定値が認められ，「学習方略 → RAI」については，メタ認知的方略からの有意な正の推定値が認められた。

6. 考察とまとめ

　親との会話頻度の認知，動機づけ（RAI），学習方略の関連について，相関分析では各時点で弱～中程度の正の相関関係が認められた（表 11 - 3）。したがって，少なくとも一時点的にみれば，各変数の関連はあったと結論できる。一方，本章の目的とはこれらの変数間の関連を縦断的に検討することであった。そこで以下では，交差遅延効果モデルによる検証で得られた結果のうち，特に交差遅延係数に焦点を当てて考察を進める。

(1) 親との会話頻度の認知と動機づけの関連

　交差遅延効果モデルによる検証の結果，いずれのモデルにおいても親との会話頻度と動機づけ（RAI）との間に有意な交差遅延係数は認められなかった。親との会話頻度の認知は動機づけの自律性に直接的な影響を与えておらず，ま

表11-4　構造方程式モデリングによる分析結果

			非標準化推定値	標準誤差	*95% CI*
親子の会話頻度・RAI・意味理解方略[1]					
会話頻度	→	会話頻度	**0.285**	0.023	[0.239, 0.330]
会話頻度	→	RAI	0.150	0.097	[−0.041, 0.341]
会話頻度	→	意味理解方略	**0.139**	0.031	[0.078, 0.199]
RAI	→	RAI	**0.220**	0.020	[0.182, 0.259]
RAI	→	会話頻度	0.004	0.003	[−0.003, 0.010]
RAI	→	意味理解方略	**0.019**	0.005	[0.008, 0.029]
意味理解方略	→	意味理解方略	**0.131**	0.020	[0.092, 0.170]
意味理解方略	→	会話頻度	**0.022**	0.011	[0.001, 0.044]
意味理解方略	→	RAI	0.043	0.056	[−0.066, 0.152]
親子の会話頻度・RAI・メタ認知的方略[2]					
会話頻度	→	会話頻度	**0.281**	0.023	[0.235, 0.326]
会話頻度	→	RAI	0.137	0.098	[−0.054, 0.329]
会話頻度	→	メタ認知的方略	**0.151**	0.027	[0.099, 0.203]
RAI	→	RAI	**0.215**	0.020	[0.176, 0.254]
RAI	→	会話頻度	0.002	0.003	[−0.004, 0.009]
RAI	→	メタ認知的方略	0.006	0.005	[−0.003, 0.015]
メタ認知的方略	→	メタ認知的方略	**0.226**	0.022	[0.184, 0.268]
メタ認知的方略	→	会話頻度	**0.053**	0.014	[0.026, 0.080]
メタ認知的方略	→	RAI	**0.139**	0.069	[0.003, 0.274]
親子の会話頻度・RAI・社会的方略[3]					
会話頻度	→	会話頻度	**0.288**	0.023	[0.243, 0.333]
会話頻度	→	RAI	0.146	0.097	[−0.044, 0.337]
会話頻度	→	社会的方略	0.043	0.033	[−0.023, 0.108]
RAI	→	RAI	**0.221**	0.020	[0.183, 0.260]
RAI	→	会話頻度	0.004	0.003	[−0.003, 0.011]
RAI	→	社会的方略	0.007	0.006	[−0.004, 0.018]
社会的方略	→	社会的方略	**0.106**	0.019	[0.069, 0.143]
社会的方略	→	会話頻度	0.002	0.010	[−0.017, 0.021]
社会的方略	→	RAI	0.067	0.049	[−0.030, 0.163]
親子の会話頻度・RAI・援助要請方略[4]					
会話頻度	→	会話頻度	**0.287**	0.023	[0.242, 0.333]
会話頻度	→	RAI	0.151	0.098	[−0.040, 0.343]
会話頻度	→	援助要請方略	**0.148**	0.028	[0.092, 0.204]
RAI	→	RAI	**0.222**	0.020	[0.183, 0.260]
RAI	→	会話頻度	0.004	0.003	[−0.003, 0.011]
RAI	→	援助要請方略	−0.001	0.005	[−0.010, 0.009]
援助要請方略	→	援助要請方略	**0.160**	0.020	[0.120, 0.199]
援助要請方略	→	会話頻度	**0.026**	0.012	[0.002, 0.050]
援助要請方略	→	RAI	0.064	0.061	[−0.056, 0.183]

※1：各モデルの適合度は以下の通り。
1 CFI = .963, TLI =.957, RMSEA = .024, SRMR = .039
2 CFI = .963, TLI =.956, RMSEA = .026, SRMR = .042
3 CFI = .962, TLI =.955, RMSEA = .024, SRMR = .039
4 CFI = .968, TLI =.963, RMSEA = .022, SRMR = .040
※2：分かりやすさのため、5%水準で有意な推定値は太字で表現している。

たその逆の影響も認められなかったといえる。これらの結果は，親から驚きを
もって受け止められるかもしれない。子どもと色々なテーマで会話できる関係
性は学習をはじめとする様々な活動の基盤であるように思われるし，ふだんの
会話を通して学習の価値が子どもに伝わったり，学習に対する子どもの自律的
態度を促したりできるのではないかと期待することもあるだろう。しかしなが
ら，本章の結果は，少なくとも子どもによる親との会話頻度の認知については，
動機づけの自律性を高める要因とはならないことを示唆するものであった。

　ただし，この結果から親の子どもに対する関わりの影響を過小評価すること
は避ける必要がある。たとえば，「親子調査」のデータを用いた小野田ほか
（2023）では，子どもが親から自律的な支援（例：勉強の計画の立て方を教える）
を受けていると評価すると動機づけの自律性が高まり，統制的な支援（例：テ
ストの成績が悪いとしかる）を受けていると評価すると動機づけの自律性が低下
する可能性を示している。会話頻度の認知自体は動機づけと関連していないと
しても，子どもが学習の進め方で困っていたり，テストで失敗したりしたとき
の支援方法は，動機づけの自律性に影響を与える可能性があると考えられる。
また，後述するように，親との会話頻度の認知自体も学習方略の使用傾向など，
具体的な子どもの学習行動と関連していたことから，子どもとの会話の在り方
に注意を向けることは，学習行動を促進する上で重要な観点になると考えられ
る。

(2) 親との会話頻度の認知と学習方略の関連

　交差遅延効果モデルによる検証の結果，親との会話頻度と意味理解方略，メ
タ認知的方略，援助要請方略との間には，互いに有意な正の推定値が認められ
た。すなわち，親との会話頻度が高いほど，その後の学習方略使用が高まる傾
向が認められ，また逆に学習方略を使用する傾向にあるほど，その後の親との
会話頻度が高まる傾向にあったといえる。これまで，親の信念や態度が子ども
の学習に影響を及ぼすことは明らかにされてきたが（e.g., Murayama et al.,
2016)，親との会話頻度の認知と学習方略の使用傾向が関連していることを縦
断データにより示した研究は管見の限り見当たらず，本章の結果はその点で新
たな知見を提供するものといえる。

　学習環境の認知と学習方略との関連に着目する研究の中には，教室で熟達目

標が志向されていると認知する（例：「自分のいるクラスや担任の先生は，テストで良い得点をとることよりも，自分たちの進歩や努力を重視している」と認知する）子どもほど，深い処理の方略（例：意味理解方略，メタ認知的方略）を使用していることを報告するものもある（cf., 三木・山内，2005）。同様に，親との会話の機会が多い子どもは，様々な会話を通して親が自分の努力を支えてくれたり，期待していたりすると認知し，学びを深めるための学習方略を用いていた可能性があるかもしれない。また，会話の頻度が多いことにより，子ども側のニーズが共有されやすくなり，必要に応じた援助要請が行われることで，さらに親を頼って会話が行われるといった相互的な影響関係が存在した可能性もあるだろう。いずれも推測の域を出ないものの，なぜ親との会話頻度の認知が学習方略の使用と関連していたのかという検討課題を提起する点で，本章の結果には意義があると考えられる。

(3) 動機づけと学習方略の関連

動機づけ（RAI）→ 学習方略

　動機づけから学習方略に対して有意な正の推定値が認められたのは意味理解方略のみであり，他の学習方略では有意な関連は認められなかった。前書の分析では，動機づけの自律性が高いほど，その後の意味理解方略やメタ認知的方略の使用傾向が高まる結果が得られており（小野田，2020），本章の結果はそのうち意味理解方略についての結果の再現性を示すものである。意味理解方略（例：問題を解いた後，ほかの解き方がないかを考える）は実行へのコスト感が高い方略だと考えられる。それゆえに，意味理解方略を実行するためには自律的に学習を志向する動機づけの強さが必要となり，RAIとの間に関連が認められたのだと考えられる。

学習方略 → 動機づけ（RAI）

　学習方略から動機づけに対して有意な正の推定値が認められたのはメタ認知的方略のみであり，他の学習方略では有意な関連は認められなかった。前書の分析では，意味理解方略とメタ認知的方略を使用するほど，その後の動機づけの自律性が向上する傾向が示されており（小野田，2020），本章の結果はそのうちメタ認知的方略についての結果の再現性を示すものといえる。メタ認知的方略を用いることにより，動機づけの自律性が高まるという影響関係は比較的安

定したものといえるかもしれない。

　なお，社会的方略については有意な交差遅延係数が認められなかった。前書では，特に中学生段階で社会的方略を使用するほど，その後の動機づけの自律性が高まる傾向が認められたが，本章の分析ではその結果の再現はなされなかったといえる。友だちを誘って学習したり，励ましあったりすることは一般的な方略だと考えられるが，小学校中学年から中学生までの段階における社会的方略の役割については不明瞭な部分が多いといえる。友だちとSNSや電話でつながりながら学習するなど，社会的方略の内容は著しく変容しており，それはコロナ禍を経て一層加速している可能性もあるため，社会的方略の実状や機能を継続的に検討することも重要な課題になると考えられる。

(4) 学習支援への展開

　本章の結果のうち，メタ認知的学習方略の使用が動機づけの自律性を高めるという結果は，学習支援への応用可能性が高いと考えられる。たとえば，何が分かっていないかを確かめながら学習するように促したり，テストを受けっぱなしにするのではなく，間違えた問題をやり直すように支援したりすることは，短期的な学習成果のみならず，長期的な動機づけの向上に寄与する可能性がある。このような具体的な方略指導によって，動機づけの自律性を高められる可能性を前書に続いて再確認できたことは，本章の重要な結果の一つといえるだろう。

　また，親との会話頻度の認知が学習方略の使用傾向と関連していたことも，本章の分析によって新しく示された結果であった。子どもと色々なテーマについて会話することは，動機づけの自律性を直接的に高めることはないとしても，意味理解方略やメタ認知的方略といった深い処理による学習方略の使用を促したり，学習で困った際に他者を頼って援助要請する契機となったりする可能性がある。これらの結果は，動機づけを直接的に高めることの難しさを示唆すると同時に，相対的にみた学習方略の変容のしやすさや，学習方略に対するはたらきかけの有効性を示唆するものといえる。今後さらなる検証を通して，親との会話が子どもの学習方略に影響を与えるプロセスや，効果的な学習方略使用を促進する方法について明らかにする必要があるといえるだろう。

(5) 今後の展望

　本章では前書の問題意識を引き継ぎつつ，新しく親子の会話頻度に焦点を当てた検討を行った。しかし，親との会話頻度の認知が動機づけ（RAI）と関連していなかった理由や，学習方略の使用傾向と関連していた理由については十分に解明できていない。親の学習支援に対する子どもの認知がその後の動機づけの自律性に影響を与える可能性（小野田ほか，2023）を考慮すると，「学習場面における親との関わり」と会話頻度に見てとれる「ふだんの親との関わり」は，子どもにとって異なる「関わり」であり，動機づけにもそれぞれ異なる影響を与える可能性が示唆される。今後，親側の変数を扱うことも視野に入れつつ，親子関係をより詳細に捉えた検討を進め，本章に残された課題を解消するとともに，家庭学習を支える親や教師に資する知見を提供する必要があると考えられる。

参考文献

Deci, E. L., and Ryan, R. M.（Eds.）2002, *Handbook of self-determination research. Rochester*, NY: University of Rochester Press.

Gottfried, A. E., Fleming, J. S., and Gottfried, A. W., 1994, "Role of parental motivational practices in children's academic intrinsic motivation and achievement," *Journal of Educational Psychology*, 86, 104-113.

Green, B. A., and Miller, R. B., 1996, "Influences on achievement: Goals, perceived ability, and cognitive engagement," *Contemporary Educational Psychology*, 21, 181-192.

Hamaker, E. L., Kuiper, R. M., and Grasman, R. P. P. P., 2015, "A critique of the cross-lagged panel model," *Psychological Methods*, 20, 102-116.

堀野緑・市川伸一，1997，「高校生の英語学習における学習動機と学習方略」『教育心理学研究』45, 140-147.

三木かおり・山内弘継，2005，「教室の目標構造の知覚，個人の達成目標志向，学習方略の関連性」『心理学研究』76, 260-268.

Muis, K. R., and Franco, G. M., 2009, "Epistemic beliefs: Setting the standards for self-regulated learning," *Contemporary Educational Psychology*, 34, 306-318.

Murayama, K., Pekrun, R., Suzuki, M., Marsh, H. W., and Lichtenfeld, S., 2016, "Don't aim too high for your kids: Parental overaspiration undermines students' learning in mathematics," *Journal of Personality and Social Psychology*, 111, 766-779.

岡田いずみ，2007，「学習方略の教授と学習意欲——高校生を対象にした英単語

　　学習において」『教育心理学研究』55, 287-299.

岡田涼, 2008, 「友人との学習活動における自律的な動機づけの役割に関する研究」『教育心理学研究』56, 14-22.

小野田亮介, 2020, 「学習方略の使用は勉強への動機づけにどのような影響を与えるか」東京大学社会科学研究所・ベネッセ教育総合研究所（編）『子どもの学びと成長を追う――2万組の親子パネル調査から』勁草書房, 220-240.

小野田亮介, 2022, 「休校期間中の家庭学習に対する中高生の取り組み」東京大学社会科学研究所・ベネッセ教育総合研究所（編）『コロナ禍における学びの実態――中学生・高校生の調査にみる休校の影響』43-57. https://berd.benesse.jp/shotouchutou/research/detail1.php?id=5738（2023.2.27 確認）

小野田亮介・鈴木雅之・篠ヶ谷圭太, 2023, 「親の関わりに対する子どもの認知と学習動機づけの相互関係――「子どもの生活と学びに関する親子調査」のデータを用いた縦断的検討」『日本発達心理学会第34回大会発表論文集』160.

Pintrich, P. R., Smith, D. A. F., Garcia, T., and McKeachie, W. J., 1993, "Reliability and predictive validity of the motivated strategies for learning questionnaire (MSLQ)," *Educational and Psychological Measurement*, 53, 801-813.

R Core Team, 2022, *R: A language and environment for statistical computing*, R Foundation for Statistical Computing, Vienna, Austria. URL https://www.R-project.org/.

瀬尾美紀子, 2007, 「自律的・依存的援助要請における学習観とつまずき明確化方略の役割――多母集団同時分析による中学・高校生の発達差の検討」『教育心理学研究』55, 170-183.

辰野千壽, 1997, 『学習方略の心理学――賢い学習者の育て方』図書文化.

Usami, S., Murayama, K., and Hamaker, E. L., 2019, "A unified framework of longitudinal models to examine reciprocal relations," *Psychological Methods*, 24, 637-657.

Webb, N. M., and Mastergeorge, A. M., 2003, "The development of students' helping behavior and learning in peer-directed small groups," *Cognition and Instruction*, 21, 361-428.

第12章

コロナ禍における親子関係の変化

——子どもの学習意欲との関連に着目して

佐藤　香

1.　はじめに

(1) 子どもたちの学習意欲の低下

　新型コロナウイルス感染症の拡大（以下ではコロナ禍とする）は，世界中に大きな影響を与えた。人々の健康に与えた影響はもちろん，経済や雇用，ライフスタイルも大きな変化を余儀なくされた。子どもたちの学校生活も同様である。2020年春には休校があり，その後もマスク着用の学校生活が続き，給食時の黙食が定められ，さまざまな学校行事は中止されたり規模が縮小されたりした。

　こうしたなかで，「子どもの生活と学びに関する親子調査」からも子どもたちの変化が認められている。とくに注目されるのは，2019年度調査から2021年度調査にかけて2年連続で「勉強しようという気持ちがわかない」「上手な勉強の仕方がわからない」が大きく増加している点である。

　コロナ禍によって学校生活を楽しくするさまざまな側面が大きく損なわれたことは確かである。けれども，そのことが直接，子どもたちの学習意欲を低下させるだろうか。ベネッセ教育総合研究所でも，この点に着目し，「上手な勉強の仕方がわからない」を肯定し，「授業が楽しい」を否定，「自分の進路（将来）について深く考える」を否定している子どもが学習意欲を低下させていることを明らかにしている（東京大学社会科学研究所・ベネッセ教育総合研究所，2022）。

　これらの要素は相互に深く関連しているが，学習意欲低下の直接の原因とは考えにくい。むしろ学習意欲の低下と同時に生じる現象であるとみなすことが

できるだろう。また，上記の分析からは，コロナ禍と同時期に展開された
GIGA スクール構想による ICT 機器の使用と学習意欲の低下には関連性が認
められないことも示されている。それでは，コロナ禍で生じたどのような変化
が子どもたちの学習意欲に影響を与えたのだろうか。

　学校での学習環境にも，子どもたち自身の意識のなかにも，学習意欲低下を
説明できる要因がないのであれば，親子関係や親の意識・態度など家庭にその
一因を求めることができるのではないだろうか。

(2) 社会階層による親の教育意識・養育態度の違い

　ひとくちに親の教育意識や養育態度といっても，そこにはいくつかの側面が
存在する。大別すれば，①どの学校段階までの進学を期待するかという「教育
期待」（中澤・藤原，2015；豊永，2023 など），②塾やお稽古事など子どもの学校
外教育に対する「経済的支援」（片岡，2001；本田，2008；片瀬・平沢，2001 な
ど），③しつけや家庭内ルール，家庭学習などの「日常的支援・介入」（卯月，
2004；本田，2008 など）が考えられる。

　これら 3 つの側面は相互に関連しているが，これまでに多くの研究によって，
いずれの側面についても親の社会階層（＝社会経済的地位）による違いがある
ことが明らかにされてきた。松岡（2019）は，階層による親の養育態度の違い
に関するアメリカでの研究をふまえて，先にあげた日本の諸研究を整理してい
る。そのうえで幼少期から高校段階まで社会階層による教育格差が拡大してい
く状況が実証的に描き出されている。

　コロナ禍で生じた変化という点からみれば，3 つの側面のうち，③「日常的
支援・介入」に着目するのが適当であろう。コロナ禍では人々の日常生活が厳
しく制約され，在宅勤務が増加するなどライフスタイルに大きな変化があった。
この変化が，家庭における「日常的支援・介入」のあり方にも影響を与えたと
考えることができる。「日常的支援・介入」と比較すると，「教育期待」や「経
済的支援」での変化は相対的に小さなものだったと考えられる。

　卯月（2004）では小中学生の努力（学習時間）と目標（大学進学希望）を従属
変数とする分析をおこない，親の学歴や子どもの成績とともに，母親の期待や
教育的態度も重要な規定要因であることを明らかにしている。つまり，子ども
の学習において「親の日常的な子供への働きかけや期待が大きな意味をもって

いる」のである。

本田（2008）は「家庭教育」に関する先行研究を「世代間階層再生産研究」「階層と子育てに関する質的研究」「親子関係研究」「育児不安研究」「女性のライフコース研究」の5つに分類して整理している。これらの研究から「家庭の階層によって，（母）親が行う「家庭教育」のあり方に何らかの違いが」あると指摘する。この違いは，実証的分析にもとづき「きっちり子育て」と「のびのび子育て」として提示されている。

(3)「歴史的出来事」と親子関係

エルダー（Elder, G. H., 1974＝1986）は，1929年秋に発生した大恐慌が人々のライフコースにどのような影響を与えたかを縦断調査（パネル調査）データの二次分析によって明らかにした研究である。調査対象者はサンフランシスコ湾東岸のオークランド市に居住する1920-21年に生まれた子どもたち167人であった。1931年に少年少女の身体的・知的および社会的発達を明らかにすることを目的とする「オークランド発達研究」としてスタートし，1936年までは母親との面接調査も並行して実施された。その後，1964年までさまざまな目的のもとに調査が継続された。

エルダーは「歴史的出来事にさらされた際の相違（1930年代，必ずしもすべてのアメリカ人が深刻な経済損失や失業で苦しんだわけではない），また個々人の資源や状況解釈の相違」に着目する必要を強調している（同書，p. 11）。言い換えれば，「大恐慌が子どもたちの人生に影響を及ぼしていく際に，大恐慌を経験した年齢段階と家族の状況（階層など）が大きなフィルターとして作用し，その後の成長のあり様に多様性を生み出していった」のである（山崎，2000）。

エルダーはまた，歴史的出来事に遭遇した家族において，親子ではライフステージが異なることに着目する必要があると指摘する。「恐慌時，オークランドの親と子は，同一家族の成員として，多くの状況を共有していたのは言うまでもない。しかしながら，両者は児童期の環境やキャリア，さらに一九三〇年代におけるライフステージも違い，全体としては異なっている」（同書，p. 25）。

コロナ禍もひとつの歴史的出来事として位置づけられる。コロナ禍による子どもたちへの影響について，エルダーの指摘から次のように考えることができる。親子はコロナ禍による多くの状況を共有しているが，ライフステージの違

いによって，親は親の，子は子の，相対的に独立した影響を受け，それによって親子関係が変化し，最終的に子どもはこれらの影響の総体を受けることになる。

　以上をふまえれば，コロナ禍による子どもたちの影響を分析するにあたり，「子どもの生活と学びに関する親子調査」は最適なデータセットのひとつであることがわかる。その理由は，縦断調査であること，親子のペアを調査対象としていること，の2つである。

(4) 本章でもちいるデータと課題

　本章では，「子どもの生活と学びに関する親子調査ベースサーベイ」の2019年度調査（Wave 5）と2021年度調査（Wave 7）のデータをもちいる。Wave 5はコロナ禍以前の2019年に，W7はコロナ禍の最中である2021年に調査が実施された。

　また，卯月（2004）および本田（2008）で指摘されている親の日常的な働きかけ，すなわち「日常的支援・介入」のうち，本章では学習にかかわる側面に着目したい。具体的には子ども票の「お父さんやお母さんのあなたに対するかかわりについて，次のことはどれくらいあてはまりますか」という質問群に含まれる変数をもちいることとする[1]。

　先行研究からも明らかなように，子どもの学習にかかわる親の「日常的支援・介入」は社会階層によって異なると想定される。この点をまず確認する必要があるだろう。コロナ禍における「日常的支援・介入」の変化をもたらす要因としては，とくに母親の就労状況や仕事の変化に着目した。

　コロナ禍の初期においては，飲食・宿泊業や対人サービスを主体とする各種サービス業が大きな影響を受けた。これらの産業はパート労働者に大きく依存していることから，そこで働くパート労働者は職を失ったり労働時間が減少したりするなど大きな影響を受けることになった。

　「子どもの生活と学びに関する親子調査」データをみても，Wave 5では母親の56.2%，Wave 7では54.4%がパート等の労働に就いており，コロナ禍による職業上の影響を受けたと考えられる。こうした影響が子どもの学習に対する「日常的支援・介入」にどのような変化を与えたのかを明らかにしていこう。

　本章の構成は以下のとおりである。次の2節では，Wave 5のデータをもち

いて，この親の「日常的支援・介入」のあり方とその分布，子どもの意識との関連，階層的な規定要因を明らかにする。3節では「日常的支援・介入」の変化とその規定要因についての分析をおこなう。4節で親の「日常的支援・介入」の変化と子どもの学習意欲の変化との関連をみる。5節で以上をまとめ，考察をおこなう。

　なお，以下でみるように，親の「日常的支援・介入」は子どもの学校段階によって異なる。そのため，4節および5節では，学校段階が変化しないWave 5時点での小学4年生と中学1年生に限定した分析をおこなう。

2. 子どもの学習に関する「日常的支援・介入」

(1)「日常的支援・介入」のありかた

　本節では小学4年生以上を対象とするベースサーベイWave 5の子ども票データをもちいる。子どもたちは，親が子どもの勉強に関してどのようにかかわっていると認識しているだろうか。この質問群は14項目（小学生では13項目）から構成されている。項目数が多いことから，相関係数を確認したうえでリバースした7項目[2]をもちいて因子分析をおこなった。

　因子分析の結果は表12-1のとおりである。第1因子は「学校の宿題を手伝う」「勉強の面白さを教える」「勉強で悩んだときに相談にのる」「問題のいろいろな解き方を考えるように言う」「結果が悪くても努力したことを認める」の5項目から構成され，子どもの学習に対するポジティブな対応といえる。一方，第2因子は「テストの成績が悪いとしかる」「宿題をやっていないとしかる」の2項目で構成されており，ネガティブな対応である。

　第1因子を構成する5項目のリバースした回答を合計して「ポジティブスコア」（α=0.785）とし，同様に第2因子を構成する2項目のリバース回答の合計を「ネガティブスコア」（α=0.682）とした。学校段階ごとの各スコアの平均値を表12-2に示した[3]。ポジティブスコアは学校段階とともに減少し，ネガティブスコアは中学生で最も高くなっている。

　2つのスコアは，子どもが感じている勉強に関する親からの励ましと叱責を意味する。励ますだけで叱責はしない親もいれば，励ましも叱責も多い親も，励ましがなく叱責だけの親もいるだろう。この点をみるために，各学校段階で

表12-1　学習にかかわる「日常的支援・介入」の因子分析

	I	II	共通性
学校の宿題を手伝う	0.548	0.017	0.301
勉強の面白さを教える	0.769	0.070	0.596
勉強で悩んだときに相談にのる	0.782	0.036	0.613
問題のいろいろな解き方を考えるように言う	0.656	0.309	0.526
結果が悪くても努力したことを認める	0.684	−0.286	0.550
テストの成績が悪いとしかる	−0.002	0.867	0.752
宿題をやっていないとしかる	0.060	0.809	0.658
因子寄与	2.408	1.590	3.995
因子寄与率	34.371	22.715	57.086
N	14150		

因子抽出法：主成分法　回転法：Kaiser の正規化を伴なうバリマックス法

表12-2　学校段階別ポジティブスコア・ネガティブスコア平均値

	ポジティブスコア	ネガティブスコア	N
小学4-6	13.8 (3.62)	4.9 (1.84)	4049
中学	12.3 (3.64)	5.2 (1.87)	3183
高校	10.6 (3.21)	4.6 (1.86)	2895
合計	12.4	4.9	10127

（　）内は標準偏差

　2つのスコアの平均値をとり，平均値以下（平均値を含む）を低スコア，平均値よりも高ければ高スコアとして，2つのグループを作成した。

　2つのスコアをもちいて4つの類型を作成することができる。ポジティブスコアもネガティブスコアも低い親は「無関心型」，ポジティブスコアが低くネガティブスコアが高い親は「叱咤型」，ポジティブスコアが高くネガティブスコアが低い親は「激励型」，ポジティブスコアもネガティブスコアも高い親は「叱咤激励型」と名付けることができる。

　表12-3に4つの類型の分布を学校段階別に示した。「叱咤激励型」が最大なのは小学4-6年生で35.3％を占めるが，中学生では24.5％と最小で，高校

表 12 - 3　学校段階別・親の態度 4 類型の分布

		ネガティブ低	ネガティブ高	N
小学 4 - 6	ポジティブ低	18.2	24.2	4049
	ポジティブ高	22.3	35.3	
中学	ポジティブ低	28.5	21.9	3183
	ポジティブ高	25.1	24.5	
高校	ポジティブ低	26.5	19.8	2895
	ポジティブ高	23.8	30.0	
全体	ポジティブ低	23.8	22.2	10127
	ポジティブ高	23.6	30.4	

生で 30.0％とやや増加する。中学生で最も多いのは「無関心型」である。小学校よりも勉強が難しくなり高校受験の不安もあるなかで，親の勉強に対する「日常的支援・介入」が少ないと感じているのだろうか。高校生では「叱咤激励型」が最大となり，大学受験を親子のミッションとする家庭があることがうかがわれる。

(2) 親の態度と子どもの意識

　親の態度（日常的な学習支援）の違いは，子どもの「授業が楽しい」「自分の学校が好きだ」という意識の違いと関連している。この点について，ポジティブスコアの高低をもちいた図 12 - 1 および図 12 - 2 からみていくことにしたい。

　図 12 - 1 には「授業が楽しい」を肯定する比率を示した。小学生では，ポジティブ対応が高いグループの 34％が「授業が楽しい」に「とてもあてはまる」としており，「まああてはまる」と合計すると 87％となる。それに対してポジティブ対応が低いグループでは「とてもあてはまる」は 23％に過ぎず，「まああてはまる」と合計しても 73％で，高いグループよりも 14 ポイント低くなっている。

　中学生・高校生でも同様の傾向が認められる。高いグループと低いグループで「授業が楽しい」と肯定する比率の差は，中学生でも高校生でも 13 ポイントとなっている。中学，高校と学校段階が進むにつれて「授業が楽しい」とする比率は減少しているが，親の態度による違いは，どの学校段階でもほとんど変化がないことがわかる。いずれの学校段階でも，親の態度と「授業が楽しい」との関連性は 0.1％水準で有意である。

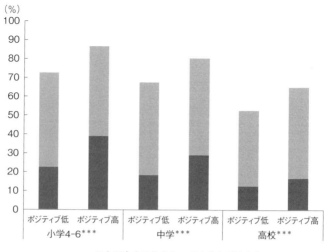

図12-1　ポジティブグループ別「授業が楽しい」

　続いて，図12-2から「自分の学校が好きだ」についてみてみよう。「自分
の学校が好きだ」を肯定する比率が最も高い小学生でも，親の態度によって
「とてもあてはまる」とする比率には18ポイントの差があり，「まああてはま
る」との合計でも9ポイントの違いがある。

　中学生・高校生でも同様の傾向が示されている。ポジティブスコアの高低に
よる「とてもあてはまる」「まああてはまる」の合計差を学校段階ごとにみる
と，小学生9ポイント，中学生11ポイント，高校生13ポイントとなっており，
学校段階とともに格差が拡大する傾向にある。「学校が楽しい」と親の態度と
の関連性も，すべての学校段階において0.1％水準で有意となっている。

　一方，ネガティブスコアの高低と「授業が楽しい」「自分の学校が好きだ」
という子どもの意識との関連は，ポジティブスコアほど顕著ではない。小学生
のみ0.1％水準で有意な関連性があり，ネガティブスコアが低いグループのほ
うが「とてもあてはまる」「まああてはまる」とする比率が高いが，その差は
4ポイントにすぎず，ネガティブスコアの影響はそれほど大きくない。

　この点について確認しておこう。図12-3に親の態度類型別に「授業が楽し
い」に肯定的な回答をした比率を示した。どの学校段階でも0.1％水準で有意

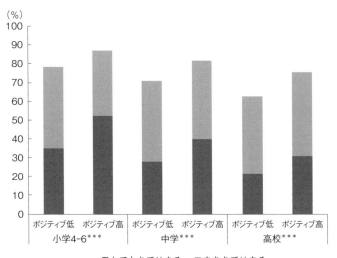

図 12 - 2　ポジティブグループ別「自分の学校が好きだ」

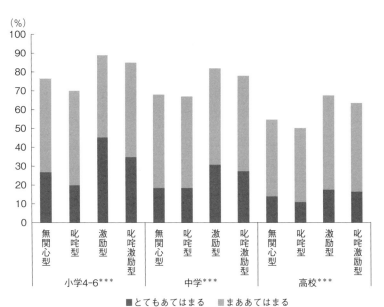

図 12 - 3　親の態度類型別「授業が楽しい」

な関連性があり，ポジティブスコアの低い「無関心型」と「叱咤型」では，ポジティブスコアの高い「激励型」「叱咤激励型」よりも比率が低い。図表は略したが，「自分の学校が好きだ」についても同様である。以上のことは，子どもたちにとって「励まされている」「褒められている」と感じることの重要性を意味する。

また，「無関心型」と「叱咤型」を比較すると，いずれの学校段階でも「無関心型」のほうが「授業が楽しい」とする比率が高い傾向にある。学習について叱られているばかりの子どもよりも，むしろ叱られもせず励まされもしない子どものほうが学習を楽しめるのかもしれない。

なお，学習意欲の指標となる「勉強しようという気持ちがわかない」についても，同様の傾向が認められた。図表は省略したが，どの学校段階でも 0.1％の有意水準で関連性があり，ポジティブスコアが高いグループほど「あてはまらない」とする比率が高い。

(3) 日常的な学習支援の規定要因

ここではポジティブスコアとネガティブスコアを従属変数とする回帰分析をおこなう。先にみたように，高校生では小中学生と比較すると親の態度からの影響が小さい。高校生は徐々に親離れを開始しており，学習意欲も相対的に親から独立していると考えられるため，以降では高校生に関する分析はおこなわないこととする。

独立変数は，子どもの性別，父親・母親の学歴，母親の就業状態，子どもの成績，世帯年収，親の配偶関係，子どもの数である。紙幅の関係から基本統計量は省略する。

表 12 − 4 は小学 4 − 6 年生，表 12 − 5 は中学生についての回帰分析の結果である。表 12 − 4 からみていこう。ポジティブスコアに着目すると，子どもが男子であると負の効果（10％水準），母学歴が短大卒以上であると正の効果（10％水準），子どもの成績が上位であると正の効果（5％水準），成績下位では負の効果（10％水準），年収 800 万円以上に正の効果（5％水準），子ども 3 人以上で負の効果（0.1％水準）がある。

子どもの成績などをコントロールすると父親の学歴は有意ではなく，母親の学歴の有意水準も低い。それに対して，子どもが 3 人以上いると明らかにポジ

表 12 - 4　日常的な学習支援の規定要因（小学 4 - 6 年生）

	ポジティブスコア			ネガティブスコア		
	b	β	標準誤差	b	β	標準誤差
子ども性別（基準：女子）						
男子ダミー	-0.223	-0.031 +	0.123	0.536	0.145 ***	0.062
父学歴（基準：高卒まで）						
大卒以上ダミー	0.078	0.011	0.138	0.003	0.001	0.069
母学歴（基準：高卒まで）						
短大卒以上ダミー	0.234	0.031 +	0.138	-0.027	-0.007	0.070
母職業（基準：パート等）						
正社員ダミー	-0.150	-0.017	0.165	0.009	0.002	0.083
無職ダミー	0.090	0.010	0.158	-0.038	-0.008	0.079
子ども成績（基準：中位）						
上位ダミー	0.377	0.048 *	0.153	-0.370	-0.093 ***	0.077
下位ダミー	-0.258	-0.034 +	0.149	0.261	0.067 ***	0.075
世帯年収（基準：400 万円未満）						
400 ~ 600 万円未満ダミー	0.069	0.008	0.186	0.116	0.027	0.094
600 ~ 800 万円未満ダミー	0.224	0.027	0.187	0.020	0.005	0.094
800 万円以上ダミー	0.509	0.064 *	0.190	0.150	0.037	0.096
配偶関係（基準：配偶者有）						
ひとり親ダミー	-0.071	-0.003	0.487	0.159	0.011	0.246
子ども人数（基準：2 人まで）						
3 人以上ダミー	-0.434	-0.058 ***	0.129	-0.015	-0.004	0.065
定数	13.697		0.117	4.576		0.103
N		3422			3422	
調整済み R 2乗		0.015			0.037	
F 値		4.752			11.929	
有意確率		p<0.001			p<0.001	

ティブスコアは低下する。子どもが認識している勉強に関する親の励ましである ポジティブスコアにおいては，親の学歴という階層的要因はあまり意味をもたない。また，母親がどのような働き方をしていても影響はみられない。むしろ，世帯年収や子どもの数が示唆する経済的・時間的なゆとりが重要であるといえるだろう。

　ネガティブスコアについては，親側の変数はほとんど有意になっていない。男子で正の効果，成績上位で負，成績下位で正の効果がある。世帯年収 800 万円以上で 5 ％水準の正の効果があり，年収の高い家庭では宿題をしなかったりテストの成績が悪かったりすると，叱責することが多いのかもしれない。

表12-5　日常的な学習支援の規定要因（中学生）

	ポジティブスコア			ネガティブスコア		
	b	β	標準誤差	b	β	標準誤差
子ども性別（基準：女子）						
男子ダミー	−0.321	−0.045 *	0.140	0.435	0.116 ***	0.072
父学歴（基準：高卒まで）						
大卒以上ダミー	0.430	0.060 **	0.157	0.070	0.019	0.080
母学歴（基準：高卒まで）						
短大卒以上ダミー	0.590	0.080 ***	0.154	0.148	0.039 +	0.079
母職業（基準：パート等）						
正社員ダミー	−0.017	−0.002	0.187	0.008	0.002	0.096
無職ダミー	0.619	0.067 ***	0.186	−0.010	−0.002	0.095
子ども成績（基準：中位）						
上位ダミー	0.299	0.038 +	0.175	−0.581	−0.142 ***	0.090
下位ダミー	−0.244	−0.032	0.168	0.330	0.084 ***	0.086
世帯年収（基準：400万円未満）						
400〜600万円未満ダミー	−0.310	−0.037	0.216	0.162	0.037	0.109
600〜800万円未満ダミー	−0.172	−0.020	0.216	0.074	0.017	0.109
800万円以上ダミー	−0.064	−0.008	0.212	0.159	0.040	0.107
配偶関係（基準：配偶者有）						
ひとり親ダミー	−1.053	−0.038 +	0.555	−0.677	−0.047 *	0.277
子ども人数（基準：2人まで）						
3人以上ダミー	−0.244	−0.033 +	0.147	−0.131	−0.033 +	0.065
定数	11.916		0.228	4.912		0.111
N		2563			2614	
調整済みR2乗		0.030			0.051	
F値		7.582			12.564	
有意確率		p<0.001			p<0.001	

　小学校の段階であれば，親が宿題を教えたり勉強で悩んだときに相談にのったりすることは可能であろう。けれども，そのためにはまず，子どもがどのような状態にあるかを知らなければならない。一人一人の子どもと時間をかけて向き合うことのできるゆとりが求められる。

　次に表12-5から，中学生についてみていきたい。ポジティブスコアをみると，小学4-6年生とは異なり，父学歴（1％水準）・母学歴（0.1％水準），母が無職であること（0.1％水準）で正の効果をもつ。子どもが男子であると負の効果（5％水準），10％水準であるが成績上位で正の効果，ひとり親と子ども3人以上で負の効果がみられる。

中学生では，社会階層が高く専業主婦の家庭で勉強に対する親の積極的な支援・介入がおこなわれている。ただし，ひとり親や子ども数の効果からみると，親のゆとりも必要だと考えられる。以上の結果は，本田（2008）とも整合的である。高学歴の親による「きっちり」子育てがおこなわれていると考えられる。

　他方でネガティブスコアについては，階層的要因の効果はあまり明確ではない。男子は正の効果（0.1％水準），成績上位では負の効果（0.1％水準），成績下位では正の効果（0.1％水準），ひとり親は負の効果（5％水準），子ども数は負の効果（10％水準）をもつ。

　ここで着目したいのは，ひとり親と子ども3人以上の効果である。この2つの変数は，有意水準は異なるものの，ポジティブスコアについてもネガティブスコアについても負の効果をもつ。こうした条件をもつ家庭では，子どもの学習に対する激励も叱責も少なくなる傾向にある。親の時間的・経済的な制約が子どもの学習に対する支援・介入を少なくしていると考えられる。子どもに対する支援・介入を増加させることが望ましいのであれば，場合によっては，親に対する支援が必要になるかもしれない。

3. 2019年から2021年にかけての変化

　本節ではベースサーベイのWave 5とWave 7のデータをもちいて，この間の変化をみていく。前節でみたように，子どもの学習に関する意識については，ネガティブスコアよりもポジティブスコアのほうが強い影響をもつ。このため，ここではポジティブスコアに焦点をあてることにしたい。

　また，小学校段階と中学校段階では，ポジティブスコアの規定要因が異なり，構造的な違いがあると考えられる。そこで，学校段階が変わらない小学4年生から6年生，中学1年生から3年生にかけての変化をみることにする。

　Wave 7のポジティブスコアの平均値をみると，小学4-6年生で13.35（標準偏差3.39），中学生で12.15（標準偏差3.49）である。Wave 5の平均値は，それぞれ13.8と12.3であったから，2年間で微減したといえる。

(1) ポジティブスコアの変化

　表12-6と表12-7に，この間のポジティブスコアの変化を示した。小学生

表 12-6　ポジティブスコアの変化（小学 4 年生→6 年生）

	w7 ポジティブ低	ポジティブ高	計
w5　ポジティブ低	77.3%	22.7%	100%
	450	132	582
ポジティブ高	35.6%	64.4%	100%
	321	581	902
合計	771	713	1484

MacNemar 検定　p<0.001

表 12-7　ポジティブスコアの変化（中学 1 年生→3 年生）

	w7 ポジティブ低	ポジティブ高	計
w5　ポジティブ低	80.4%	19.6%	100%
	374	91	465
ポジティブ高	36.6%	63.4%	100%
	248	430	678
合計	622	521	1143

MacNemar 検定　p<0.001

でも中学生でも，Wave 5 でポジティブスコアが低ければ Wave 7 でも低く，Wave 5 で高ければ Wave 7 も高いという傾向が認められる（0.1％水準で有意）。とはいえ，低から高への変化が小学生で 23％，中学生で 20％あり，逆方向である高から低への変化はより大きく，小学生で 36％，中学生で 37％である。

　その結果，小学生でも中学生でも，親の日常的な学習支援が相対的に低いと感じる子どもの比率が上昇している。小学 4 年時ではポジティブ低が 39％だったが 6 年時では 52％，中学 1 年時の 40％が 3 年時では 54％と，小学生でも中学生でも Wave 7 では半数を超える。

(2) ポジティブスコア変化の規定要因

　この変化はどのような要因によってもたらされたのだろうか。この点を明らかにするために，2 項ロジスティック回帰分析をおこなった。Wave 5 でポジティブ低グループであったものが Wave 7 でポジティブ高になった場合を上昇，逆に Wave 5 でポジティブ高であったものが W7 でポジティブ低となった場合を下降とする。Wave 5 での所属グループごとに上昇あるいは下降の有無を従

表 12-8　ポジティブグループの移動（小学 4 年生 → 6 年生）

	低位→高位		高位→低位	
	B	Exp (B)	B	Exp (B)
母親仕事量の変化（基準：変わらない）				
仕事がなくなった	−1.023	0.360 +	−0.294	0.745
仕事が減った	0.035	1.036	0.225	1.252
仕事が増えた	0.036	1.036	−0.412	0.662
母親就業状態（基準：正社員→正社員）				
正社員→パート	0.009	1.009	−0.887	0.412
パート→正社員	—	—	−0.534	0.586
パート→パート	0.735	2.084 **	−0.719	0.472 ***
有職→無職	0.753	2.124	−0.963	0.487 +
無職→有職	0.921	2.511 *	−0.963	0.382 **
無職→無職	0.617	1.854 +	−1.117	0.327 ***
子ども成績変化（基準：変化なし）				
成績上昇	0.102	1.111	−0.390	0.677 *
成績下降	0.762	2.142 ***	−0.200	0.819
コロナによる収入見込み（基準：変化なし）				
収入減少	0.036	1.037	−0.127	0.881
収入増加	−0.185	0.831	0.498	1.645
定数	−1.914	0.147 ***	0.744	2.104 ***
NagelkerkeR2 乗	0.064		0.075	
−2 対数尤度	583.608		1198.427	
有意確率	p<0.05		p<0.001	
N	582		902	

属変数とする。

　独立変数としては，次の変数をもちいる。Wave 5 から Wave 7 の変化とし
て母親の仕事量の変化，母親の就業状態の変化，子どもの成績の変化をもちい
る。また，Wave 6 で質問されている「コロナ禍での収入の見込み」も投入し
た。表 12-8 には小学生についての分析結果，表 12-9 には中学生についての
分析結果を示した。

　まず小学生についてみていくことにしたい。低位グループから高位グループ
への変化（上昇）については，パート継続が 5％水準で正の効果，無職から有
職が 1％水準で正の効果があり，子どもの成績低下に 0.1％水準で正の効果が
ある。10％水準ではあるが，仕事がなくなると負の効果，無職継続で正の効果
がある。

正社員継続と比較すると，パート継続や無職継続ではポジティブ低から高になりやすい。コロナ禍の2年間を正社員として働いている母親と比較すれば，パート継続や無職継続では時間的・精神的なゆとりがあり，ポジティブな対応を増加させることができたのかもしれない。また，仕事がなくなるとポジティブ対応が増加しにくく，逆に無職から職に就くと上昇しやすい。仕事がなくなった母親では失業のダメージから子どもに対する働きかけを増やしにくく，一方，コロナ禍で仕事を開始する積極性をもつ母親では，子どもの学習に対しても，より多くの支援をおこなった可能性が考えられる。

　子どもの成績の効果は興味深い。この2年間で成績が下降した子どもに対しては，「学校の宿題を手伝う」「勉強の面白さを教える」「勉強で悩んだときに相談にのる」「問題のいろいろな解き方を考えるように言う」「結果が悪くても努力したことを認める」といった親からのポジティブな支援が増えたことがわかる。

　高位グループから低位グループへの変化（下降）については，有意水準の違いはあるが，パート継続，有職から無職，無職から有職，無職継続で負の効果が認められる。やはり正社員を継続している母親では，その他の就業形態や変化があった母親と比較すると，ポジティブスコアが下降しやすいようである。コロナ禍では，在宅勤務をしながら休校期間の子どもの世話をしたり，在宅勤務になった夫のために昼食を用意するなど，コロナ禍で家事負担が増大したりした正社員の母親も少なくなかった。そのことが，子どもの学習に対する支援を低下させたのかもしれない[4]。とはいえ，Wave 5の小学4年生の母親のうち正社員継続は13％に過ぎず，その効果は限定的だといえよう。

　子どもの成績上昇は5％水準で負の効果がある。成績が上昇した子どもに対する日常の教育的支援は減少しにくい傾向があることがわかる。

　次に表12-9により中学生についてみていこう。低位グループから高位グループへの変化（上昇）は，正社員継続の母親よりもパート継続（1％水準），パートから正社員（5％水準）で生じやすい。小学生と同様に，母親の時間的・精神的なゆとりと，積極性が上昇をもたらすようである。

　また，10％水準ではあるが，コロナ禍による収入見込みが「減少」であることが正の効果をもつことに着目したい。高校入試を控えている中学生では塾などの学校外教育を受ける子どもが多い。収入減少が見込まれる家庭では，学校

表12-9　ポジティブグループの移動（中学1年生→3年生）

	低位→高位		高位→低位	
	B	Exp (B)	B	Exp (B)
母親仕事量の変化（基準：変わらない）				
仕事がなくなった	−0.287	0.751	0.239	1.270
仕事が減った	−0.106	0.899	0.496	1.643 *
仕事が増えた	0.051	1.052	0.940	2.561 +
母親就業状態（基準：正社員→正社員）				
正社員→パート	2.081	8.016	−1.864	0.155 **
パート→正社員	1.855	6.392 *	−0.501	0.606
パート→パート	0.755	2.128 **	−0.825	0.438 ***
有職→無職	1.084	2.958	−0.510	0.600
無職→有職	0.609	1.839	−0.561	0.571
無職→無職	0.510	1.665	−0.773	0.462 **
子ども成績変化（基準：変化なし）				
成績上昇	0.045	1.046	−0.777	0.460 ***
成績下降	0.006	1.006	−0.731	0.482 **
コロナによる収入見込み（基準：変化なし）				
収入減少	0.472	1.604 +	−0.312	0.732 +
収入増加	1.321	3.746	0.088	1.091
定数	−2.174	0.114 ***	1.003	2.725 ***
NagelkerkeR2乗	0.061		0.116	
−2対数尤度	447.442		866.59	
有意確率	p<0.01		p<0.001	
N	465		678	

外教育を控えざるを得ないことから，家庭での親の支援を積極的におこなうようになったのではないだろうか。

　高位から低位への変化（下降）については，仕事が減ったが1%水準で正の効果，小学生と同様に正社員以外の就業形態で負の効果，成績上昇と成績下降でいずれも負の効果がみられる。10%水準までみると，仕事が増えたで正の効果，収入減少で負の効果となっている。

　仕事が減ったり増えたりすることがストレスとなり，子どもの学習に対する支援が減少すると考えられる。このグループでは，もともとポジティブスコアが高かったが，子どもの成績が変わらないと安心して働きかけが減少するのに対して，成績が上昇したり下降したりすると働きかけは減少しないとみることができる。また，ポジティブスコアの低かったグループで収入減少が日常の学

習支援を増加させたように，ポジティブスコアの高かったグループでは収入減少があると学習支援は減少しない。

　以上でみてきたように，子どもたちが感じている親からの日常的な学習支援は，母親の就業状態や仕事の増減，子どもの成績の変化や収入見込みによって増加あるいは減少する。ここで強調しておきたいのは，コロナ禍による人々の生活に対する影響が，子どもたちが感じる親からの学習支援を減少させる方向に大きく働いた点である。とくに正社員を継続した母親において最も強く作用したと考えることができる。

4．子どもの学習意欲との関係

　本節では Wave 5 から Wave 7 にかけての子どもの学習意欲「勉強しようという気持ちがわかない」の変化を従属変数とする分析をおこなう。この設問に対しても「1．とてもあてはまる」「2．まああてはまる」「3．あまりあてはまらない」「4．まったくあてはまらない」の4件法で回答されている。4から3，3から2，2から1に変化した場合を学習意欲の上昇とした。逆に1から2，2から3，3から4に変化した場合を学習意欲の低下とした。

(1) 小学生の学習意欲と親の学習支援の関係

　Wave 5 から Wave 7 にかけての子どもの学習意欲の低下を従属変数とする2項ロジスティック回帰分析の結果を表12‒10に示した。子どもの性別，両親の学歴，母親の職業を統制しても，成績下位は1％水準で正の効果，ポジティブスコアグループの上昇（低→高）は1％水準で負の効果がある。

　成績がふるわず下位になれば学習意欲が低下することは十分に考えられる。他方で，親の日常的な学習支援が増大することにより，子どもの学習意欲は低下しない。

　そこで，学習意欲の上昇を従属変数とする同様の分析をおこなったところ，モデルのあてはまりはそれほどよくないものの，ポジティブスコアグループの上昇（低→高）は0.1％水準で正の効果をもつことがわかる。親の日常的な学習支援が増大することは，小学生の学習意欲を上昇させる。

表 12-10 学習意欲の変化の規定要因（小学 6 年生）

	学習意欲低下		学習意欲上昇	
	B	Exp (B)	B	Exp (B)
子ども性別（基準：女子）				
男子ダミー	0.041	1.042	0.123	1.131
父学歴（基準：高卒まで）				
大卒以上ダミー	−0.145	0.865	0.093	1.097
母学歴（基準：高卒まで）				
短大卒以上ダミー	0.215	1.24	−0.047	0.954
W7 母職業（基準：パート等）				
正社員ダミー	−0.051	0.95	0.26	1.297
無職ダミー	−0.183	0.833	−0.123	0.884
W7 子ども成績（基準：中位）				
上位ダミー	0.011	1.011	−0.058	0.944
下位ダミー	0.193	1.638 **	−0.264	0.768
ポジティブグループ変化（基準：変化なし）				
上昇ダミー	−0.806	0.447 **	0.797	2.219 ***
下降ダミー	0.218	1.243	0.287	1.332
定数	−0.644	0.525 ***	−1.634	0.195 ***
Nagelkerke R2 乗	0.042		0.027	
−2 対数尤度	1277.076		950.868	
有意確率	p<0.001		p<0.05	
N	982		982	

(2) 中学生の学習意欲

中学生についても同様の分析をおこなった（表 12-11）。学習意欲の低下についても上昇についてもモデルのあてはまりは，あまりよくない。小学生とは異なり中学生では，学習意欲の変化において，ここでは独立変数に投入しなかった他の要因が，より重要になってきていると考えられる。

とはいえ，学習意欲の上昇についてはポジティブスコアグループの上昇（低→高）は 5％水準で有意な効果をもつ。低下は阻止できないとしても，上昇させることはできるようである。

また，中学生の分析結果からは，父親の学歴が興味深いといえよう。大卒以上が意欲低下に正の効果（5％水準），意欲上昇に負の効果（10％水準）をもつ。中学生にとっては大卒以上の父親が学習意欲を低減させているのかもしれない。

表 12-11　学習意欲の変化の規定要因（中学 3 年生）

	学習意欲低下		学習意欲上昇	
	B	Exp (B)	B	Exp (B)
子ども性別（基準：女子）				
男子ダミー	−0.250	0.779	0.085	1.089
父学歴（基準：高卒まで）				
大卒以上ダミー	0.360	1.434 *	−0.400	0.670 +
母学歴（基準：高卒まで）				
短大卒以上ダミー	−0.073	0.929	0.029	1.030
W7 母職業（基準：パート等）				
正社員ダミー	0.117	1.125	−0.205	0.815
無職ダミー	0.256	1.291	0.257	1.293
W7 子ども成績（基準：中位）				
上位ダミー	0.021	1.022	0.248	1.281
下位ダミー	0.327	1.387 +	0.027	1.027
ポジティブグループ変化（基準：変化なし）				
上昇ダミー	0.172	1.118	0.700	2.014 *
下降ダミー	0.284	0.328	−0.184	0.832
定数	−0.714	0.489 ***	−1.634	0.195 ***
Nagelkerke R2 乗	0.028		0.029	
−2 対数尤度	894.564		600.386	
有意確率	p<0.1		p<0.1	
N	673		673	

5.　結語にかえて

　ここまで，子どもが認識している親の日常的な学習支援を中心として，コロナ禍における親子関係の変化と，その子どもへの影響をみてきた。「学校の宿題を手伝う」「勉強の面白さを教える」「勉強で悩んだときに相談にのる」「問題のいろいろな解き方を考えるように言う」「結果が悪くても努力したことを認める」といった学習支援は，子どもの学習に関する意識や学習意欲と関連している。ただし，その影響の大きさは学校段階によって異なっており，小学生よりも中学生で，中学生よりも高校生で，より小さくなっている。

　2019 年の Wave 5 から 2021 年の Wave 7 にかけて親の学習支援は減少傾向にあり，Wave 7 では小学生でも中学生でも 50％以上が親の学習支援が相対的に少ないと感じるようになっている。学習支援の減少をもたらした要因のひと

つに，母親の就業状態がある。コロナ禍が続いた期間に正社員を継続した母親では，日常的な学習支援が減少する傾向があった。

　親の学習支援の変化と子どもの学習意欲との関連をみたところ，小学生では学習支援の増大が学習意欲の低下を抑止し，上昇を促進していた。中学生では学習意欲の低下を抑止する効果はみられなかったものの，上昇を促進する効果が認められた。

　以上の分析から，この間の子どもたちの学習意欲低下の一因として，親の学習支援という親子関係の変化があると考えることができる。この変化は子どもの成績のような子ども側の要因だけでなく，親側の要因によってももたらされている。コロナ禍では，こうした親側の要因が大きくなったと考えられる。親の日常的な学習支援は，子どもの学習意欲を向上させ，あるいは高い水準で維持させるために，とりわけ小学生にとっては重要である。

　けれども，家庭環境によっては，親による学習支援が難しい家庭も存在する。こうした家庭については，地域社会や学校からの支援も必要になる。子どもたちが「授業が楽しい」「自分の学校が好きだ」と思って学校に通えるように，さらには自ら意欲をもって学習に取り組むことができるように，学校・親・地域社会が協力していくことが重要である。

　注
　1）同様の質問が保護者票でもなされているが，親のかかわりを子どもがどのように認知しているかを優先して，子ども票の回答をもちいる。なお，本章と共通した問題意識のもとで保護者票のデータをもちいた分析としては，鳶島（2023）があげられる。
　2）もともとのデータは「1. とてもあてはまる」「2. まああてはまる」「3. あまりあてはまらない」「4. まったくあてはまらない」の4件法であるが，これを「4. とてもあてはまる」「3. まああてはまる」「2. あまりあてはまらない」「1. まったくあてはまらない」と変換した。
　3）ポジティブスコアを構成する設問に回答していてもネガティブスコアを構成する設問が無回答となっていたり，逆にネガティブスコアを構成する設問に回答していてもポジティブスコアを構成する設問が無回答になっていたりするケースが存在する。その場合，いずれかのスコアが欠損値になるため，欠損値には0を代入した。
　4）ただし，W7データの「1週間当たりの在宅勤務日数」の変数をもちいて，在宅勤務の有無を投入したところ，統計的に有意な効果は認められなかった。

参考文献

本田由紀，2008，『「家庭教育」の隘路——子育てに脅迫される母親たち』勁草書房．

片岡栄美，2001，「教育達成過程における家族の教育戦略——文化資本効果と学校外教育投資効果のジェンダー差を中心に」『教育学研究』68(3)，259-273．

片瀬一男・平沢一司，「少子化と教育投資・教育達成」『教育社会学研究』82，46-59．

松岡亮二，2019，『教育格差——階層・地域・学歴』筑摩書房（ちくま新書）．

中澤渉・藤原翔，2015，『格差社会の中の高校生——家族・学校・進路選択』勁草書房．

鳶島修治，2023，「コロナ禍における親の子どもへの関与と社会階層」東京大学社会科学研究所社会調査・データアーカイブ研究センター二次分析研究会「「子どもの生活と学びに関する親子調査」（パネル調査）を用いた親子の成長にかかわる要因の二次分析」成果報告書，68-89．https://csrda.iss.u-tokyo.ac.jp/RPS087.pdf．

東京大学社会科学研究所・ベネッセ教育総合研究所，2022，東京大学社会科学研究所・ベネッセ教育総合研究所　共同研究プロジェクト「子どもの生活と学びに関する親子調査2021」結果速報（2022年4月20日発表）．https://issneWs.iss.u-tokyo.ac.jp/2022/04/-2021-20211021.html

豊永耕平，2023，『学歴獲得の不平等——親の進路選択と社会階層』勁草書房．

卯月由佳，2004，「小中学生の努力と目標」本田由紀編『女性の就業と親子関係』勁草書房．

山崎準二，2000，「教師のライフコース研究——その研究的特徴」『静岡大学教育学部研究報告（人文社会科学篇）』50，201-228．

Elder, Glen H. Jr., 1974, *Children of The Great Depression: Social Change in Life Experience*, The University Chicago（=1986，本田時雄・川浦康至・伊藤裕子・池田政子・田代俊子訳，『大恐慌の子どもたち　社会変動と人間発達』明石書店）．

第 13 章

小学生から高校生まで7年間の学習意欲の推移
——混合軌跡モデリングによるパネルデータ分析

大野 志郎

1. 本章の目的

　本プロジェクトの 2022 年 4 月発の速報（東京大学社会科学研究所・ベネッセホールディングス, 2022）により, 2019 年から 2021 年にかけ,「勉強する気持ちがわからない」の肯定率が 45.1% から 54.3% に 9.2 ポイント増加しており, 子どもたちの学習意欲の低下傾向への懸念が示されている。学習の動機づけが低くなる要因として北尾（2020）は, 学習困難や心理的問題から情報処理の負担が重くなること, 学びに必要な知識が備わっていないこと, 学習方略（メタ認知, 精緻化）に乏しいこと問題があること, 社会生活領域の自立経験が少ないために自分の力を実感する機会がないことなどを挙げている。また, 学校教育での環境など外的状況も学習意欲に影響を及ぼすと考えられている。有田（1989）によれば, おもしろい教材,「子どもの実態にマッチしたよい教材」を提示し, 問題を発見, 追及するように指導することが, 子どもの学習意欲を高める。小野寺（2020）による中学生を対象とした調査によれば, 良好な状態の学級に所属していた生徒の学習意欲と学力は, そうでない学級と比較して高い。近年の小学校を対象とした縦断調査（徳岡ら, 2021）によれば, 家庭の社会経済的地位（SES）によらず学習意欲は低下傾向となり, SES が平均または低く, かつクラスサイズが大きい場合の低下幅が大きい[1]。特に近年の教育環境は GIGA スクール構想などの情報化, コロナ禍, 新学習指導要領の変化などを背景とし, めまぐるしく変化している。学校教育法第二章第六条 2 項に「自ら進んで学習に取り組む意欲を高めることを重視して行われなければならない」と

記載されているように，学習意欲が教育における根幹を成す重要な要素であることは論をまたない。初等中等教育における学習意欲の長期的な変化について，一定規模の量的調査をもとにした知見を提供することが，本章の目的となる。

2. 混合軌跡モデリング

(1) 使用するデータと分析方法

　本章では，学習意欲が小学校4年生から6年生の同一世代（学年）でどのように変化したのか，特徴的なグループを抽出し，2015年度調査（Wave 1）時点の学習に関する様々な変数について，各グループ所属への予測因子として検討を行う。分析には「子どもの生活と学びに関する親子調査（JLSCP）」のパネルデータ[2]を用い，2015年度調査（Wave 1）の時点で小学校4年生であったサンプルを現高1世代，小学校5年生であったサンプルを現高2世代，小学校6年生であったサンプルを現高3世代とし，それぞれの世代のサンプルについて分析を行う。Wave 7においては，現高1世代は高校1年生，現高2世代は高校2年生，現高3世代は高校3年生となる。

　はじめに，各世代の単純な学習意欲の変化を図13-1に示す。Wave 1調査時に小学4年生であった現高1世代は，中学校に進学した2018年度に大きく減少させており，同様に現高2世代は2017年度から2018年度にかけて大幅な

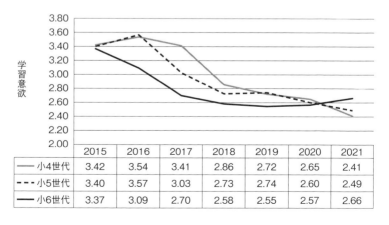

	2015	2016	2017	2018	2019	2020	2021
——小4世代	3.42	3.54	3.41	2.86	2.72	2.65	2.41
----小5世代	3.40	3.57	3.03	2.73	2.74	2.60	2.49
——小6世代	3.37	3.09	2.70	2.58	2.55	2.57	2.66

図13-1　小4～現高3世代の学習意欲の平均値推移

減少を示している。また現高3世代も中学進学直後の2016年度，2017年度に大きく減少しているが，高校3年生になると受験の影響か，学習意欲をわずかに（0.09ポイント）高めている。

　グループ分けの手法として，混合軌跡モデリング（Group-Based Trajectory Modeling，以降GBTMと表記）（Nagin, 2005）を用いる。GBTM は，1993年にナギンとランド（Nagin and Land, 1993）によって提唱された，発達軌跡の予測因子と結果を統計的に描くための手法である。時間に基づいた縦断的データを用いて，集団から特徴的な発達の軌跡をたどるグループを分類し，各グループのメンバーの特性を分析することができる。理解しやすいグラフの形式で結果を表すことができることも，この手法の大きな特徴である（Nagin, 2014）。小学生から高校生までの7年間を経て，どのようなパターンで学習意欲が推移するのかについて検討した後，多項ロジスティック回帰分析により，小学生時点の生活・学習状況から各学習意欲グループへの所属予測因子を探索する。分析にはStata 17を用い，GBTMではtrajパッケージ（Jones and Nagin, 2012）を用いた。軌跡分析はCNORM分布により行い，BICの値を比較してあてはまりの良い（BICの値が大きい[3]）モデルを採用した。多項ロジスティック回帰モデルにおけるオッズ比（OR）は，説明変数が1単位増加した場合の，目的変数の参照カテゴリに対する選択確率の変化率を示す。本分析における目的変数の参照カテゴリは中程度推移グループとした。なお，分析全体の有意水準は$p<0.05$に設定した。

(2) 使用する変数

　Wave 1からWave 7の学習意欲の測定について，「あなたは『勉強』がどれくらい好きですか」「勉強しようという気持ちがわかない」に対する4件法の回答について，前者は「とても好き」を3点，「まったく好きではない」を0点，後者は「まったくあてはまらない」を3点，「とてもあてはまる」を0点とした0から3までの得点を合算し，学習意欲変数とした。本章で検討する変数の分布を，表13-1に示す。

　Wave 1における成績について，クラスでの4〜5科目の総合的な成績が上位[4]である場合に1，中位または下位である場合に0とするダミー変数を作成した。Wave 1における「学校の宿題をする」と「学校の宿題以外の勉強をす

表 13 - 1　変数の分布

	現高 1 世代			現高 2 世代			現高 3 世代		
	n	M	S.D.	n	M	S.D.	n	M	S.D.
学習意欲 wave 1	1319	3.42	1.48	1269	3.40	1.45	1318	3.37	1.50
学習意欲 wave 2	1168	3.54	1.39	1159	3.57	1.38	1158	3.09	1.47
学習意欲 wave 3	1126	3.41	1.45	1046	3.03	1.44	1069	2.70	1.54
学習意欲 wave 4	993	2.86	1.52	971	2.73	1.48	1007	2.58	1.49
学習意欲 wave 5	970	2.72	1.52	946	2.74	1.52	932	2.55	1.47
学習意欲 wave 6	1013	2.65	1.44	904	2.60	1.40	924	2.57	1.37
学習意欲 wave 7	926	2.41	1.47	845	2.49	1.45	843	2.66	1.48
自宅学習時間	1308	1.04	0.78	1273	1.15	0.81	1329	1.31	0.95
世帯年収	1202	6.58	3.38	1165	6.74	3.38	1198	6.94	3.41
	n	該当率		n	該当率		n	該当率	
成績上位ダミー	1305	26.7%		1277	29.4%		1324	32.5%	
勉強の面白さ	1336	53.4%		1289	45.9%		1335	46.4%	
毎日楽しくない	1325	11.1%		1290	12.9%		1341	11.6%	
女性ダミー	1461	51.5%		1424	50.3%		1434	50.8%	

る（学習塾の時間を除く）」の合計時間を自宅学習時間（単位：1時間）として変数化した[5]。Wave 1における親との学習面でのかかわりについて，「勉強の面白さを教えてくれる」にあてはまる場合に1とするダミー変数をそれぞれ作成した[6]。Wave 1における精神的不健康について，「毎日が楽しくない」場合に1とするダミー変数を作成した[7]。性別については女性を1，男性を0とするダミー変数を，Wave 1における世帯年収については保護者調査による「昨年の世帯年収」を100万円単位に換算した数値を用いた[8]。

3.　学習意欲の軌跡分析

(1) 現高 1 世代の学習意欲と予測因子

　現高 1 世代においては，図 13 - 2 の 4 群のモデルが選択された。いずれの群も一次関数が適合し，学習意欲は有意に低下していた。中程度の水準を推移する群には48.3%が該当し，中水準から低水準へと推移する群には13.1%が該当した。高から中水準へと推移する群には35.0%が，最高水準を推移する群には3.6%が該当した。表 13 - 2 に，中群を基準とした，各群への該当に関する小学 4 年生時点の予測因子について，多項ロジスティック回帰分析の結果を示す。

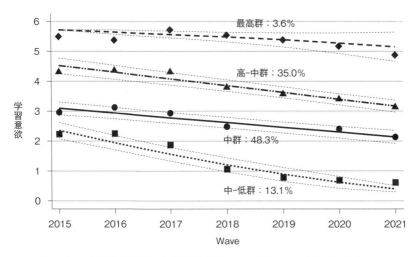

※いずれのグループも切片・傾き共に1％水準で有意，Entropy=0.69, BIC=−12923.11, n=1,465

図13-2　現高1世代の学習意欲推移（GBTM）

表13-2　多項ロジスティック回帰分析（学習意欲・現高1世代）

参照カテゴリ：中群	中－低群		高－中群		最高群	
	OR	(95%CI)	OR	(95%CI)	OR	(95%CI)
成績上位ダミー	0.72 ns	(0.42-1.22)	1.98 ***	(1.47-2.67)	6.91 ***	(3.26-14.64)
自宅学習時間	1.11 ns	(0.86-1.43)	1.25 *	(1.05-1.49)	1.49 *	(1.03-2.17)
勉強の面白さ	0.56 **	(0.37-0.84)	1.58 **	(1.20-2.08)	2.74 *	(1.15-6.53)
毎日楽しくない	1.44 ns	(0.86-2.43)	0.60 *	(0.37-0.95)	0.00 ns	
女性ダミー	1.11 ns	(0.75-1.64)	1.68 ***	(1.28-2.20)	3.25 **	(1.50-7.04)
世帯年収	0.94 ns	(0.88-1.01)	0.99 ns	(0.95-1.03)	0.94 ns	(0.84-1.05)

N=1,119, Log likelihood=−1113.62, LR chi2(18)=146.71, Prob>chi2=0.000, Pseudo R2=0.06

※説明変数は2015年（Wave 1）時点，灰色箇所は有意差ありを示す，* p<0.05, ** p<0.01,
*** p<0.001, ns p>=0.05

　中→低群の予測因子として有意であった変数は，親に勉強の面白さを教わ
らなかったこと（教わった場合に0.56倍）であった。高→中群の予測因子とし
て有意であった変数は，成績上位であったこと（上位1/3の場合に1.98倍），女
性であること（女性の場合に1.68倍），親に勉強の面白さを教わったこと（該当
する場合に1.58倍），毎日が楽しいと感じていたこと（楽しくなかった場合に0.60
倍），自宅学習時間の長さ（1時間増に対しオッズ比1.25倍）であった。最高群

の予測因子として有意であった変数は，成績上位であったこと（上位1/3の場合に6.91倍），女性であること（女性の場合に3.25倍），親に勉強の面白さを教えてもったこと（該当する場合に2.74倍），自宅学習時間の長さ（1時間増に対し1.49倍）であった。

(2) 現高2世代の学習意欲と予測因子

現高2世代においては，図13-3の5群のモデルが選択された。いずれの群も一次関数が適合し，学習意欲は有意に低下していた。中程度の水準を推移する群には42.6％が該当し，高水準を移行する群には35.0％が該当した。中から低水準へと推移する群には9.9％が，最高水準を推移する群には6.5％が該当した。また，低から中水準へと上昇する群には6.0％が該当した。

表13-3に，中群を基準とした，各群への該当に関する小学5年生時点の予測因子について，多項ロジスティック回帰分析の結果を示す。

低→中群の予測因子として有意であった変数は，成績上位でなかったこと（上位1/3の場合に0.38倍），親に勉強の面白さを教わらなかったこと（教わった場合に0.49倍），毎日が楽しいと感じていなかったこと（楽しくなかった場合に

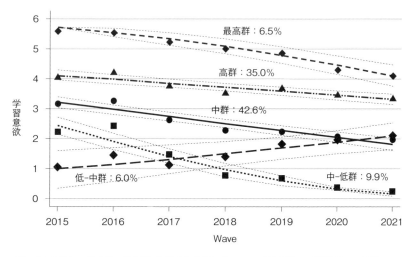

※いずれのグループも切片・傾き共に0.1％水準で有意，Entropy = 0.70, BIC = −12007.47, n = 1,427

図13-3 現高2世代の学習意欲推移（GBTM）

表13-3　多項ロジスティック回帰分析（学習意欲・現高2世代）

参照カテゴリ：中群	低 - 中群		中 - 低群		高群		最高群	
	OR	*(95%CI)*	*OR*	*(95%CI)*	*OR*	*(95%CI)*	*OR*	*(95%CI)*
成績上位ダミー	0.38 *	(0.16-0.92)	0.59 ns	(0.32-1.09)	2.01 ***	(1.48-2.72)	7.01 ***	(3.92-12.53)
自宅学習時間	0.80 ns	(0.52-1.25)	0.97 ns	(0.70-1.33)	1.16 ns	(0.97-1.38)	1.48 **	(1.14-1.93)
勉強の面白さ	0.49 *	(0.26-0.93)	0.76 ns	(0.47-1.22)	1.45 **	(1.10-1.91)	2.63 **	(1.47-4.73)
毎日楽しくない	2.27 *	(1.22-4.23)	1.71 ns	(0.99-2.96)	0.37 ***	(0.22-0.62)	0.39 ns	(0.13-1.17)
女性ダミー	0.51 *	(0.28-0.90)	0.67 ns	(0.43-1.06)	1.50 **	(1.13-1.98)	1.20 ns	(0.70-2.07)
世帯年収	0.89 *	(0.80-0.98)	0.94 ns	(0.87-1.01)	1.00 ns	(0.96-1.04)	0.93 ns	(0.85-1.02)

N=1,099, Log likelihood=−1286.26, LR chi2(24)=215.82, Prob>chi2=0.000, Pseudo R2=0.08

※説明変数は2015年（Wave 1）時点，灰色箇所は有意差ありを示す，* p<0.05, ** p<0.01, *** p<0.001, ns p> = 0.05

2.27倍），男性であること（女性の場合に0.51倍），世帯年収が低かったこと（100万円増につき0.89倍）であった。中→低群の予測因子としては，いずれの変数も有意な関連は見られなかった。高群の予測因子として有意であった変数は，成績上位であったこと（上位1/3の場合に2.01倍），親に勉強の面白さを教わったこと（教わった場合に1.45倍），毎日が楽しいと感じていたこと（楽しくなかった場合に0.37倍），女性であること（女性の場合に1.50倍）であった。最高群の予測因子として有意であった変数は，成績上位であったこと（上位1/3の場合に7.01倍），親に勉強の面白さを教わったこと（教わった場合に2.63倍），自宅学習時間の長さ（1時間増に対し1.48倍）であった。

(3) 現高3世代の学習意欲と予測因子

現高3世代においては，図13-4の5群のモデルが選択された。いずれの群も一次関数が適合し，学習意欲は有意に低下していた。中程度の水準を推移する群には47.4%が該当し，高水準を推移する群には33.3%が該当した。中から低水準へと推移する群には6.4%が，最高水準を推移する群には6.6%が該当した。また，低から中水準へと上昇する群には6.4%が該当した。

表13-4に，中群を基準とした，各群への該当に関する小学6年生時点の予測因子について，多項ロジスティック回帰分析の結果を示す。

低→中群の予測因子として有意であった変数は，親に勉強の面白さを教わらなかったこと（教わった場合に0.37倍），毎日が楽しいと感じていなかった（楽しくなかった場合に2.71倍），自宅学習時間の短さ（1時間増につき0.63倍）

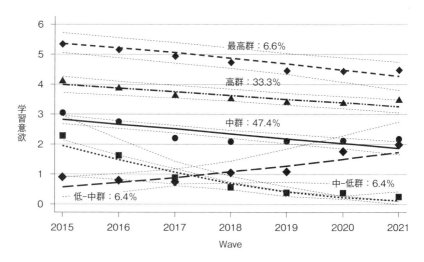

※いずれのグループも切片・傾き共に1％水準で有意，Entropy = 0.72，BIC = − 12395.77，n = 1,434

図13 - 4　現高3世代の学習意欲推移（GBTM）

表13 - 4　多項ロジスティック回帰分析（学習意欲・現高3世代）

参照カテゴリ：中群	低 - 中群		中 - 低群		高群		最高群	
	OR	(95%CI)	OR	(95%CI)	OR	(95%CI)	OR	(95%CI)
成績上位ダミー	0.65 ns	(0.31-1.37)	1.42 ns	(0.76-2.66)	2.38 ***	(1.77-3.20)	7.79 ***	(4.32-14.05)
自宅学習時間	0.63 *	(0.42-0.94)	0.74 ns	(0.51-1.07)	1.20 *	(1.04-1.39)	1.45 **	(1.15-1.83)
勉強の面白さ	0.37 **	(0.19-0.72)	0.62 ns	(0.35-1.13)	1.48 **	(1.13-1.95)	1.75 *	(1.01-3.03)
毎日楽しくない	2.71 **	(1.52-4.84)	1.33 ns	(0.65-2.71)	0.42 **	(0.25-0.71)	0.24 ns	(0.06-1.05)
女性ダミー	0.95 ns	(0.56-1.61)	2.16 **	(1.22-3.84)	1.19 ns	(0.90-1.57)	1.41 ns	(0.82-2.41)
世帯年収	1.00 ns	(0.92-1.08)	1.03 ns	(0.96-1.12)	1.02 ns	(0.98-1.06)	1.00 ns	(0.93-1.08)

N=1,131，Log likelihood= − 1243.09，LR chi2（24）=219.07，Prob>chi2=0.000，Pseudo R2=0.08

※説明変数は2015年（Wave 1）時点，灰色箇所は有意差ありを示す，* p<0.05，** p<0.01，*** p<0.001，
ns p> = 0.05

であった。中 → 低群の予測因子は，女性であること（女性の場合に2.16倍）で
あった。高群の予測因子として有意であった変数は，成績上位であったこと
（上位1/3の場合に2.38倍），親に勉強の面白さを教わったこと（教わった場合に
1.48倍），毎日が楽しいと感じていたこと（楽しくなかった場合に0.42倍），自宅
学習時間の長さ（1時間増につき1.20倍）であった。最高群の予測因子として有
意であった変数は，成績上位であったこと（上位1/3の場合に7.79倍），親に勉

強の面白さを教わったこと（教わった場合に1.75倍），自宅学習時間の長さ（1時間増に対し1.45倍）であった。

4. 小学生から高校生への学習意欲推移の特徴

現高1から現高3までの，小学生から高校生にかけての学習意欲の推移からは，おおむね類似したパターンが観察された。まず，ほとんどの群は7年間で学習意欲を減退させており，学習意欲が増加するパターンが見られたのは現高2，現高3世代の低→中群，それぞれ6.0％，6.4％であった。この2つの群に共通する特徴は，学習意欲中群と比べて，小学5年生，6年生時点で，親から勉強の面白さを教わっていないと感じていた，毎日が楽しくないと感じていた割合が高いことである。これらは学習意欲増加の要因というよりは，全体的に低い学習意欲を説明する変数だと考えられるが，一方で，発達の段階で勉強の面白さを学んだり，生活の楽しさが向上したりいう改善の余地があることを示唆している。また逆に，親から勉強の面白さを教わっていると感じていた，毎日が楽しいと感じていたというポジティブな反応は，現高1，高2，高3すべての世代の学習意欲高群を特徴付けるものであり，勉強の面白さとの関連は学習意欲最高群においてさらに顕著である。学習意欲最高群のより大きな特徴は，成績が上位1/3であること，自宅学習時間が長いことであり，勉強が得意であることと，学習意欲との関連が鮮明である。

観察されたすべての群の学習意欲は安定的に推移しており，学習意欲高から低，低から高などの急激な増減は大きな集団としては観察されなかった。これは，学習意欲が小学4年生から6年生という発達の段階よりも前に，ある程度定まっていることを示唆している。本章で用いた説明変数の説明力は非常に弱いため，学習意欲を説明する勉強の得意さや自宅学習時間以外の多様な変数が想定されるものの，高校生時点での学習意欲が小学校低学年の時点からそれほど変化しないということは，幼児教育や初等教育において重視されるべきであろう。その際，親から勉強の面白さを教わっているという変数が一貫して学習意欲と関連していることは注目に値する。鈴木・櫻井（2011）による高校生を対象とした調査によれば，学習が自己成長や社会貢献といった内発的な将来目標に役立つと考える「内発的利用価値」は，「難しい問題が解けるとうれしく

なる」「楽しく勉強できたと思える日が多い」などの内発的動機づけを高め，また普段の家庭学習時間を増加させる。小学生と中学生を対象としたベネッセ教育総合研究所の調査（2014）によれば，「勉強することが楽しい」などの学習理由と，「難しい問題をじっくり考える」などの思考過程重視志向との正の関連を示唆している。勉強の面白さを教わることにより，内発的動機づけを高め，高い学習意欲や学習効果に結びつくことが期待される。

注
1) 小学校4年生から6年生（n=1,867）を対象とした縦断調査による。
2) サンプルはベネッセの登録モニターであり，教育関心の高い家庭にやや偏っている可能性がある。
3) このパッケージによる BIC の算出式は log（L）−0.5k log（N）（L は尤度，N はサンプルサイズ，k はパラメータ数）と −0.5 を乗じた値となっている（Baumgartner and Leydesdorff 2014）ため，値が小さいほどあてはまりが良い。
4) 小学校4年〜6年生は国語・算数・理科・社会，中学生以降は英語を加えた5教科（科目名は学校段階に合わせたもの）について，「下のほう」から「上のほう」まで5段階で得た回答をそのまま1点から5点まで数値化・合計し，学校段階別の度数分布により3区分している。
5) 「しない」を0，「5分」を0.08，「10分」を0.17，「15分」を0.25，「30分」を0.5，「1時間」を1，「2時間」を2，「3時間」を3，「4時間」を4，「4時間より多い」を5として数値化した。
6) 回答は4件法であり，「とてもあてはまる」または「まああてはまる」場合に1，「あまりあてはまらない」または「まったくあてはまらない」場合に0とした。
7) 「毎日が楽しい」の項目に対して「あまりあてはまらない」「まったくあてはまらない」場合に1とした。
8) 回答は10段階で得ており，「200万未満」を1.5（百万円），「200〜300万円未満」を2.5（百万円），「2000万円以上」を22.5（百万円）のように数値化した。

参考文献
有田和正，1989，『学習意欲はこう高める（有田和正著作集：「追究の鬼」を育てる／有田和正著，1）』明治図書出版．
Baumgartner S. E. and Leydesdorff L., 2014, Group-Based Trajectory Modeling of Citations in Scholarly Literature: Dynamic Qualities of "Transient" and "Sticky Knowledge Claims". Journal of the Association for Information

Science & Technology, 65: 797-811. doi: 10.1002/asi.23009.

ベネッセ教育総合研究所，2014，『小中学生の学びに関する実態調査 速報版』ベネッセホールディングス，https://berd.benesse.jp/up_images/research/Survey-on-learning_ALL.pdf（参照日：2023年2月28日）.

石塚博規・マイアルダン ファルカ，2022，「学校における1人1台端末環境が学力と学習態度の向上にもたらす効果——テクノロジーが教育の何を変えるのか？」『北海道教育大学紀要. 人文科学・社会科学編』72(2)，29-44.

Jones B. L. and Nagin D. S., 2014, A Stata Plugin for Estimating Group-Based Trajectory Models, Doi: 10.1184/R1/6470963.v1.

北尾倫彦，2020，『「深い学び」の科学——精緻化，メタ認知，主体的な学び』図書文化社.

文部科学省，2006，「教育基本法」，https://www.mext.go.jp/b_menu/kihon/about/mext_00003.html（参照日：2023年2月28日）.

Nagin D. S., 2005, Group-Based Modeling of Development. Harvard University Press. http://www.jstor.org/stable/j.ctvjf9z1f.

Nagin D. S., 2014, Group-Based Trajectory Modeling: An Overview. Ann Nutr Metab 65:205-210. doi: 10.1159/000360229.

Nagin D. S. and Land K.C., 1993, Age, Criminal Careers, and Population Heterogeneity: Specification and Estimation of a Nonparametric, Mixed Poisson Model. Criminology, 31: 327-362. doi:10.1111/j.1745-9125.1993.tb01133.x.

小野寺正己，2020，「学級状態の違いが学習意欲及び学力に及ぼす影響の縦断的検討」『学級経営心理学研究』(9)，1-5.

盧瑞，2022，「青少年のゲーム利用に関する教師の意識と態度の日中比較研究」『神戸学院大学教職教育センタージャーナル』8，13-26.

鈴木高志・櫻井茂男，2011，「内発的および外発的な利用価値が学習動機づけに与える影響の検討」『教育心理学研究』59(1)，51-63.

徳岡大・山森光陽・大内善広・草薙邦広・中島健一郎，2021，「小学生の学習意欲の推移に対するクラスサイズの影響と学校レベルのSESによる違い」，日本教育心理学会第63回総会発表論文集.

東京大学社会科学研究所・ベネッセホールディングス，2022，「年間で「勉強する気持ちがわかない」が半数以上に 学習意欲は低下傾向」，https://web.iss.u-tokyo.ac.jp/clal/2022/04/28/pressrelease_20220414.pdf（参照日：2023年2月28日）.

第 14 章

小・中・高校生の教育アスピレーション加熱／冷却への成績自己評価の影響に関するパネルデータ分析
——「ベースサーベイ」および「卒業時サーベイ」データから

中西 啓喜

1. はじめに

　小・中・高校生の希望選択と成績の変化はどのように関連するのか。こうした素朴な疑問に計量的に答えることは難しい。その理由は，シンプルにそれほど長期的な追跡データが不足しているためである。例えば，一時点の横断的データの分析から成績の高さと四大志望の関連性が見出せたとしても，それは「高成績者が四大志望である」という傾向を示したにすぎない。横断的調査によって得られる成績と希望進路の情報は同時に取得されているため，四大志望に対する成績の "変化" の影響を把握することはできず，横断データをもとに成績と希望進路の間に因果関係を読み取るのは誤りである（Lieberson, 1985, 中澤，2016）。そこで本章では，小学 6 年生から高校 3 年生までの 7 年間のパネルデータを分析することで，四年制大学への進学志望の様相を把握する。

　教育社会学では，青少年の進路選択を「アスピレーションの加熱／冷却」という枠組みで説明してきた。アスピレーションとは，社会的資源（富，勢力，威信，知識・技能）の獲得を目指した意欲を意味する。「加熱」はこれら社会的資源の獲得を目指して人々が動機づけられるプロセスであり，「冷却」はアスピレーションを各々分相応に適切な水準まで切り下げられるプロセスのことである（天野，1982: 7-12）。

　中学生と高校生のアスピレーションの変化をパネルデータの分析によって明らかにしたものに，苅谷（1986），耳塚（1986），藤原（2010）がある。これらの研究の知見は，いずれもアスピレーションの変化を「学業成績の変化」と結

びつけたところに特徴がある。

　苅谷（1986）は，教育アスピレーションの加熱／冷却について小中学生を対象に分析した結果，成績による「自己選抜」がはたらいていると指摘した。同様に，耳塚（1986）は，中学生を対象としたパネルデータを分析し，成績の自己評価の上昇／下降によって生徒のアスピレーションは加熱／冷却されることを明らかにした。中学生のアスピレーションの変化は，生徒集団内部での学業成績の位置を反映しながら進路意識を形成するというのである。

　一方で，進路多様校の高校生を３年間追跡的に調査したパネルデータを分析した藤原（2010）は，高校生の教育アスピレーションは，成績の自己評価の上昇により加熱されるが，成績が下降しても冷却はされないことを示した。

　このように先行研究をレヴューすると，希望進路と成績の関連は，高校入学以前と以後では大きく異なることがうかがえる。日本の公立高校の多くは，入学試験，高校の伝統や歴史，過去の卒業生の進路実績などによって階層構造をなしている。どのようなランク・タイプの高校に入学できるかによって進路選択が制限されるメカニズムをトラッキングと呼ぶ（Rosembaum 1976；Oakes 1980，岩木・耳塚編，1983）。日本型のトラッキング理論に基づけば，青少年の進路選択と成績が関連するのは高校入学以前に限られ，高校入学後には成績の変化の希望進路への影響は限定的とされる（藤田，1980；学校社会学研究会，1983；苅谷，1986）。

　しかし，現代社会は，高校卒業者である18歳人口が大学入学定員と比べて少ない「大学全入時代」と呼ばれている。加えて，推薦・AO入試など学力選抜を課さない大学入試選抜制度が普及し，大学入学選抜における成績の重要性が低下していることが予想される。こうした教育選抜の現代性を踏まえれば，進路選択と成績の自己評価との関係も変化している可能性もある。

　本章では，こうした関心から，小学６年生から高校３年生までの長期的なパネルデータを分析していく。

2. データと変数

(1) 分析に用いるデータの概要

　本章で用いるデータは，「子どもの生活と学びに関する親子調査ベースサー

ベイ」（以下，「ベースサーベイ」と略記）と「高校生活と進路に関する調査」（以下，「卒業時サーベイ」と略記）である。本章の分析では，小学6年生から高校3年生までの7時点を主としつつ，決定進路の情報まで含めた計8時点のパネルデータを使用する。

　ベースサーベイ「2015～21年度調査（Wave 1～7）」のWave 1のサンプルサイズは1331人であるが，これだけの長期間で多時点のパネルデータはサンプル脱落（sample attrition）も大きく，最終的な分析ケース数は473人である。こうしたサンプル脱落について，特定な脱落傾向が見られる場合には，「偏った」分析結果が得られる可能性がある。

　パネルデータは分析前に，接続可能なデータの傾向を把握し，分析のために欠損しているデータを確認する必要がある（北村 2005）。そこで，分析サンプルに偏りがないかを把握するために作成したのが表14-1である。分析に利用する変数の詳細は後述するが，両親大卒がやや多くなり，成績下位層が若干少なくなっているものの，それ以外の変数には大きな違いは見られない。本デー

表14-1　脱落サンプルの特徴の把握

	W1 全サンプル N=1331	追跡サンプルのW1 N=473
大学・大学院進学志望	48.4	50.1
親学歴		
父母とも大卒	35.5	41.0
父母いずれか大卒	29.5	28.1
父母とも非大卒	25.1	21.6
不明	9.9	9.3
成績の自己評価		
上位層	32.3	33.2
中位層	34.9	38.3
下位層	32.8	28.5
性別		
男子	49.1	48.2
女子	50.1	51.2
不明	0.8	0.6
居住の都市規模		
政令指定都市・特別区	27.9	29.2
15万人以上	33.9	35.3
5万人～15万人未満	24.2	22.8
5万人未満	14.1	12.7

タには，このような限界はあるものの，これほどの長期間のパネルデータは日本では希少である。

(2) 分析戦略

本章では，Allison（2009）が「ハイブリッドモデル（Hybrid Model）」と名づけた手法を用いる。ハイブリッドモデルは，マルチレベル分析の集団平均センタリング（group mean centering）の技法をあてはめたもので，独立変数を個人平均からの偏差と，個人平均に分割した上でそれぞれの係数をランダム効果モデル（Random Effect Model）よって推定する。その結果，固定効果モデル（Fixed Effect Model）とほぼ同等に偏りの小さい個人内効果を推定できる。

詳細は，中澤（2012），三輪・山本（2012）らの解説に譲るが，要約すると以下のようである。

ハイブリッドモデルを用いることで，①成績のような可変変数と社会階層や性別など不変変数の効果が同時に推定でき，②個人内で変化する変数についても，変化にともなう個人内効果と平均的な個人間の差異による個人間効果を区別して推定することができる。③加えて，観察されない異質性を除去した推定値を得ることができる。なお，本章の従属変数は四大志望か否かの2値変数であるため，ロジットモデルによる推定である[1]。

(3) 変数の概要

分析に用いる変数を詳述していこう。使用変数の記述統計量は表14-2に示した。なお，ダミー変数の平均値は，実質にはパーセントを示している。表中のLevel1は可変変数（時間と共に変化する変数），Level 2は不変変数（時間と共に変化しない変数）を表している。

まず従属変数には，児童生徒の教育期待を設定する。分析に際しては，四年制大学および大学院進学を1，それ以外（未定，無回答を含む）を0にリコードして用いる。

独立変数に用いる成績は，「あなたの今の成績は，クラス【小学生】（学年【中学生，高校生】）の中でどれくらいですか」という質問項目への回答結果を，上の方＝3，真ん中＝2，下の方＝1にコーディングし，グループセンタリングして用いる。

表 14−2　使用変数の記述統計量

		Mean	S.D.	Min.	Max.
Level 1					
四年制大学進学志望	全体	0.66	0.48	0.00	1.00
	個人間		0.33	0.00	1.00
	個人内		0.34	− 0.20	1.51
成績（平均偏差）	全体	0.00	0.58	− 1.71	1.71
	個人間		0.00	0.00	0.00
	個人内		0.58	− 1.71	1.71
Level 2					
性別					
女子		0.51	0.50	0.00	1.00
男子		0.48	0.50	0.00	1.00
不明		0.01	0.08	0.00	1.00
親学歴					
両親大卒		0.41	0.49	0.00	1.00
父母いずれか大卒		0.28	0.45	0.00	1.00
両親非大卒		0.22	0.41	0.00	1.00
不明		0.09	0.29	0.00	1.00
居住の都市規模					
政令指定都市・特別区		0.29	0.46	0.00	1.00
15万人以上		0.35	0.48	0.00	1.00
5万人～15万人未満		0.23	0.42	0.00	1.00
5万人未満		0.13	0.33	0.00	1.00
高校トラック					
進学校		0.37	0.48	0.00	1.00
中堅校		0.44	0.50	0.00	1.00
多様校（進学中心）		0.09	0.29	0.00	1.00
多様校（就職中心）		0.09	0.29	0.00	1.00

　出身社会階層の指標としては，保護者票から得られた親学歴を用い，両親大卒，父母いずれか大卒，両親非大卒の3カテゴリーにリコードしている。性別は，男子＝1，女子＝0とした男子ダミーを用いる。居住地域の都市規模については，政令指定都市・特別区，15万人以上，5万人～15万人未満，5万人未満の4カテゴリーを使用する。

　表14−2中のLevel 1の変数における「全体」は，分析ケース全体の各変数の記述統計量を，「個人間」は各変数についての個人間における標準偏差・最小値・最大値を表している（三輪，2013）。

(4) 成績変数の扱いについての検討

　ここで，本章で用いる成績変数について検討しておこう。

　上述の通り，本章では成績変数には「あなたの今の成績は，クラス【小学生】（学年【中学生，高校生】）の中でどれくらいですか」という質問項目への回答結果を用いる。しかし，この質問項目は小学校から高校まででそれぞれの成績の自己評価の意味が学校段階によってやや異なる。

　日本では，9割以上の小中学生が公立学校に通っている。公立の小中学校は学校間での学力差が小さいため，在校する児童生徒に対して「あなたの今の成績は，クラス（学校）の中でどれくらいですか」と質問することでそれなりに妥当な学力の情報が得られることが知られている（苅谷，2008；中澤，2022）。

　しかし高校となると事情は異なる。日本の高校は入学試験によって階層構造を成しているため学校間での学力差が大きい。それゆえに，高校生に対して「あなたの今の成績は，学年の中でどれくらいですか」と尋ねても，学力の自己評価が高校の選抜性によって異なる意味を持つ。そのため教育社会学の分野では，比較的標準化されている中学時の成績を学力の指標として用いることが慣例である。こうした議論を踏まえ，本章で用いるデータの成績変数について改めて検討しておこう。

　図14-1は成績の自己評価の割合を示したものである。多少のばらつきはあるが，上位，中位，下位がそれぞれ3割ずついているデータであることが確認できる。

　そして，表14-3は成績の自己評価の相関係数行列である。相関係数が0.4を超えたセルに網掛けをしている。小6の列の相関係数を見ると，中1から中3までは0.45以上であるが，高1から高3までは0.15程度に留まる。一方で，高1と高2の列で相関係数を確認すると，いずれも0.50を上回る。つまり，成績の自己評価には中3と高1のあたりで断絶があることがわかる。

　そこで，以下でのパネルデータ分析で成績変数を用いる際には，全体データ，高校入学前データ，高校入学後データの3パターンに分割して行う。こうすることで，四大志望に与える成績変数の影響を総合的かつ高校入学前後で検討することが可能となる。

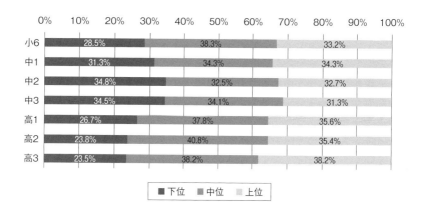

図 14 - 1　成績の自己評価の割合

表 14 - 3　成績の自己評価の相関係数行列

	小6	中1	中2	中3	高1	高2
中1	0.517	—				
中2	0.478	0.669	—			
中3	0.454	0.616	0.718	—		
高1	0.161	0.207	0.211	0.306	—	
高2	0.161	0.188	0.211	0.266	0.610	—
高3	0.159	0.198	0.161	0.291	0.502	0.571

注：すべて 1% 水準で有意

3.　分析

(1) 四大志望の変化についての記述的分析

　それでは，希望進路の変化について分析しよう。まずは最もシンプルに，ベースサーベイから 7 時点の希望進路の変化を把握する（図 14 - 2）。学年が上昇するほど，進路未定者が減少し，四大進学志望者が多くなることがわかる。一方で，短大・専各と高校まで（就職）がほぼ横ばいである。

　次に，卒業時サーベイから得られた高校卒業時の決定進路とベースサーベイ各時点での希望進路のクロス集計し，希望進路が実現したかどうかを確認しよう。表 14 - 4 を見ると，四大進学が決まった生徒のうちの大部分が四大進学を志望しており，小 6 時点ですでに 77.3% が四大進学を志望していることがわか

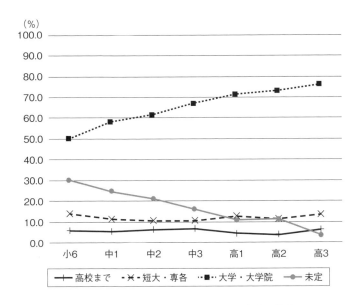

(%)

図14-2 ベースサーベイから見る希望進路の推移

表14-4 希望進路と決定進路の関連

| | 高校卒業時の決定進路 | | | | | |
	四大	専各	就職	進学準備	合計	N
小6 大学・大学院志望	77.3	7.3	3.6	11.8	100.0	220
中1 大学・大学院志望	80.3	6.9	2.7	10.0	100.0	259
中2 大学・大学院志望	81.1	7.6	1.8	9.5	100.0	275
中3 大学・大学院志望	81.3	6.0	1.7	11.0	100.0	300
高1 大学・大学院志望	84.3	4.0	0.9	10.8	100.0	325
高2 大学・大学院志望	86.7	3.0	0.3	10.0	100.0	330
高3 大学・大学院志望	87.5	1.7	0.3	10.4	100.0	345

る。また1割程度の進学準備者（大部分が大学受験浪人）が数年以内に大学進学するとすれば，四大志望者の大部分は実際に四大進学することになる。

それでは，パネルデータを用いて四大志望の個人内変化について把握しよう。表14-5は，四大志望の変化について，前時点のものを表側，後時点のものを表頭に配したクロス表である。これを見ると，非四大志望から四大志望への変化は33.4%であるのに対し，四大志望から非四大志望へと変化したのは12.2%に留まる。つまり，大学進学へのアスピレーションは冷却されるよりも加熱さ

表14-5　四大志望の個人内変化

| | | 後時点 | | | |
		四大志望	非四大志望	合計	N
前時点	四大志望	87.8	12.2	100.0	1,808
	非四大志望	33.4	66.6	100.0	1,030
	全体	68.1	31.9	100.0	2,838

れる者が多いのである。

　中村（2002）は，日本型教育システムの特徴を「加熱進行－階層維持システム」と呼び，社会階層ごとに予め分化している希望進路の差異が教育システム内部で，分相応に徐々に加熱されると指摘する。以上の一連のシンプルな分析より，「加熱進行－階層維持システム」と思われる状況が見て取れる。

(2) ハイブリッドモデルによる分析結果

　それでは，ハイブリッドモデルによる推定結果を確認しよう。分析結果は表14-6に示した。分析結果は，全時点，高校入学前，高校入学後のそれぞれを提示している。

a) 全時点データ分析

　まずは小6から高3までのすべての時点を用いたデータの結果を確認しよう。可変変数（Level 1）に注目し個人内効果を見ると，成績について四大進学志望の変化には影響を及ぼさないことがわかる。一方で，学年が上昇するほど係数が大きくなっているため，高学年になるほど次第に大学進学を希望するようになることがうかがえる。

　次に不変変数（Level 2）から個人間効果を把握しよう。まず男子ダミーが正で有意であり，女子よりも男子の方が四大志望している。親学歴では，両親非大卒との対比において，両親大卒の児童生徒ほど四大進学を希望している。居住の都市規模については，5万人未満都市に居住している児童生徒に比して政令指定都市・特別区に居住している児童生徒の方が四大志望することがわかる。加えて，成績の個人内平均が高いほど四大志望である。先に個人内効果としての成績には希望進路と統計的有意な関連がないことを示したが，個人間効果は有意である。つまり，四大志望には，成績が平均的に高いかどうかが重要なの

であって，高くなるかどうかは統計的に関連が見られないということである。

b) 高校入学前（小6〜中3）データ分析

続いて，高校入学前（小6〜中3）の時点を用いたデータの結果を確認しよう。可変変数（Level 1）の成績を見ると1%水準でプラスに有意である。全体データ分析結果と同様に，学年も上昇するほど係数が大きくなっており高学年になるほど次第に大学進学を希望するようになる。

不変変数（Level 2）については，男子ダミーが正で有意である。親学歴についても両親大卒ダミーが有意であり，親が高学歴な児童生徒ほど四大進学を希望している。居住の都市規模の影響は，5万人未満都市に居住している児童生徒に比して，5万〜15万人以上都市に居住している児童生徒の方が四大志望である。成績の個人内平均もプラスで有意である。

c) 高校入学後（高1〜高3）データ分析

最後に，高校入学後（高1〜高3）の時点に限定したデータ分析の結果を記述する。ここまでのモデルとは異なり，Level 2の変数として高校ランク・タイプの変数を投入している。中堅校との対比において，進学校やポジティブに，多様校（進学中心，就職中心）がネガティブに四大志望に強く影響していることがわかる。両親大卒ダミーの有意であり，出身社会階層の影響も根強い。

しかしその一方で，成績変数が平均偏差も個人内平均も有意ではない。つまり高校入学後は，成績の高低によって四大志望とは関連しないのである。

興味深いのは，在籍する高校ランク・タイプ，親学歴，成績などをコントロールしても，依然として高1に比して高3ダミーが正で有意なことである。このことが示唆するのは，高3になると「駆け込み」的に四大進学を志望する生徒がいるということである。俗にいわれる「大学全入時代」の高校生の進路選択が垣間見える。

表14-6 四大志望の規定要因（ハイブリッドモデル）

	全時点		高校入学前		高校入学後	
	Coef.	*S.E.*	*Coef.*	*S.E.*	*Coef.*	*S.E.*
Level 1						
成績（平均偏差）	0.050	0.108	0.543	0.156 **	−0.119	0.317
学年						
小6	(ref. 小6)		(ref. 小6)			
中1	0.540	0.213 *	0.580	0.234 *	—	
中2	0.699	0.239 **	0.750	0.258 **	—	
中3	1.214	0.211 ***	1.325	0.228 ***	—	
高1	1.505	0.230 ***	—		(ref. 高1)	
高2	1.582	0.242 ***	—		0.308	0.273
高3	1.854	0.309 ***	—		0.917	0.336 **
Level 2						
性別（ref. 女子）						
男子	0.486	0.231 *	0.748	0.219 **	0.137	0.452
親学歴（ref. 両親非大卒）						
父母いずれか大卒	0.302	0.343	0.461	0.371	−0.081	0.515
両親大卒	1.500	0.333 ***	1.326	0.330 ***	1.764	0.467 ***
居住の都市規模（ref.5万人未満）						
5万人〜15万人未満	0.672	0.440	0.807	0.347 *	−0.331	0.695
15万人以上	0.585	0.356	0.539	0.362	−0.766	0.763
政令指定都市・特別区	1.001	0.393 *	0.369	0.417	0.035	0.944
成績（個人内平均）	1.455	0.239 ***	0.795	0.261 **	0.763	0.529
高校トラック（ref. 中堅校）						
進学校	—		—		2.109	0.510 ***
多様校（進学中心）	—		—		−3.400	1.042 **
多様校（就職中心）	—		—		−5.812	1.049 ***
切片	−4.482	0.588 ***	−4.140	0.629 ***	0.733	1.183
/lnsig2u	1.300	0.121	1.301	0.143	2.027	0.318
sigma_u	1.915	0.116	1.916	0.137	2.755	0.438
rho	0.527	0.030	0.527	0.036	0.698	0.067
Log pseudo likelihood	−1125.777		−656.454		−292.088	
Wald chi2	195.80		166.37		291.18	
d.f.	16		11		14	
Number of groups	2,380		1,236		918	
Number of obs	340		309		306	

注1）+p<.10 *p<.05 **p<.01 ***p<.001
注2）標準誤差はクラスタ調整済み
注3）不明ダミーは表中から省略

4.　まとめ

　本章では，小学6年生から高校3年生までの7年間という長期間のパネルデータによって四年制大学への進学志望の様相を分析してきた。得られた知見は以下の3点にまとめることができる。

　第一に，高校卒業時に四大に進学する生徒の大部分は，小6の頃から四大進学を志望している。決定進路が「進学準備」も1年後には四大進学していると仮定すれば，四大進学者の約9割は小6ですでに四大進学を考えていることがわかった。

　第二に，四大志望への成績の影響である。本章の分析では，成績変数の意味が高校入学前後で異なることに鑑み，分析するパネルデータを全時点，高校入学前，高校入学後の3つでハイブリッドモデルにより検討した。結果は表14-7にまとめた通りである。つまり，成績の高さやその上昇が四大志望に影響するのは高校入学以前までであり，高校入学後は成績が希望進路へ影響しない。四大進学は，どのような高校に入学する（できる）のかが重要であることが示唆されよう。

　パネルデータを用いた先行研究では，耳塚（1986）は中学生では成績の自己評価の上昇／下降によってアスピレーションが加熱／冷却され，藤原（2010）は高校生では成績の変化によってアスピレーションが冷却されにくいと指摘した。本章の分析は，耳塚（1986）と藤原（2010）による知見を支持しているものの，小6から高3までの長期間パネルデータ分析によって，これら2つの知見を統合したものとして位置づけることができよう。

　第三に，高校入学後データにおいて，高校ランク・タイプ，親学歴，成績などをコントロールしても，高3ダミーがプラスで有意であった。先にも述べたように，高3になると「駆け込み」的に四大進学を志望する生徒がいることが

表14-7　四大志望に対する成績自己評価の影響のまとめ

	全時点	高校入学前	高校入学後
成績の変化	×	○	×
成績の個人内平均	○	○	×

うかがえる。中村（2010）は，高校生活で四年制大学へ希望進路を変更するという「四大シフト現象」に，教師による進路指導の影響を指摘した。大学進学が易化していく中で進路指導などの教師のはたらきかけの重要性が高まっていることはしばしば指摘されている（酒井編，2007；中西，2014）。

　このように分析結果を眺めると，日本の進路形成メカニズムには大きな変化はないことがうかがえる。教育社会学では，青少年の進路選択を「アスピレーションの加熱／冷却」という枠組みで説明してきた。そして，かつて中村（2002）は日本型教育システムの特徴を「加熱進行－階層維持システム」と呼んだが，本章の分析からは現在もその様相が見られる[2]。しかし，高3ダミーがプラスで有意であったことからは，人口変動や大学入試選抜システムの変容による俗にいわれる「大学全入時代」の青少年の進路選択が垣間見える。

　　注
　　1）ハイブリッドモデルでは，大学進学志望の地理的カテゴリーによる相関の高さを考慮し，都道府県を考慮した標準誤差（クラスタリング）を算出した（Hansen 2007, Cameron and Douglas 2015）。
　　2）本章の研究関心は，進路形成と成績の関連分析が主眼であったため，出身社会階層の影響は統制変数として用いるに留まっている。しかし，現代社会における教育アスピレーションと社会階層の関連はパネルデータを用いて詳細に分析されるべきである。こうした研究関心の分析は，山口（2022）などを参照されたい。

　文献
Allison, Paul, D., 2009, Fixed Effects Regression Models, SAGE Publications, Inc.
天野郁夫，1982，『教育と選抜』第一法規.
Cameron, Colin A. and Douglas Miller L., 2015, "A Practitioners Guide to Cluster-robust Inference", *Journal of Human Resources*, No. 50(2), pp. 317-72.
藤原翔，2010，「進路多様校における進路希望の変容——学科，性別，成績，階層による進路分化は進むのか」中村高康編『進路選択の過程と構造——高校入学から卒業までの量的・質的アプローチ』ミネルヴァ書房，pp. 44-73.
藤田英典，1980，「進路選択のメカニズム」天野郁夫・山村健編『青年期の進路選択』有斐閣，pp. 105-29.
学校社会学研究会，1983，『受験体制をめぐる意識と行動——現代の学校文化に関する実証的研究』伊藤忠記念財団.

Hansen, Christian B., 2007, "Generalized Least Squares Inference in Panel and Multilevel Models with Serial Correlation and Fixed Effects", *Journal of Econometrics*, No. 140(2), pp. 670-94.

岩木秀夫・耳塚寛明編, 1983, 『現代のエスプリ──高校生：学校格差の中で』至文堂.

苅谷剛彦, 1986「閉ざされた将来像──教育選抜の可視性と中学生の『自己選抜』」『教育社会学研究』41, pp. 95-109.

────, 2008, 「学業を規定する要因の変化──中学校3年生時点の成績自己評価の分析」中村高康編『2005年SSM調査シリーズ6 社会階層の中の教育現象』2005年SSM調査研究会, pp. 35-47.

北村行伸, 2005, 『パネルデータの分析』岩波書店.

Lieberson, Stanley., 1985, *Making It Count: The Improvement of Social Research and Theory*, University of California Press.

耳塚寛明, 1986, 「中学校における教育選抜過程──成績の自己評価と進路展望に関する追跡的研究」『国立教育研究所研究集録』13, pp. 1-18.

三輪哲, 2013, 「パネルデータ分析の基礎と応用」『理論と方法』28(2), pp. 355-66.

三輪哲・山本耕資, 2012, 「世代内階層移動と階層帰属意識──パネルデータによる個人内変動と個人間変動の検討」『理論と方法』27(1), pp. 63-84.

中村高康, 2002, 「教育アスピレーションの加熱・冷却」中村高康・藤田武志・有田伸編『学歴・選抜・学校の比較社会学──教育からみる日本と韓国』東洋館出版社, pp. 73-89.

────, 2010, 「四大シフト現象の分析」中村高康編『進路選択の過程と構造──高校入学から卒業までの量的・質的アプローチ』ミネルヴァ書房, pp. 163-83.

中西啓喜, 2014, 「高校生の希望進路の変容」樋田大二郎・苅谷剛彦・堀健志・大多和直樹編『現代高校生の学習と進路──高校の「常識」はどう変わってきたか？』学事出版 pp. 22-3.

中澤渉, 2012, 「なぜパネル・データを分析するのが必要なのか──パネル・データ分析の特性の紹介─」『理論と方法』27(1), pp. 23-40.

────, 2016, 「教育政策とエビデンス──教育を対象とした社会科学的研究の動向と役割」佐藤学・秋田喜代美・志水宏吉・小玉重夫・北村友人編『〈岩波講座〉教育 変革への展望 第2巻 社会の中の教育』岩波書店, pp. 73-101.

────, 2022, 「社会調査における自己評価成績──中3時自己評価成績の含意と, その指標の信頼性」『社会学評論』72(4), pp. 487-503.

Oakes, Jeannie, 1985, *Keeping Track: How Schools Structure Inequality*, New Haven: Yale University Press.

Rosenbaum, James, 1976, *Making Inequality: The Hidden Curriculum of High*

School Tracking, New York: Wiley-Interscience.

酒井朗編，2007，『進学支援の教育臨床社会学——商業高校におけるアクション
　　リサーチ』勁草書房.

山口泰史，2022，「高校生の大学進学希望形成時期と教育達成における階層差の
　　形成——JLSCP 2015-2018 データの計量分析」『教育学研究』89(3)，pp.
　　409 421.

第 15 章

親子パネル調査の結果からわかること
──教育の変化，デジタル化，コロナ禍の影響

木村 治生

1. はじめに

　本書ではここまで，「子どもの生活と学び」研究プロジェクトに参画するメンバーが中心になり，同プロジェクトが行う複数の調査──ベースサーベイ，卒業時サーベイ，語彙力・読解力調査，中高生コロナ調査──の結果をまとめてきた。これらから明らかになったのは，2015 年度から 2021 年度にかけての小学生から高校生の親子の意識や行動の変化である。各章では，集団の変化（経年比較）とともに，個人がどのように変化したのか，その要因は何かについて検討した。その際に，第 1 章で述べたように，(1) 教育課程の改訂（学びの変化），(2) 大学入試改革（入試の変化），(3) 学校・教員にかかわる制度改革，(4) デジタル化の進行，(5) コロナ禍に伴う休校や行動制限の 5 つの視点を視野に入れて分析を行ってきた。

　2010 年代は，2000 年代に行われたの「ゆとり教育」の見直しに基づく基礎学力重視路線からの転換が行われ，基礎学力（知識・技能）の重視を堅持しつつも，多様な資質・能力の育成が強調された。南部（2021）がこの間の教育改革を「激動」と評しているように，「学力の 3 要素」を柱にした教育改革の理念は幼児教育から高等教育まで一貫し，そのなかで多くの政策が掲げられ，教育実践にも少なからぬ影響を与えてきたと考えられる。(1) から (3) は，それを子どもや保護者の視点からとらえようという試みでもある。

　また，この間は，デジタル化が大きく進展する時代でもあった。これは，GIGA スクール構想のような学校教育における ICT 機器の普及という側面と，

親子の生活への浸透という側面の両方がある。いまや，一定の割合の子どもが小学生段階から携帯型のデジタル端末を所有し，その利用が生活（学習活動，余暇活動，情報収集，他者との関係など）や価値観の形成に影響を与えている。(4) の視点は，子どもとメディアの関係について変動期の状況をとらえるものである。

　さらに，この間の大きな社会的インパクトのある出来事としてコロナ禍があった。(5) の視点は，その影響の検討である。田中（2021）は，コロナ禍について社会学の観点からどのような研究が可能かという論考の中で，コロナ禍に関連する課題の解決に直接答えようとする「前衛の研究」と，コロナ禍をある種の社会実験ととらえて通常は見えない社会構造を明らかにする「後衛の研究」の２タイプがあると述べる。教育研究においても，コロナ禍のような非常時に子どもの学びをどう保障するかといった課題解決を志向する前衛の研究と，コロナ禍による制限によって可視化された日ごろの教育的な営みの意味や構造を明らかにしようとする後衛の研究が考えられる。本プロジェクトの調査はコロナ禍の前後のデータが揃っており，いずれの考察も可能である。本書の論考でも，その影響が社会経済的な地位（SES）によって異なることから，SES が低い家庭の子どもの学習をどう保障していくかという検討が行われている。さらにそれを踏まえて，休校の影響の考察では，もともと学校教育がもっていた社会的な意義やその揺らぎに関しても言及している。たとえば，休校期間中は，生活や学習において SES による違いが大きくなるが，コロナ禍の前後のデータではその違いが縮小していた。ここからは，学校が SES による格差を是正し，より多くの子どもに生活や学習の基盤を提供する機能を持っていることがうかがえる。こうしたことは当たり前かもしれないが，一連のデータがあることでより鮮明になる。

　本章では，この (1) から (5) の視点について，各章で論じられていることに若干の補足を加えて，本書で明らかになったことを総括する。(1) から (3)を「教育の変化の影響」，(4) を「デジタル化の影響」，(5) を「コロナ禍の影響」として，この間の子どもと保護者の変化をまとめたい。

2. 教育の変化の影響

(1) 教育課程の改訂の影響

　本節では，(1) 教育課程の改訂，(2) 大学入試改革，(3) 学校・教員にかかわる制度改革などによって，子どもの学びに対する意識や行動がどう変化したのかを論じる。このうち学校教育における ICT 機器の活用に伴う変化は，第3節（デジタル化の影響）にも関連する内容だが，教育課程の改訂と密接にかかわっているため，本節で扱うこととする。

　子どもの学びの意識や実態は，第4章で詳述している。ここで明らかにしたのは，GIGA スクール構想の前倒し実施による1人1台端末の普及が進んだ2020年から21年にかけて，学校教育でパソコン・タブレットの利用が大きく進んだことである。授業では週2〜3時間程度使用し，5〜6割が宿題にも利用している。こうした学校教育におけるデジタル化の進行は，学習活動にどのような影響を与えたのか。もっとも目を引くのは，調べ学習の増加である。「自分で決めたテーマについて調べる」は，コロナ禍前の2019年よりもコロナ禍後の21年のほうが高い。学校での学習でも家庭における学習でも，ICT 機器の活用方法で多いのは「インターネットで学習内容を調べる」であり，ICT 機器は知りたいこと，分からないことを手軽に検索する環境をもたらした。しかし，その一方で，「グループで調べたり考えたりする」といった協働にかかわる活動，「観察・実験や調査などで考えを確かめる」といった探究にかかわる活動，「調べたり考えたりすることを発表する」といった表現にかかわる活動は増えていない。これらの活動は，2019年から20年にかけて減少し，21年にかけて増加するという「V字」の軌跡を描いており，20年はコロナ禍によって実施しにくかったものと考えられるが，19年と21年の比較では増えていないのである。「主体的・対話的で深い学び」の実現を目指す新しい教育課程が小学校では2020年度，中学校では21年度に実施された。さらに2021年には，ICT 機器を活用することによって「個別最適な学び」と「協働的な学び」を一体的に充実させる旨の方針が「令和の日本型教育」として中央教育審議会から答申された（中央教育審議会，2021）。しかし，子どもの回答からは学習活動の変化を十分に読み取ることができない。全国学力・学習状況調査（文部科

学省，2022）の学校調査では，教員が主体的・対話的で深い学びの視点からの授業改善に取り組む様子がうかがえる。本調査の結果は，そうした教員の回答ともずれがみられる。教員が考えるほど実際の学習活動は変化していないのか，活動の変化を子どもが実感するには時間がかかるものなのか，教育政策の検証という観点でも今後の動向を注視する必要がある。

　また，この間に変化が大きかったことの一つに，学習意欲の低下がある。第4章では「勉強がどれくらい好きか」という問いに対して「好き」（とても＋まあ）と回答する比率が小学生を中心に下がっていることが，第11章では休校期間中に「普段よりも勉強のやる気が高まらなかった」に「あてはまる」（とても＋まあ）と回答する中高生が75％前後いたことが，また，第12章と第13章では「勉強しようという気持ちがわかない」「上手な勉強の仕方がわからない」に対して「あてはまる」（とても＋まあ）という回答が年々増えていることが紹介されている。こうした学習意欲の低下や学習方法がわからないという意識の増加は，教育課程の変化の影響を受けた結果であるという証拠はない。本書でもむしろ，親子関係や保護者の学習支援の影響が明らかにされている。子どもの学習意識や意欲の形成に家庭が果たす影響が大きいことは，教育心理学では養育態度が及ぼす影響の観点から，教育社会学ではSESの効果の観点から多くの蓄積があり[1]，本調査でも親子のダイアド・データである特徴を生かして，それら先行研究とも整合する知見が示されている。だが，本当に子どもたちの間に学習意欲の低下が起きているとしたら，学校がそこに歯止めをかけられなかったことも事実であり，意欲向上に向けて学校に期待される役割も大きいはずだ。教育課程が変わったことや学校教育のデジタル化が進化したことの影響が本当になかったのか，また，学校や教員は子どもの意欲向上に何ができるのかについて，データに基づく検討が求められる。

（2）大学入試改革の影響

　続いて，大学入試改革の影響について見ていこう。本書では，第6章で卒業時サーベイを用いて進路選択の変化を検討した。ここでは，文部科学省（2023a）の統計と同様に，学校推薦型選抜（推薦入試），総合型選抜（AO入試）の比率が高まるとともに，「もっとも希望していた」進学先だったとする回答が増加していた。一般選抜では第一志望の大学に進学できない可能性も高いが，これ

らは自分の希望とのすり合わせを行いながら選抜に臨むため，自分が希望する大学に進学しやすくする効果を持つと考えられる。しかし，ベースサーベイも用いて同一人物について中1から高3卒業時までをつなげた分析からは，その功罪も明らかになった。これらの選抜がもともと想定していた「多様な資質・能力」を評価した選抜を実現できているかどうかは，その方法と大学の難易度によって異なるのである。先に木村（2023）も明らかにしているように，難易度が高い大学の総合型選抜による進学者は，目標が明確で専攻分野や第一志望の学校の決定が早い傾向が見られるとともに，高2までの学習時間が長く，「興味に打ち込む」「社会に関心」などの傾向もある積極的に学んできた生徒だと考えられる。一方で，学校推薦型選抜や難易度が低い大学の総合型選抜にはそうした傾向は見られないだけでなく，高2・3の段階で学習時間が短いなど，従来から指摘されている「マス選抜」（中村，1996）の様相が見て取れる。結局，難関大学は，一般選抜で従来の学力に優れた学生を，総合型選抜で多様な資質・能力をもつ学生を獲得するという「独り勝ち」の状況を生んでいる。

　とはいえ，難関大学の総合型選抜は枠が広がっているとしても，全体からは局部的な動きの可能性も高い。第14章の分析では，日本の進路形成のメカニズムが従来から大きく変わっていないことが示されている。この章では，小学生段階からの成績の自己評価が教育アスピレーションの加熱／冷却に与える影響を分析しているが，成績が進学希望に効果を持つのは中学生までで，高校生では影響していない。ここから，日本の進路形成メカニズムの特徴である「どの高校に入るかが進路を決定する」というトラッキングが，今も機能していることが明らかになっている。このように大きな構造の変化の有無をとらえることも重要である。

（3）学校・教員にかかわる制度改革の影響

　ここでは，学校・教員にかかわる制度改革の影響について，部活動の制限の問題を取り上げたい。部活動の制限は，過度な負担の弊害のほかに教員の働き方改革の一環としても議論され，コロナ禍前の2018年にスポーツ庁と文化庁から休養日の設定や時間短縮を求めるガイドラインが出された。第3章で見たように，その影響は部活動の活動日数の減少や時間短縮のような形で，2018年ごろから表れ始めている。1日当たりの時間は2015年と21年の比較で，中

学生で 31 分，高校生で 15 分減少していた。これまで実施されてきた子どもの生活時間調査の結果では，子どもの基本的な生活時間の構造は比較的頑健であり（ベネッセ教育総合研究所，2013），集団の減少幅の平均が 30 分というのはインパクトのある変化と言っていいだろう。

　本節の最後に，学校への不適応にかかわる問題に触れておく。不登校の増加が社会問題になっているが，文部科学省（2023b）の調査によれば，増加が目立ち始めたのは 2015 年度ごろからである。小学校の不登校児童の割合は，1998 年度から 2014 年度までの 16 年間は一貫して 0.3％台であったが，それ以降は毎年 0.05 ～ 0.3 ポイント増加して，21 年度は 1.3％になった。同様に中学校の不登校生徒の割合も 1998 年度から 2015 年度までの 17 年間 2％台を維持しているが，それ以降は増加を続け，21 年度は 5.0％となる。小 6 から中 1 にかけて大きく増加することから「中 1 ギャップ」と呼ばれる問題も指摘される。また，20 年度以降は，コロナ禍の影響も想定されるところである。本書の中では十分に論じることができなかったが，「学校に行きたくないことがある」に「あてはまる」（とても＋まあ）と回答する比率を 19 年度→20 年度→21 年度で並べると，小 4 ～ 6 生は 40.2％→30.9％→35.5％，中学生は 40.1％→31.8％→39.0％，高校生は 49.7％→38.7％→41.8％となる。いずれの学校段階でも 4 割前後いるが，休校や分散登校などがあった 20 年度は一時的に数値が低下していた。その間は学校に行くプレッシャーから解放されたが，登校が再開されて通いづらくなった子どもが一定数いるものと想定される。文部科学省はコロナ禍の前年（2019 年 11 月）に出した「不登校児童生徒への支援の在り方について（通知）」のなかで，「学校に登校する」という結果のみを目標にはせず，民間施設や ICT 機器の利活用，理由に応じた柔軟な対応を全国の教育委員会に求めている。ところで，本書では 10 章で，個々の子どもの変化をみると「中 1 ギャップ」と呼ばれる不適応を起こす生徒がいる一方で，それと同じくらい中学生になって適応が高まる「中 1 ジャンプ」の生徒がいることが明らかにされた。このことは，中 1 ギャップの解消を目指して一律に小中接続の段差を解消することを目指しても，また新たな問題が出現する可能性を示唆する。得られた知見は新鮮であるが，不登校の急増という現実がある中でどう対応すればよいのか，難しい問題が投げかけられている。

3. デジタル化の影響

　2015年以降の子どもたちの生活や学びに大きな影響を与える社会的要因の一つとして，デジタル化の進行は欠かせないだろう。学校教育におけるデジタル化は前節で触れたので，ここでは，家庭生活における影響を概観する。

　デジタルメディアの利用時間の増加については，主に第3章で論じた。ここでは，各学校段階で2015年から21年にかけて「テレビゲームや携帯ゲーム機で遊ぶ」は10〜20分，「携帯電話やスマートフォンを使う」は20〜40分，「パソコンやタブレットを使う」は10〜15分程度増加していることを確認した。こうした利用時間の変化には，3つの背景がある。1つめは，デバイスの"パーソナル化"である。スマートフォン，パソコン，タブレットなどのデバイスでは，いずれの学校段階でも，「持っていない」「家族といっしょに使っている」が減り，「自分専用のものを使っている」が増えた。2つめは，利用時期の"低年齢化（早期化）"である。たとえば，2015年段階ではスマートフォンを持つ小4〜6生は6％，中学生は30％に過ぎなかったが，21年にはそれぞれ24％と65％になった。3つめは利用の"長時間化"である。第3章では詳述できなかったが，それぞれの利用時間について「3時間」「4時間」「4時間以上」といった回答が増えていて，高校生のそれらの合計は，「テレビゲームや携帯ゲーム機で遊ぶ」で1割，「携帯電話やスマートフォンを使う」で3割に達する。インターネット依存の問題は1990年代後半から指摘されはじめ（Young, 1996; 1998），2013年にはアメリカ精神医学会が発行する診断基準であるDSM-5に今後研究が進められるべき精神疾患の一つとして「インターネット・ゲーム障害（Internet Gaming Disorder）」が提案されるなど，ICT機器の過度な利用が懸念されている。その一方で，従来のメディアは，コロナ禍でステイホームが推奨されたにもかかわらず増えていない。「テレビやDVDを見る」時間は10〜20分程度と減少幅が大きく，第9章では読書について，"不読"と名づける本を読まない子どもの増加が指摘されている。この章では，同じ子どもを7年間追跡した結果として，初期時点の本を読む／読まないが7年後も継続することを明らかにしている。コロナ禍の時期に不読になった子どもが読書時間を回復させることは難しいのか，今後の推移が注目される。

なお，ICT 機器の利用のあり方については，情報格差（デジタル・デバイド）と呼ばれるような利用状況の違いも問題となる。その状況は，機器の普及にしたがってインフラのデバイドから，どのように使いこなすかといったリテラシーのデバイドに移行しつつある（藤井，2023）。第 7 章では休校期間中の ICT 機器の利用のされ方を検討し，デジタル・デバイドの克服を訴えているが，SES が高い層（H 層）の子どもは低い層（L 層）に比べて一貫してメディアの利用時間が短い傾向にあるものの，休校期間中はパソコン・タブレットの利用を増やしていた。H 層では休校期間中に「ICT 教材」を使っていた比率が高く，デジタルメディアを使いこなすことで不足する学習を補っていたと考えられる。単純な利用の量は L 層ほど多いが，使い方が SES によって異なる可能性が高い。

　さらに，余暇生活や学習だけでなく，SNS の普及によって人間関係などにも影響が現れることが想定される。第 3 章で見たように，本書では人間関係についてデジタル化の直接的な影響と考えられるような変化を見出すことができなかったが，本プロジェクトでは 2023 年に特別調査「子どもの ICT 利用に関する調査」（東京大学社会科学研究所・ベネッセ教育総合研究所，2023）を実施しており，SNS の利用状況も詳しくたずねている。こうした調査とのバッテリーによって，より詳細な検討が俟たれる。

　また，ここまで述べてきたようなデジタル化の進行は，子どもだけでなく保護者にも影響を及ぼしている。たとえば，保護者調査の経年比較を行った第 5 章では「子育ての情報源」の結果を紹介したが，2015 年から 21 年にかけて「子どもの友だちの親（ママ友・パパ友）」が減少してトップから陥落し，代わって「インターネットの情報サイト」がその比率を大きく伸ばしていた。こうした情報収集活動の変化が教育の価値観や選択，子どもへのかかわりにどう関連しているのかなど，保護者自身の ICT 機器の使い方の実態把握とともに，教育や子育てに与える影響を分析していく必要があるだろう。

4. コロナ禍の影響

(1) 先行研究の概観

　最後に，一連の調査から読み取れるコロナ禍の影響について確認しておく。本書は，ほとんどの章でコロナ禍が与えたインパクトについて論じた。2020

年には，短い県で1か月半程度，長い県では3か月程度の休校措置が取られたが，この状況は図らずも，もし学校がなかったらどうなるかを考える社会実験の環境をもたらした。

　こうした教育機会の欠落についての検討は，これまで，夏休みに焦点を当てた研究などで行われている。Cooper ら（1996）は39の先行研究のレビューから，夏休みの間に子どもの学力は低下し，社会階層が低い子どもほど低下幅が大きいことを示した。また，Alexander ら（2007）は，小学生の夏休みの学習の差が高校中退や大学進学といった長期に影響することを明らかにしている。さらには，天候不順や災害などで学校教育が中断された事例の研究（Marcotte & Hemelt, 2008; Pane et al., 2008; Sacerdote, 2012 など）もあり，いずれも通学できなかった子どもに短期の学力低下が起こったこと，そのマイナスは研究によっては進路選択などの長期に及んだことが確認されている。これらは，学校教育が子どもの資質・能力の育成や進路の形成に大きな意味を持つことを裏づけている。

　コロナ禍が起こってからは，その影響を査定する研究も世界で多く行われている（たとえば，Fuchs-Schündeln et al., 2020; Andrew et al., 2020; Bonal & González, 2020; Grewenig et al., 2020 など）。これらの研究では，学校によって子どもの支援状況にばらつきがあること，家庭のSESによって休校中の家庭学習の時間や内容によって違いがあること，保護者の所得の減少が長期に二次的な影響を与える可能性があることなどが指摘されている。また，日本でも休校中のオンライン学習にSESによる格差があること（多喜・松岡，2020），低学年・低SESの子にラーニング・ロスの傾向がみられたこと（中西，2023）などが明らかになっている。しかし，ほとんどの研究が一時点での分析にとどまり，長期にわたるパネルデータは少ない[2]。しかも，コロナ禍の前から同じ親子を継続して行っている研究は，管見の限り本調査以外にはない。

　それでは，本調査ではどのようなことが明らかになったのだろうか。いくつかのポイントについて述べていきたい。

(2) 日常生活への影響

　まず指摘したいのは，日常生活に相応の変化が生じたことである。2020年3月2日からコロナの感染拡大を防ぐために休校措置が取られ，多くの地域で5

月末まで休校となった。同年4月7日には7都県に，16日には全国に緊急事態宣言が発出され，その後も一定の期間をおいて感染のピークが発生するたびに4回の宣言が出されることとなる。感染数の推移が日々ニュースで報道され，その間はステイホームが推奨され，人的交流を抑制する動きがとられた。こうした状況は徐々に緩和されていくが，基本的にはコロナが5類感染症へと移行した2023年まで続いた。この状況は，如実に本調査のデータにも表れている。

　第3章では子どもの生活の変化を紹介しているが，第一に，人とのかかわりが制限された様子が見て取れる。2015年から21年にかけて，「友だちと遊ぶ・すごす」時間は減少傾向にあるのに対して，「家族とすごす」や「自分1人ですごす」時間は増加した。また，親戚や近所の人と話をする機会などが減っていて，こうした多様な人との交流がしにくかったことがわかる。第二に，活動場所が制限された。遊び場については，「友だちの家」「学校の教室」「学校の運動場」などの身近な場所，「児童館や図書館などの公共施設」や「ゲームセンターやカラオケ」などの商業施設などの比率が減少している。第三に，子どもの体験のうちで外出や人との交流を伴うものが顕著に減少した。「家族で旅行をする」「美術館や博物館へ行く」「地域の行事に参加する」などの外出，「小さな子どもの世話をする」「お年寄りの世話をする」「ボランティア活動に参加する」などの人との交流が減った。

　なお，休校期間の一時的な変化としては，起床時刻の遅れによる睡眠時間の増加，メディアの利用時間の増加などの変化がみられた（第7章）。しかも，SESが低い家庭の子どもほど増加幅が大きかった。ところが，そうした変化は，休校直後に元に戻っている。学校には，子どもの家庭的な背景を問わず，生活リズムを整える効果があることがわかる。

　このように，コロナ禍は総じて，子どもたちの成長にマイナスに作用していると考えられる変化を引き起こす一方で，親子の間で「社会のニュース」についての会話が増えるなど，成長につながる経験が存在していた可能性もある。中には，コロナ禍を通して貴重な経験をしたり，成長の機会を得たりした子どももいるはずだ。また，第8章で松下は，時間が経過するにつれてコロナ禍の体験を「マイナス」と評価する子どもが減り，「プラスでもマイナスでもない」と評価する子どもが増えたという事実に「希望」を見出している。2023年現在，活動の制限の多くは解除され，学校も日常を取り戻している。子どもたちのコ

ロナ禍の記憶も，徐々に薄れつつある。そのなかで，子ども期のある数年間，こうした活動が行えなかった影響が今後どう表れるのか，ダメージを引きずる子どもがいるのかどうか，プラスに転じられたとしたらどのような要因が作用しているのかなどを，大人の責任として見ていかなければならない。

(3) 学習活動への影響

日常生活の変化に比べると，学習活動の変化は一時的で，小さいように見える。すでに「教育課程の改訂の影響」の項で述べたが，協働や探究にかかわる活動は2020年だけ減少していて，コロナ禍のただ中ではクラス内で対話が伴う活動が行いにくかったことが表れている。ただし，その減少も，21年には多くが回復した。長期的にみると，学習活動は変わりにくいのかもしれない。

ただしコロナ禍の最中は，日常生活の活動と同様に家庭学習も，十分に行えていなかった。第7章では，休校中に「宿題」の時間は増えたものの，自主的に行う「家庭学習」の時間はほとんど増えておらず，「学習塾」の時間は行動の制限もあって減少していた。すべてを併せた家庭学習時間の増加は平均すると1日当たり20～30分で，学校の授業の時間が無くなっていたことを思うとまったく不足していた。家庭にいる時間が長くなったからといって，自主的に学習できる子どもは限られるということでもあるだろう。時間の増加幅で言うと，SESの高い層ほど大きい傾向があり，家庭学習教材（たとえば，ICT教材）の利用もSESによる格差が生じていた。こうした状況からは学習面についても，学校は家庭による差を是正する機能があることがわかる。

(4) 意識や価値観への影響

これまでは主に行動面について述べてきたが，コロナ禍の経験は，従来の教育に対する意識や価値観を見直す契機となった可能性もある。2020年と21年のベースサーベイでは，子どもに対して「オンラインで授業を受ければ学校に通わなくてもよいようにすべきだ」という意見に対してどう思うかをたずねている。過去との比較はできないが，小学生では3割，中学生と高校生では4割と，少なからぬ子どもが肯定している。オンライン授業という形態は，学級という場で一斉に授業を受ける前提を相対化したのかもしれない。

このような意識や価値観への影響は，第8章でも検討されている。この章で

は，保護者のベースサーベイの結果を示し，「できるだけいい大学に入れるように成績を上げてほしい」と考える比率の減少や，「『学歴』は今より重視されなくなる」の肯定率の増加から，学校が学歴獲得の場としての意味を低下させている可能性を示している。また，子どもに身につけさせたい力については，「知識以外の多様な力（思考力・判断力・表現力など）」や「実際の場面で使える英語力」などが増加していた。学歴よりも実質的な能力に関心が移っている。社会の中で学校が果たす役割が，コロナ禍を契機に変わっていくのかもしれない。

5. おわりに――今後の分析に向けて

　以上，この章では，親子の意識や行動の変化について，「教育の変化の影響」「デジタル化の影響」「コロナ禍の影響」と考えられるものを列挙してきた。いったんの整理を行ったが，すでにお分かりのように，変化の誘因として想定した教育の変化，デジタル化，コロナ禍といった要素は，それぞれが複雑に関連している。教育の変化については教育課程改訂の流れを読み取ることは可能だが，その動きは淡々と実現に移されたわけではなく，コロナ禍による活動の制限やデジタル化によるICT機器の活用などの影響を受けている。それらは相互に影響しあっていて，変化の要因を特定することは難しいと感じることが多かった。

　また，変化の記述にあたっては，便宜的に「意識」と「行動」に分けたり，「生活」と「学習」を分けて論じたりするようなことをした。しかしこれも，意識と行動は複雑に絡み，ある意識が行動を引き起こすだけでなく，行動した結果が次の意識を形成するような関係にある。また，生活と学習も相互に影響しあい，時として融合している。成長において生活をいかに律するかと学習をいかに律するかは，かなり近い関係にある。本プロジェクトで行っている調査は，多様な変数を扱っており，その関係を整理するだけでもたいへんな作業であり，論及できなかったことがまだ多く残されている。

　そして，この一連の調査は，マルチ・コーホート型のパネル調査として，複数の学年（年齢）を複数年にわたって追跡するという特徴と，それを親子の双方に行うダイアド・データという特徴をあわせもつことで，さらなる複雑さを

生んでいる。今後の検討においても，この複雑性をいかに解きほぐすかが重要になる。

　本書は第Ⅰ部で，経年比較にみる子どもの学びと育ちの変化を扱ったが，変数間の関連を丁寧に腑分けすることはできていない。また，第Ⅱ部では，それぞれの立場から子どもの成長（変化）に影響を与える要因の分析を試みたが，検証できたのは膨大な変数群のごく一部である。この1次分析を一つの区切りとして，データは東京大学社会科学研究所附属社会調査・データアーカイブ研究センターのデータアーカイブで公開される。多くの研究者や実践家によって，これからの教育実践や子どもの成長支援に資する研究や議論が続くことを，切に願う次第である。

注
1）親の養育態度が学習意欲に与える影響についての研究は，姜・山崎（2013），柏木・岩永（2014），高崎（2019）を参照。また，SESや子どもに対する働きかけの格差が学習意欲に与える影響についての研究は，苅谷（2001），荒牧（2016），豊永（2023）など。
2）例外的なものとして，本調査を使用した研究（木村，2021；東京大学社会科学研究所・ベネッセ教育総合研究所，2022）や浜銀総合研究所の調査研究（浜銀総合研究所，2023；中村ほか，2023）がある。

参考文献

Alexander, K. L., et al., 2007, Lasting Consequences of the Summer Learning Gap, *American Sociological Review*, 72（2），167-180.

Andrew, A., et al., 2020, Inequalities in Children's Experiences of Home Learning during the COVID-19 Lockdown in England, *Fiscal Studies: The Journal of Applied Public Economics*, 41（3），653-683.

荒牧草平，2016，『学歴の階層差はなぜ生まれるか』勁草書房.

ベネッセ教育総合研究所，2013，『子どもの生活時間調査2013』.

Bonal, X., and González,S., 2020, The impact of lockdown on the learning gap: family and school divisions in times of crisis, *International Review of Education*, 66（2），1-21.

中央教育審議会，2021，『「令和の日本型学校教育」の構築を目指して――全ての子供たちの可能性を引き出す，個別最適な学びと，協働的な学びの実現（答申）』

Cooper, H., et al., 1996, The Effects of Summer Vacation on Achievement Test Scores: A narrative and meta-analytic review, *Review of Educational*

Research, 66(3), 227-268.

藤井資子, 2023,「DX 時代におけるデジタル・デバイドの変遷——インフラの デバイドからリテラシーのデバイドへ」『アドミニストレーション』29(2), 136-145.

Fuchs-Schündeln,N., et al., 2020, The Long-Term Distributional and Welfare Effects of Covid-19 School Closures, *NBER Working Paper*, No. 27773.

Grewenig, E., et al., 2020, COVID-19 and Educational Inequality: How School Closures Affect Low-and High-Achieving Students, *IZA Discussion Paper Series*, No. 13820.

浜銀総合研究所, 2023,『新型コロナウイルス感染症と学校等における学びの保 障のための取組等による児童生徒の学習面, 心理面等への影響に関する調 査研究報告書』

苅谷剛彦, 2001,『階層化日本と教育危機——不平等再生産から意欲格差社会へ』 有信堂.

柏木智子・岩永定, 2014,「子どもの学習意欲に関する実証的研究——その規定 要因に着目して」『日本学習社会学会年報』10, 66-76.

木村治生, 2021,「コロナ禍における中学生の学習——休校は家庭環境による教 育格差を広げたか」『チャイルドサイエンス』21. 13-18.

木村治生, 2023,「入学者選抜と中学・高校時代の学びの関連——JLSCP（パネ ル調査）データを用いた分析」（発表資料）(https://researchmap.jp/hrkmr/ presentations/42485172, 2023 年 6 月 22 日閲覧).

姜信善・山崎悠希, 2013,「子どもの認知する親の養育態度と意欲との関連につ いて——養育態度を『統制』の仕方からとらえて」『富山大学人間発達科学 部紀要』8(1), 9-22.

Marcotte, D. E., and Hemelt, S. W., 2008, Unscheduled School Closings and Student Performance, *Education Finance and Policy*, 3(3), 316-338.

文部科学省, 2022,『令和 4 年度全国学力・学習状況調査報告書（質問紙調査)』.

文部科学省, 2023a,『令和 4 年度国公私立大学・短期大学入学者選抜実施状況 調査』.

文部科学省, 2023b,『令和 4 年度児童生徒の問題行動・不登校等生徒指導上の 諸課題に関する調査』.

中村高康, 1996,「推薦入学制度の公認とマス選抜の成立——公平信仰社会にお ける大学入試多様化の位置づけをめぐって」『教育社会学研究』59, 145-165.

中村高康・苅谷剛彦・多喜弘文・有海拓巳, 2023,「コロナ禍の教育調査と EIPM——行政と研究者の相互学習によるエビデンス形成」『教育社会学研 究』112, 5-29.

中西啓喜, 2023,「コロナ禍の学校臨時休業によるラーニング・ロスの実証的検 討——令和 3 年度文部科学省全国学力・学習状況調査の分析から」『教育社 会学研究』112, 72-96.

南部広孝（編著），2021，『検証・日本の教育改革――激動の 2010 年代を振り返る』学事出版.

Pane, J. F., et al., 2008, Effects of Student Displacement in Louisiana During the First Academic Year After the Hurricanes of 2005, *Journal of Education for Students Placed at Risk*, 13, 168-211.

Sacerdote, B., 2012, When the Saints Go Marching Out: Long-term outcomes for student evacuees from hurricanes Katrina and Rita, *American Economic Journal: Applied Economics*, 4(1), 109-135.

高崎文子，2019，「動機づけの発達」，上淵寿・大芦治（編著）『新・動機づけ研究の最前線』146-165，北大路書房.

多喜弘文・松岡亮二，2020，「新型コロナ禍におけるオンライン教育と機会の不平等――内閣府調査の個票データを用いた分析から」（https://researchmap.jp/read0153386/published_works，2023 年 6 月 22 日閲覧）.

田中重好，2021，「コロナ禍への社会学からの問い」『社会学研究』106，57-80.

東京大学社会科学研究所・ベネッセ教育総合研究所，2022，『コロナ禍における学びの実態――中学生・高校生の調査にみる休校の影響』

東京大学社会科学研究所・ベネッセ教育総合研究所，2023，『子どもの ICT 利用に関する調査 2023』.

豊永耕平，2023，『学歴獲得の不平等――親子の進路選択と社会階層』勁草書房.

Young K. S., 1996, Internet addiction: the emergence of a new clinical disorder. *Cyber Psychology and Behavior*, 1, 237-244.

Young K. S., 1998, *Caught in the Net: How to Recognize the Sign of Internet Addiction and a Winning Strategy for Recovery*. John Willey & Sons, New York.

索　引

執筆者紹介 （執筆順）

木村治生（きむら　はるお）［第 1 章，第 3 章，第 5 章，第 15 章］
上智大学大学院文学研究科博士前期課程修了
現在：ベネッセ教育総合研究所 調査研究室長・主席研究員
主著：「入学者選抜と大学入学前後の学びの関連の検討——推薦入試・AO 入試に注目して」
　　　『大学教育学会誌』42(2)（大学教育学会，2020）
　　　「中学生・高校生の理数教科の苦手意識と理系進学」『応用物理』92(8)（応用物理学会，
　　　2023）

岡部悟志（おかべ　さとし）［第 2 章］
東京工業大学大学院社会理工学研究科博士課程修了．博士（学術）
現在：ベネッセ教育総合研究所 主任研究員
主著：『学力格差への処方箋——［分析］全国学力・学習状況調査』（共著，勁草書房，2021）
　　　『教育を読み解くデータサイエンス——データ収集と分析の論理』（共著，ミネルヴァ
　　　書房，2021）

松本留奈（まつもと　るな）［第 3 章，第 5 章］
京都大学大学院教育学研究科修士課程修了
現在：ベネッセ教育総合研究所 主任研究員
主論文・発表：「大学教育改革がもたらした学生の変化」『文部科学 教育通信』連載 学修支
　　　援の教育方法 第 57-58 回（ジアース 教育新社，2016）
　　　「学校と家庭における子どもの ICT 機器の使用実態——小中高生を対象にした調査結
　　　果から」（木村治生・岡部悟志との共同発表，日本教育社会学会第 75 回大会，2023）

大野志郎（おおの　しろう）［第 4 章，第 13 章］
東京大学大学院学際情報学府博士課程満期退学．博士（社会情報学）
現在：東京大学社会科学研究所 特任准教授
主著・主論文：『逃避型ネット依存の社会心理』（勁草書房，2020）
　　　Development of the Esportsmanship Scale and Analysis of Its Relationship to Well-
　　　Being, Physical Health Problems, Gaming Addiction Tendencies, Aggressive Feel-
　　　ings, Empathy, and Self-Positivity. *Journal of Electronic Gaming and Esports* 1(1)
　　　1-8. 2023

佐藤昭宏（さとう　あきひろ）［第 6 章］
東京大学大学院教育学研究科修士課程修了
現在：ベネッセ教育総合研究所 学習科学研究室 室長
主著：『多面的な入試と学習成果の可視化』（共著，丸善出版，2021）
　　　『わかる・役立つ教育学入門』（共著，大月書店，2018）

耳塚寛明（みみづか　ひろあき）［第 7 章］
東京大学大学院教育学研究科博士課程単位取得退学
現在：お茶の水女子大学名誉教授・青山学院大学 客員教授

主著：『学力格差への処方箋——［分析］全国学力・学習状況調査』（共編著，勁草書房，2021）

『平等の教育社会学——現代教育の診断と処方箋』（共編著，勁草書房，2019）

松下佳代（まつした　かよ）［第8章］
京都大学大学院教育学研究科博士後期課程学修認定退学．博士（教育学）
現在：京都大学大学院教育学研究科 教授
主著：『対話型論証による学びのデザイン』（勁草書房，2021）

『ディープ・アクティブラーニング』（共編著，勁草書房，2015）

秋田喜代美（あきた　きよみ）［第9章］
東京大学大学院教育学研究科博士課程単位取得退学．博士（教育学）
現在：学習院大学文学部 教授，東京大学名誉教授
主著：『学校教育と学習の心理学』（共著，岩波書店，2015）

『新しい園内研修のかたち』（フレーベル館，2023）

濱田秀行（はまだ　ひでゆき）［第9章］
東京大学大学院教育学研究科後期博士課程修了．博士（教育学）
現在：群馬大学共同教育学部 教授
主著：『他者と共に「物語」を読むという行為』（風間書房，2017）

「小中高校生の読書に対する学校や家庭，友人間における行動の影響——学校図書館の魅力に注目して」『読書科学』61（3・4），pp. 143-153（共著，2020）

須藤康介（すどう　こうすけ）［第10章］
東京大学大学院教育学研究科博士課程修了．博士（教育学）
現在：明星大学教育学部 准教授
主著：『学校の教育効果と階層——中学生の理数系学力の計量分析』（東洋館出版社，2013）

『学習と生徒文化の社会学——質問紙調査から見る教室の世界』（みらい，2020）

小野田亮介（おのだ　りょうすけ）［第11章］
東京大学大学院教育学研究科博士課程修了．博士（教育学）
現在：山梨大学大学院総合研究部 准教授
主著・主論文：『意見文産出におけるマイサイドバイアスの生起メカニズム』（風間書房，2018）

「受け手に合わせたプレゼンテーションを促す相互フィードバック方法の検討」『教育心理学研究』71，pp. 74-85．（大澤和仁との共著，教育心理学会，2023）

佐藤　香（さとう　かおる）［はしがき，第12章］
東京工業大学大学院社会理工学研究科博士課程修了．博士（工学）
現在：東京大学社会科学研究所 教授
主著：『格差の連鎖と若者　第3巻　ライフデザインと希望』（編著，勁草書房，2017）

『格差社会と都市空間　東京圏の社会地図』（共著，鹿島出版会，2020）

中西啓喜（なかにし　ひろき）［第 14 章］
青山学院大学大学院教育人間科学研究科博士後期課程修了．博士（教育学）
現在：桃山学院大学社会学部 准教授
主著：『教育政策をめぐるエビデンス——学力格差・学級規模・教師多忙とデータサイエン
　　　ス』（勁草書房，2023）
　　　『学力格差拡大の社会学的研究——小中学生への追跡的学力調査結果が示すもの』（東
　　　信堂，2017）

パネル調査にみる子どもの成長
学びの変化・コロナ禍の影響

2024 年 2 月 20 日　第 1 版第 1 刷発行

編　者　東京大学社会科学研究所
　　　　ベネッセ教育総合研究所

発行者　井　村　寿　人

発行所　株式会社　勁　草　書　房
112-0005 東京都文京区水道2-1-1　振替　00150-2-175253
（編集）電話 03-3815-5277／FAX 03-3814-6968
（営業）電話 03-3814-6861／FAX 03-3814-6854
本文組版 プログレス・三秀舎・松岳社

ISBN978-4-326-25174-2　　Printed in Japan

https://www.keisoshobo.co.jp

＊表示価格は2024年2月現在。消費税10%が含まれております。